U0136163

中庸人生學

朱　嵐　著

蘭臺出版社

目　錄

中庸人生學辯正

清代李密庵有一首題為《半半歌》的詩，詩中寫道：

看破浮生過半，　　半之受用無邊。

半中歲月盡幽閒，　半裏乾坤寬展。

半郭半鄉村舍，　　半山半水田園；

半耕半讀半經塵，　半士半姻民眷；

半雅半粗器具，　　半華半實庭軒；

衾裳半素半輕鮮，　肴饌半豐半儉；

童僕半能半拙，　　妻兒半朴半賢；

心情半佛半神仙，　姓字半藏半顯。

一半還之天地，　　讓將一半人間。

半思後代與滄田，　半想閻羅怎見。

飲酒半酣正好，　　花開半時偏妍；

半帆張扇免翻顛，　馬放半韁穩便。

半少卻饒滋味，　　半多反厭糾纏。

百年苦樂半相參，　會佔便宜只半。

這首莊諧參半的絕妙詩作，被林語堂先生看作是中國人理想的中庸生活的表現。其絕妙之處就在於一個「半」，半苦半樂，亦苦亦樂，卻絕不至苦至樂。這種「理想」生活方式的背後，便是中庸之道。

一、盧山真面：中庸之本義

中國傳統文化是以儒家為主體的倫理型文化，以和諧、用中為基調的「中庸之道」，是整個儒家倫理思想體系的核心和精髓。不瞭解這一點，就不能很好地瞭解中國人以及中國傳統文化。

那麼，究竟什麼是「中庸之道」呢？

中庸之道已滲透到傳統文化及中國人生活的各個方面，其內容十分廣泛。從人生哲學的角度講，我們認為，所謂中庸之道可以簡單地概括為儒家所宣導的以「中和」為核心的人生哲學。

「中庸」一詞，最早出現在《論語》之中，後來經過思孟學派《中庸》等著作的進一步闡發，成為儒家尊奉的道德原則和處世之道。孔子是一位道德理想主義者，他一生嚮往堯舜之世，追求周公之道，把「中庸」視為最高的倫理準則和道德境界，卻不幸生當亂世，社會道德風教日衰。在理想和現實的衝突中，孔子痛惜人心不古，慨歎「『中庸』之為德也，其至矣乎！民鮮久矣」（《論語‧雍也》）。視「中庸」為最高的美德，但普通人很少能達到這一境地並且持久以恒。

「中庸」之所以是一種難以踐履的至高美德，是因為它代表的是一種不偏不倚、恰到好處的人生境界。程頤認為，「中庸」

是天地間萬事萬物發展的總規律，「天地之變化，雖廓然無窮，然而陰陽之度，日月寒暑晝夜之變，莫不有常，此道之所以為中庸。」（《二程遺書》卷一五）也就是講，作為事物變化發展之總規律的「中庸」，指的便是在庸常之中體現出來的不偏不倚之「中」的發展方向。朱熹對「中庸」的解釋是：「中者，不偏不倚，無過無不及之名；庸，平常也」，「中庸者，不偏不倚，無過無不及而平常之理，乃天命所當然，精微之極致也。」（《四書集注・中庸章句》）

「中庸」是評判人們能否在日用常行之際自覺地持中守正的精微極致的道德標準。一個人若能夠做到既威嚴又懷柔，既善辯又木訥，「變化無方，以達為節」（劉劭《人物志》），就算是能夠行中庸之道了。倘若只是直魯激烈或拘謹畏縮，就遠離了中庸之道。因而，真正臻於「中庸」之境，不是輕而易舉的事，「擇乎中庸而不能期月守也」（《中庸》）。孔子門下三千弟子七十二賢人，能行中庸者卻寥寥無幾。有一次，子貢問孔子，子張和子夏兩人誰的德行高，孔子回答說：「師也過，商也不及」，而「過猶不及」（《論語・先進》）。前者才高意廣，行事勇毅果敢，卻常常失之過火；後者謹小慎微，規模狹隘，缺乏開拓精神，顯得有點不足。在孔子看來，「過」和「不及」一樣，都是有違中道而不足取的，「不得中行而與之，必也狂狷乎！狂者進取，狷者有所不為也。」（《論語・子路》）即使孔聖人本人，也往往因環境不盡人意而難以持守中道。《孟子・盡心下》就講：「孔子豈不欲中道哉？不可必得，故思其次也。」

三國時學者、文學家劉劭善於鑒察人物，注重選拔才幹，其著名的《人物志》，便是一部以「中庸」為原則論述選賢任能之道的專著。劉劭認為，「中庸之德，其質無名」，是一種至高至

極無法言傳的「兼德」境界。「故偏至之才，以材自名；兼才之人，以德為目；兼德之人，更為美號。是故兼德而至，謂之中庸。中庸者，聖人之目也。」所謂「兼德而至」的理想境界，既兼備了仁義禮智信五質，同時又超越了五質。因為五質各有偏倚，「中庸」卻貫通五常，無偏無倚，其深度和廣度都超越了單純的五德之和。對於各種偏倚之德的過與不及，劉劭也有精闢的論述：

> 厲直剛毅，材在矯正，失在激訐；柔順安恕，每在寬容，失在少決。雄悍傑健，任在膽烈，失在多忌；精良畏慎，善在恭謹，失在多疑。強楷堅勁，用在楨幹，失在專固；論辯理繹，能在釋結，失在流宕。普博周給，弘在覆裕，失在溷濁；清介廉潔，節在儉固，失在拘扃。休動磊落，業在攀躋，失在疏越；沉靜機密，精在玄微，失在遲緩。樸露徑盡，質在中誠，失在不微；多智韜情，權在譎略，失在依違。（《人物志》之三）

在此，劉氏列舉了諸多過與不及的德行的兩端。劉劭認為，要真正使自我的道德境界得以提升，就應「揆中庸以戒其材之拘抗」，即取人之長，補己之短。過於激烈強悍之人，應以柔順和平之德薰染陶化；失於柔弱怯疑之人，則應以勇毅剛強之德激發超越。這樣剛柔強弱相濟，過者屈撓其有餘，不及者增益其不足，就可以不離中道了。而做到了這一點，便可以「守中以應萬變」了（容肇祖《王安石老子注輯本》「天地不仁」章）。

應當提及的是，過去許多論著都把中庸之道作為折中主義的集中體現而加以批判，「中庸」成為調和、折中、無原則、和稀泥的同義語。從我們上面的分析可知，把「中庸」簡單地歸結或歪曲為折中、調和，是對「中庸」本義的極大誤解。中庸是通過

對「過」和「不及」這兩端的認識而獲得的對事理正確發展方向的體認，是最符合事理發展趨勢的行為原則，是極高也極難達到的道德修養境界，而不是事理兩端的簡單的數學相加，不是機械的平均主義，不是形而上學的折中調和，不是待人處事的不辨是非，不講原則，和稀泥、做老好人等等。所幸的是，近些年來，隨著人們思想的進一步解放和研究的不斷深入，中庸之道並非折中主義這一觀點已成為大多數學者的共識，中庸之道的積極意義也日漸被人們重視。

「度」是中庸觀念的核心要求。「過」、「不及」和「中」是三種不同的道德境界。三者之間的差異表明，人們的言談舉止、為人處事都有一個限度。超過了這個限度，就是「狂」，是「過」；達不到這個限度，就是「狷」，是「不及」。只有不偏不倚，恰到好處，才是「中」。就像那絕色佳人之所以傾城傾國，正是因為她達到了至美的「中」的境界，「增之一分則太長，減之一分則太短，著粉則太白，施朱則太赤」（宋玉《登徒子好色賦》，《文選》卷十九）。雖然這是一種文學誇張，但它反映了一個「度」的問題。如何準確地把握「度」，則是一種人生處世的藝術。比如，謙虛是一種美德，然而，謙虛也是有個限度的。過分的謙虛流於虛偽，有時難免會誤事。《尹文子‧大道上》就記載了一位過分謙虛的老先生的趣事。據說齊國有一位黃公，以謙卑而稱著。黃公膝下有兩個女兒，都是國色天香的佳麗。但黃公對外常常謙遜地說：「我的兩個女兒長得實在很醜啊！慚愧，慚愧！」經他這麼一再「謙虛」，一傳十，十傳百，久而久之，他的兩個女兒可謂是「醜名遠揚」，以至於早都過了婚嫁年齡，卻無人願來求親。後來，衛國一個喪妻的懶漢娶了長女，才驚喜地發現所謂「醜女」，竟是一位絕代佳人。黃公謙虛無度，險些

誤了女兒終身大事，被人們傳為笑談。所以說，謙虛固然是一種美德，然而過分謙虛也行不通。如同錢泳在《履園叢話》中所說的：「風雨不可無也，過則為狂風淫雨，故凡人處事，不使過之。只需做到八分，若十分便過矣」，但「必要做到恰到好處，非真有學問者不能」。沒有廣博的知識和高深的修養，是很難把握「中」這一限度的。《荀子·宥座》講了這樣一則故事：孔子和他的弟子們一道去瞻仰魯桓公的宗廟時，在香案上看到了一種傾斜易覆的「欹器」，孔子便問守廟的人：「這是什麼呢？」守廟人告訴他：「這乃是君王放在座右用以銘戒心志的酒器。」孔子便讓他的弟子取水過來注入其中。當水灌到中腰時，酒壺正了過來，再繼續灌滿時，壺一下子翻倒了，等水倒空了，壺又像以前那樣傾斜著。孔子看了深為慨歎：「是啊，世界上哪有滿而不覆的事物呢？！」子路請教道：「那麼要持滿有什麼方法呢？」孔子意味深長地說：「聰明聖智，守之以愚；功被天下，守之以讓；勇力撫世，守之以怯；富有四海，守之以謙。此所謂挹而損之道也。」孔子由「欹器」而生髮的這一段處世哲理，正是對中庸之道的絕妙注腳。後世「滿招損，謙受益」的處世信條，也是由此引出的。

「中庸」的觀念中還包含著一層重要的涵義，即「時」或「時中」。依據王夫之的說法，「庸」與「用」是同義詞（《讀四書大全說·中庸》），「中庸」也即是「中」的原則的運用。而「用中」之要，全在於能隨時變易，「毋意，毋必，毋固，毋我」（《論語·子罕》），一切都要根據特殊的情境隨時而動。朱熹在解釋《中庸》「君子而時中」時講：「君子之所以為中庸者，以其有君子之德，而又能隨時以處中也。……蓋中無定體，隨時而在，是乃平常之理也。君子知其在我，故能戒慎不睹，恐懼不聞，而無時不中。」君子行事，在堅持原則的前提下，還得有所權變，

以使自己的行為始終不偏離中道。對此，《孟子・離婁上》用一個精當的譬喻作了闡釋。孟子認為，「男女授受不親，禮也」，這是一個原則問題，但「嫂溺，援之以手者，權也」。如果不講「時」，一味地拘泥於「禮」，以至於「嫂溺不援」，那便迂腐得失去了人性，「是豺狼也」。識時務者為俊傑。那種不講時間地點，不知權變的「道學先生」是要遭到人們的唾棄和嘲笑的。宋明時期，道學成了一種時髦，很多人都爭相模仿道學家的風度。有一位心慕道學的先生自視甚高，走起路來張拱緩步，方寸不亂。有一天，這位足恭步緩的道學先生路遇暴雨，忘了斯文，撒腿就往家裏奔。跑了一里多路，忽然醒悟到自己的「失態」，痛悔不迭：「吾失足容矣，過不憚改可也」。於是這位道學先生冒著傾盆大雨，又回到開始奔跑的地方，背起雙手，邁著四方步，昂首緩緩踱回家中。（見《權子雜俎》）這種只得皮相、不加變通的假道學先生的可笑行徑，實在稱得上是「愚不可及」了。其實像這樣固執教條、不能隨時權變的人和事，在現實生活中並不少見。離開了「時」，離開了「權」，「中庸」便失去了生命的活力，成為凝固、僵死、形而上學的教條，也就沒有什麼積極的意義了。所以，《周傳》提出：「隨時之義，大矣哉！」（《周易・隨・彖》）

二、溯本求源：從「中」「和」到「中和」

除了上面我們提到的幾種基本意義之外，「中」還有一層至關重要的內涵，即「中和」，「中庸」就是「中和之為用」。如果說我們前面提到「中庸」的本義中，「過」和「不及」是靜態之點，「時」、「時中」及「權」是動態的、隨時而易的話，那

麼，「中和」則是靜和動的和諧統一，是原則性和靈活性的完美結合，它充分地體現出「中庸之道」的辯證色彩，也可以說是「中庸」最根本的含義。

朱熹說：「『中庸』之『中』，實兼『中和』之義」（《四書集注‧中庸章句》）。根據清代著名學者俞樾的研究，「中庸」是周朝初年的「成均之遺法」。周初，「周禮大司樂掌成均之法，以樂德教國子中和祗庸孝友，此在當日必有其書」。依照俞樾的看法，在當時曾經有一部名為《中和祗庸》的道德教科書，「中庸者，教國子以中和祗庸之法也。」但「中和祗庸」四個字說起來太麻煩，故人們逐漸習慣於簡稱「中庸」，就像我們常把春夏秋冬四時略稱為春秋一樣。孔子授徒時，「平時恒以中庸之德教門人弟子」，這與周初之「中庸」是有直接聯繫的。後來，「子思本之而作此《中庸》一篇，其節自『仲尼曰君子中庸』為始，而『天命之謂性』以下則是子思自以己意發端也。中庸二字實即中和祗庸四字。子思以中和二字視祗庸二字，其義尤深。故以喜怒哀樂之未發，及發而中節解說『中和』之義，推而極之至於天地位，萬物育見中和祗庸四字，尤重中和二字也。」（以上見俞樾《經課續編》卷五，《春在堂全書》）在此，我們不必追究《中和祗庸》一書的可靠性，單就《中庸》而言，俞樾以「中和」辨「中庸」是符合實際的。孔穎達疏《禮記‧中庸》也說：「名曰中庸者，以其記中和之為用也。」

作為「中庸」根本含義的「中和」包括尚「中」和尚「和」兩個方面，為了進一步澄清中庸之道的本來面目，我們不妨溯本求源，從「中」、「和」入手，探究「中和」所包含的豐富內容，從而更準確和深刻地把握中庸之道。

（一）「中」之本義

早在《尚書》之中，「中」就具有了至高美德之意。據《尚書・酒誥》記載，周公有一次告誡康叔及其官員道：「爾克永觀省，作稽中德；爾尚克羞饋祀，爾乃自介用逸。茲乃允惟王正事之臣，茲亦惟天若元德，永不忘在王家。」就是說，你們要是能夠經常進行自我反省，從而使自己的言動視聽都符合中正之德，那末，你們就可以參與周王所進行的祭祀活動，因而也就可以向上天祈求安樂了。你們都是為周王所信任的大臣，應當時時刻刻依天意大德行事，切不可忘了自己是周王大臣的身份啊。《中說》（亦稱《文中子》）序云：「『中』之為義，在《易》為二五，在《春秋》為權衡，在《書》為皇極，在《禮》為中庸。」可見，「中」在先秦眾多典籍中有許多論述，其涵義也相當複雜。經條縷分析，我們大致歸納為下列幾種涵義：

(1)無偏無彼，恰到好處

《尚書・洪範》曰：

> 無偏無彼，遵王之義；無有作好，遵王之道；無有作惡，遵王之路。無偏無黨，王道蕩蕩；無黨無偏，王道平平；無反無側，王道正直。會其有極，歸其有極。曰：皇極之敷言，是彝是訓，於帝其訓。

這是最早的對於用中之道的表述。「皇極」，就是大中至正的準則，包含了無偏無彼、無反無側、無黨無偏等中正剛直之義。孔穎達疏曰：「皇者，大也；極者，中也。」《漢書・谷永傳》有「建大中，以承天心」，顏師古注云：「大中，即皇極也。」而《尚書・大禹謨》的「人心惟微，道心惟微，惟精惟一，允執

厥中」之「中」，就是無偏無彼，無反無側之意。執中，即沒有偏袒，公正合理。《尚書‧立政》載周公之語「茲式有慎，以列為中罰」，意思是「列為中常之罰，不輕不重」（《尚書‧正義》）。《尚書‧呂刑》中多次提到「中」，其含義大多為折獄持平、不枉不縱、不偏不黨，如「非佞折獄，惟良折獄，罔非在中」。故南宋哲學家呂祖謙說：「中者，《呂刑》之綱領也。」（丘竣《大學衍義補》卷一〇一）其實，不惟《呂刑》，即使在今天，「中」也是法律最基本的精神之一。

不過，在儒家典籍裏的「中」，都是從人生哲學的角度講的。程頤在解釋「中庸」時說：「不偏之謂中。」（《二程遺書》卷七）朱熹說得更通俗：「中則是恰好處」（《朱子文集》卷六十五）、「中是個恰好底道理」（《朱子語類》卷七十八）。這裏的解釋，是說明「中庸」之德的。

(2)中正、中正之道、中道

《中說》之「在《易》為二五」，指的是卦體之二、五兩爻，陰爻或陽爻處二、五之位，稱為得中。「中」在《易經》中共出現了十四次，其中有六次是關於中道的。《易傳》中也有很多是講中正的。如「需有孚光亨，貞吉，位乎天位，以正中也」（《需‧彖》）、「利見大人，尚中正也」（《訟‧彖》）、「文明以健，中正而應，君子正也」（《同人‧彖》）等等。程頤說：「中者，天下之正道」（《二程遺書》卷七）。王夫之說：「不偏不移謂之中；得真理而守之，不為物遷之謂正。」（《張子正蒙注‧中正》）「中正」就是堅持真理，矢志不移，亦即中正之道。《孟子‧盡心下》曰：「孔子豈不欲中道哉？」東漢趙歧注云：「中道，中正之大道也」（《孟子注疏》）。

(3)忠誠

《尚書・盤庚》記載，盤庚遷都時訓誡他的臣子們：「猷念以相從，各設中於乃心」，這是以利誘加威逼的方式，要求臣子忠心耿耿地追隨自己。「設中」，就是建中、立中。所設之「中」，就是「皇極」。設「皇極」於心中，有了一個主心骨，就能一心一意效忠君上了。《孝經・事君章》講：「中心藏之，何日忘之。」事君之事，內心藏中，無一日敢忘懷。《經典釋文》解曰：「中，亦作忠」。「忠」字本來就是由「中」與「心」二字合成的，是「設中於心」。作為道德要求，就是要臣子內心有中正原則，「中」的標準是君，偏離了這一標準就是不忠。故《國語・周語上》謂「考中度衷，忠也」。

(4)中德

「中德」是春秋戰國時期的一個重要道德範疇。周公告誡臣子要「作稽中德」（《尚書・酒誥》），東周樂官伶州鳩曾對單穆公講要「道之以中德」（《國語・周語下》），即以中德治理國家。那麼，「中德」到底指的是什麼樣的道德精神呢？對於君而言，「中德」就是要「寬肅宣惠」；對臣而言，就是「敬恪恭儉」（《國語・周語中》）。一般而言，就是「寬而栗，柔而立，願而恭，亂而敬，擾而毅，直而溫，簡而廉，剛而塞，強而義」（《尚書・皋陶謨》），這九對十八種相對的道德範疇，每一對統一起來就是一種「中德」，即既寬又栗，既柔且立，卻非只寬不栗或只栗不寬，只柔不立或只立不柔，這是一種既不過又無不及的盛德。

(5)中行

「中行」即篤中之行，就是一切行為都能適中得理，「謀度而行」（《國語‧晉語三》）。孔子也稱之為「君子之行」，他說：

> 君子之行也，度於禮，施取其厚，事舉得中，斂從其薄。如是，則以丘亦足矣。若不度於禮，而貪冒無厭，則雖以田賦，將又不足。（《左傳‧哀公十一年》）

能夠行中之士，孔子是十分推許的。他認為行事如果不能得中，那末要麼是好高騖遠的狂人，要麼便是守舊有餘而果敢不足的呆漢。

(6)中音、中聲

在古人看來，音樂有十分重要的德教功能，所以樂音又被稱為「德音」。伶州鳩便認為政治和音樂其道相通：

> 夫有和平之聲，則有蕃殖之財。於是乎道之以中德，詠之以中音，德言不愆，以合神人，神是以守，民是以聽。（《國語‧周語下》）

「中音」是最優美動聽的音樂。宮商角徵羽五音調和得中就是「中音」，或叫「中聲」，指的就是音量的大小、音域的寬窄、力度的強弱、節奏的快慢、情緒的哀樂要適中平正。否則，背離了中道，就可能成為「淫聲」即靡靡之音了。

（二）「和」的本義

一提起「中」，便必然要論及「和」：「喜怒哀樂之未發，謂之中；發而中節，謂之和」（《中庸》），「中也者，和也，中節也」（周敦頤《周子全書・通書》）。中與和互為表裏內外，情在內未發時為「中」，情動乎外而中規中矩為「和」，「中」是靜態的「和」，「和」是動態的「中」，二者是密切相關的。

「和」古作「龢」，《說文》說，「龢，相應也」，也就是唱和。如《易・中孚・九二》之「鳴鶴在渚，其子和之」，《尚書・堯典》之「聲依承，律和聲。八音克諧，無相奪倫，神人以和」。同時，「和」又與「調」互訓，《說文》講「調，和也」，《國語・鄭語》說「和五味以調口」。近人楊樹達《論語疏證》曰：「《說文》云：『和，調也』。『盉，調味也。』樂調謂之和，味調謂之盉，事之調者謂之和，其義一也。和今言適中，言恰當，言恰到好處。」可見，「和」的本義是唱和、協調、調和之意。後來經過古代思想家們的提煉、抽象，上升到哲學高度，用以表示與「同」相對的「相濟」、「和諧」。「同」是幾個相同音調的機械合一，「和」則是多種不同音調的完美結合。劉鶚曾在《老殘遊記》中記載了一段富有哲理的音樂論談：黃龍子和璵姑演奏琴瑟二重奏，「那瑟之勾挑夾縫中，與琴之綽、注相應。粗聽若彈琴鼓瑟各自為調，細聽則如珠鳥一雙，此唱彼和，問來答往」，妙不可言。那麼奧秘何在呢？請看璵姑對申子平的一段剖白：

> 你們所彈的皆是一人之曲，如兩人同彈此曲，則彼此宮商皆合而為一，如彼宮此亦必宮，彼商此亦必商，斷不敢為羽為徵，即使四人同鼓，也是這樣。實是同奏，並非合奏。我們所彈的曲子，一人彈與兩人彈迥然不同，一人彈的名

「自成之曲」，兩人彈的則為「合成之曲」。所以此宮彼
商，彼角此羽，相協而不相同。聖人所謂「君子和而不同」，
就是這個道理。「和」之一字，後人誤會久矣。（《老殘
遊記》）

到殷周時期，「和」已成為一個十分重要的倫理範疇和政治
範疇。《尚書·皋陶謨》有「同寅協恭和衷哉」，《堯典》有「百
姓昭明，協和萬邦」，《無逸》有「用咸和萬民」等等。

歷史上第一個從政治學高度對「和」進行明確論述的，是西
周末的史伯。鄭桓公曾向史伯請教周王政德之得失。史伯講道：

殆於必弊者也。《泰誓》曰：「民之所欲，天必從之。」
今王棄高明昭顯，而好讒慝暗昧；惡角犀豐盈，而近頑童
窮固。去和而取同。夫和實生物，同則不繼。以他平他謂
之和，故能豐長而物歸之；若以同裨同，盡乃棄矣。故先
王以土與金木水火雜，以成百物。是以和五味以調口，剛
四支以衛體，和六律以聰耳，正七體以役心，平八索以成
人，建九紀以立純德，合十數以訓百體。出千品，具萬方，
計億事，材兆物，收經入，行姟極。故王者居九畡之田，
收經入以食兆民，周訓而能用之，和樂如一。夫如是，和
之至也。於是於先王聘異於百姓，求財於有方，擇臣取諫
工而講以多物，務和同也。聲一無聽，物一無文，味一無
果，物一不講。王將棄是類也而與剸同。天奪之明，欲無
弊，得乎？（《國語·鄭語》）

根據史伯的解釋，「和」就是「以他平他」，如金木水火土
之和，酸甜苦辣鹹之和，宮商角徵羽之和等，是此物與彼物的融

洽統一。「同」則是「以同裨同」，即相同事物的無矛盾疊加。在史伯看來，「和實生物，同則不繼」。表現在政治上，這裏指的是國君對於不同意見的態度。假若國君背棄明道，聽信讒言，寵倖奸佞阿諛之臣，聽不進不同意見，就是「同」。反之，「擇臣取諫工而講以多物」，就是「和」。周政衰弊的根由就在於周王任用虢石父這樣的「讒諂巧從之人」，親小人而遠賢臣，「以同裨同」，最終走向政治上的衰敗。

後來，齊國大夫晏嬰繼承並進一步發展了史伯的「和」「同」思想。他說，「和如羹焉」，「和」就像烹飪一樣，廚師用醋、肉醬、梅酸、鹽等佐料來燒魚，「燼之以薪，宰夫和之。齊之以味，濟其不及，以泄其過。君子食之，以平其心。」引申到君臣之間的關係，就是「君所謂可而有否焉，臣獻其否以成其可；君所謂否而有可焉，臣獻其可以去其否」，對於君的政治決策，臣能夠提出反對的意見，而君能虛懷若谷，從諫如流，這樣的相濟就達到「和」，從而才能「政平而不幹」。反過來，對君的意見，臣子只會趨炎附勢，一味逢迎，或者君閉目塞聽，同而不和，則「若以水濟水，誰能食之？若琴瑟之專一，誰能聽之？」（均見於《左傳‧昭公二十年》）

經過史伯、晏嬰等思想家的不斷抽象，「和」逐漸由唱和、調和上升到「以他平他」、可否相濟相成等具有普遍方法論意義的高度，從而突出了寬容諧和的特色，豐富了「和」的內涵，也為「和」的進一步抽象奠定了基礎。

應當看到的是，史伯、晏嬰的「和同論」中已經潛含了「中」的觀念。「以他平他」，可否相濟，講的都是通過肯定和否定兩方面的權衡，得出一個適當的、可行的結論。對於這一點，晏嬰講得更清楚。他說：

> 先王之濟五味、和五聲也，以平其心，成其政也。聲亦如味，一氣、二體、三類、四物、五聲、六律、七音、八風、九歌，以相成也；清濁、大小、短長、疾徐、哀樂、剛柔、遲速、高下、出入、周疏，以相濟也。（《左傳·昭公二十年》）

很顯然，「和」就是清與濁、大與小、長與短、剛與柔等等對立面兩端的中和，它所達到的便是清濁相成、大小同攝、長短互補、剛柔相濟的無過無不及、恰到好處的中和或叫中庸狀態。

（三）中和

前面已說過，「中」是就「喜怒哀樂之未發」，即就尚未形於外的中心之情而言，「和」則是喜怒哀樂發乎外而恰到好處的狀態。程伊川說：「中也者，言寂然不動者也……和也者，言感而遂通者也」（《二程遺書》卷二），「中」是未發之「和」，「和」是已發之「中」，動靜實為一體。

朱熹的弟子陳淳發揮其師的思想，對「中」、「和」解釋得更加透徹、明白，他說：

> 中有二義，有已發之中，有未發之中。未發是就性上論，已發是就事上論。已發之中，當喜則喜，當怒則怒。那恰到好處，無過不及，便是中。此中即所謂和也。（《北溪字義》下「中和」條）

「中」是就內在特質而言，「和」是就外在表現而言。馮友蘭先生論及「中」、「和」時說：「情感完全沒有發生的時候，心的活動就無所謂太過、不及，而恰到好處。這是中的一個例子。

情感發生了，而無所乖戾，這也是中，因為和是中的結果，中是用來調和那些搞不好就會不和的東西的。」[1]「中」與「和」是人的心性的潛在狀態和顯在狀態，在一定意義上，也可以說是體和用的關係。對此，成中英有一段深得「中和」三昧的闡述：「心性未發為情意者即為本體，已發之情意則是本體發動的結果。心性的本體本來是圓滿自足的，具備和諧和至善，這種性質謂之『中』，所謂『喜怒哀樂之未發』者也。已發之情意是否仍具有本體之至善，完全視其是否能契合奉體之和諧和完善而定。心性本體如發之為情意而仍能維持原來本質上的和諧完善，這種性質便謂之『和』，所謂『發而皆中節』者也。『中』和『和』因此是心性的兩端，『中』為『和』之所從出，『和』為『中』之創造與完成。」[2]

　　總而言之，無論是從動靜、內外關係上看，還是從潛顯、體用關係上看，中、和實為一體，即「中和」。「中和」絕非「中」與「和」的簡單聯結，而是動靜、內外、潛顯、體用的有機統一，是一種至高至善至美的和諧狀態。這種狀態並非可望而不可及，而是體現於或說表現在人類衣、食、住、行及人們舉手投足、言談動靜等最普通而又平常的活動之間，這便是「中和之為用」即「中庸」，所以說「中庸」是「中和可常行之德」（何晏《論語·雍也注》）。中和之用（「中庸」）無所不在，表現於人類日常生活的角角落落，因而蘊含著豐富的內容和涵義。從人生哲學的角度講，「中和」基本上包含了以下幾層意思：

---

[1]　《中國哲學簡史》，北京大學出版社 1985 年版，頁 205。

[2]　《中國哲學與中國文化》，臺灣三民書局 1986 年版，頁 138。

(1)天人之中和

天人之和也就是天與人的和諧關係，這是最高層次上的「中和」。在傳統文化中，天人關係又稱「天人之際」，對天人關係的探討叫做「究天人之際」（《漢書‧司馬遷傳》）。張岱年先生說：「中國傳統哲學，從先秦時代到明清時期，大多數（不是全部）哲學家都宣揚一個基本觀點，即『天人合一』。這是中國傳統哲學的一個獨特的觀點，確實值得深入的考察。」[3]天與人是相異的兩端，中國人則強調這矛盾兩端的協調統一，即所謂的「天人合一」，也就是天與人的中和關係。實質上，這種天人矛盾的和諧觀是中庸的表現形式之一，或者也可以反過來說，中庸是天人中和觀的結晶。

在中國傳統文化中，「天」總起來講有三方面的含義，即天帝，自然之天及天道。

「天」首先是指一種超自然的有意志的精神力量，操縱著自然界和人類社會，是主宰萬物的人格神，因而在古代文獻中常被稱為「大帝」、「天帝」、「帝」、「皇天」等。殷墟甲骨卜辭上有許多就是關於天帝主宰風雨變化、年成好壞、戰爭勝負的，如「甲辰，帝其令雨？」（《殷墟文字乙編‧6951 片》）「帝其令風？」（《殷墟文字乙編‧3092 片》）就是說：「甲辰那天，老天爺會不會下令降雨呢？」「老天爺會不會命令颶風呢？」《尚書》中也多處提到「天命」，即天帝對人的命令，或說是天帝替人安排的命運，如講「有夏服（受）天命」（《召誥》）等。這種天命觀念下的天人關係，是人對天的無條件的服從關係。歷史

---

[3] 《文化與哲學》，教育科學出版社 1988 年版，頁 140。

回溯得越久遠，人類對自然界的認識能力越低下，天帝、天命觀念越濃，這在任何一個國家和民族都是如此。這種天帝崇拜觀念的根深蒂固，即使在現代人的生活中也不難尋見其蛛絲馬跡，許多人依然把不可理喻的神秘現象和無法解決的困境歸為天意、天命，即所謂的「命該如此」。甚至於在我國許多落後的農村地區，天久旱不雨時，人們還會舉行各種各樣的祈禱天帝降雨的祭祀活動。當然，歷史上統治者為了政治需要，有時也有意地宣導天命、天帝，如封建王朝的最高統治者自稱為「天子」即天帝的兒子，是天帝在人間的代言人，借天帝的力量來震懾百姓，維護自己的統治。可以看出，上述意義上的天人合一是虛假的天與人的中和，是人無條件地絕對地服從於天的無矛盾的合一，是「同」而不是「和」，尚未達到真正的中和境地。

隨著人們對自然界認識能力的不斷提高，人們對天人關係的認識水準也在不斷地深化。殘酷的現實生活使恭順上天的人們逐漸認識到，天帝並非是絕對完美的道德化身，它有時也不公不平，甚而至於兇殘邪惡，對唯命是從、畢恭畢敬的人們百般捉弄。人們對天的崇拜開始由動搖到懷疑到否定：「昊天不傭！」「昊天不惠！」「昊天不平！」（《詩經‧小雅‧節南山》）「浩浩昊天，不駿其德！」（《詩經‧小雅‧雨無正》）人們發出了憤怒的質問：「如何昊天，辟言不信？如彼行邁，則靡所臻！」（同上）「民莫不穀，我獨於罹，何辜於天，我罪伊何？」（《詩經‧小雅‧小弁》）──老天爺，你為什麼好話不聽，我們究竟怎樣做才合你意呢？人們對你莫不俯首貼耳，我也沒有什麼過錯，你為何讓我受罪，我何罪之有？由懷疑、否定到逐漸覺醒，人們終於認識到：「下民之孽，匪降自天，噂沓背憎，職竟由人。」（《詩經‧小雅‧十月之交》）罪孽苦難的根源不在天而在人，所以不

必害怕老天爺。這些對天的非議、責問、否定，把人們對天人關係的認識向縱深推進了一大步，展現了天與人這兩端的矛盾，打破了天人關係虛假的中和。

對真實的天人關係的認識，很大程度上來自於人與自然之天矛盾認識的不斷深化。自然之天指的就是我們目之所見、身之所感的日月風雷雲雨霧雪等天象變化和春夏秋冬寒暑往來的天氣變化等自然現象。孔子有句十分有名的話：「天何言哉？四時行焉，百物生焉，天何言哉！」（《論語·陽貨》）意即所謂天乃是春夏秋冬四時的變化，草長螢飛萬物的生髮。這種意思在《中庸》中也有表述：「今夫天，斯昭昭之多，及其無窮也，日月星辰繫焉，萬物覆焉。」天廣大悉備，包羅萬象，日月星辰之逆轉，萬事萬物之往復，無不可歸之於天。與自然之天相對的，是自然之地。《中庸》說：「今夫地，一撮土之多，及其廣厚，載華嶽而不重，振河海而不洩，萬物載焉。」天化育萬物重在天時，地載育萬物重在地利。顯然，人們已把自己從自然界中分離出來，用人的眼光去觀察自然之天，並把天、地、人三者並列，稱為「三才」。但對於重協調、講和諧的中國人來說，這僅是一個新的開始，這種分離意味著更高程度上的統一。雖然從形式上來看，天、地、人三者並稱，各自為陣，但從根本上講，人必須與自然天地合拍，「上律天時，下襲水土，辟如天地之無不持載，無不覆幬，辟如四時之錯行，如日月之代明」（《中庸》），參天地，贊化育，充分地配合利用天時、地利，才能獲得和諧的生存。所以中國古代哲人十分強調天時、地利，人和，強調天、地、人三才的統一。古諺有云：「清明前後，栽瓜點豆。」農民的春種秋收，只有依乎天時，順乎地利，才能有個好收成。要不然，如同我們熟知的揠苗助長的宋國農夫，辛辛苦苦忙乎了半天，自覺勞苦功

高,回到家裏向人誇耀:「我累死累活把地裏的禾苗都拔高了一大截子!」他的兒子跑到地裏一看,莊稼全死了。(見《孟子・公孫醜上》)這便是違背天時的結果。所以,遵照天時,因地制宜,無過無不及,是人們在長期的生產生活實踐中對天人關係認識的一大進步,也可以說是一種自覺的天人合一。

然而,中國傳統文化中所講的真正的天人合一,是指天道與人道的中和。人道指人事、人倫、為人之道。天道與人道相對,包括上述的天命之道和自然天道,是一個總括性的概念,帶有明顯的道德論色彩。天道、人道觀念在春秋時已出現並經常使用。據《左傳・昭公十八年》記載,魯昭公十七年的冬天有一顆彗星出現,鄭國的裨灶便斷定這是不祥之兆,預言鄭國將會發生火災。鄭國子產則大不以為然,認為:「天道遠,人道邇,非所及也。」渺茫難稽的天道神意與看得見摸得著的社會人事並沒什麼關係,因而裨灶的所謂天災只是妄言。事實上鄭國也沒發生火災。當然子產並不徹底地否認天人關係,如他認為「夫禮,天之經也,地之義也,民之行也」(《左傳・昭公二十五年》),把禮看作天經地義的人類行為準則,從而把天地與人類道德也即把天道和人道直接聯結起來。到了孔子、孟子、《中庸》,天道與人道的中和便成為儒家學說的一大特色。方東美先生認為:「儒家形而上學具有兩大特色:第一,肯定天道之創造力,充塞宇宙,流行變化,萬物由之出。第二,強調人性之內在價值,翕合辟弘,發揚光大,妙與宇宙秩序,合德無間。」[4]這裏的人性「妙與宇宙秩序,合德無間」,便是指天道與人道的中和,這種認識是有

[4] 《中國形而上學中之宇宙與個人》,見《中國人的心靈──中國哲學與文化要義》,臺北聯經出版事業公司1984年版。

見地的。

　　孔子認為，人的德性本是天賦的，「天生德於予」（《論語‧述而》），他聲稱自己「五十而知天命」（《論語‧為政》），即五十歲時才對「天命」有了透徹的認識。孔子講的「天命」，並不是一般所指的那種神秘的主宰力量，其本質乃是一種道德律定。《詩經‧大雅‧蕩之什》講：「天生烝民，有物有則，民之秉彝，好是懿德。」這裏的「德」指的就是天賦的道德原則。所以孔子所謂的「畏天命，畏大人，畏聖人之言」這「三畏」（《論語‧季氏》），也並不是一般所謂的畏懼和絕對服從，而是指一種德行的自覺性，所畏在所知，畏就是要以所知為行之依據。反之，「小人不知天命而不畏，狎大人，侮聖人之言」（同上）。只有「知天命」，即對天賦的道德律定有了徹底的認識之後，才能洞察了悟世事而達到「耳順」，繼而才能「從心所欲不逾矩」（《論語‧為政》），保持「欲」與「矩」的恰當適中，從而達到天人合一的自由境界。

　　繼孔子之後，《中庸》、《易傳》、《孟子》都把天與人的道德心性聯繫起來。《中庸》開宗明義道：「天命之謂性，率性之謂道，修道之謂教」，認為「致中和，天地位焉，萬物育焉」。這和《周易》一樣，強調天地萬物民人秩序的定位和諧化，也就是強調天地人本體生命上的和諧秩序，其終極關懷仍在於人性的道德價值，即《易‧文言》講的：「大人者，與天地合其德，與日月合其明，與四時合其序，與鬼神合其吉凶，先天而天弗違，後天而奉天時。」行中庸之道以達中和之境，即天人合德。生命的自然秩序與道德秩序是合一的，人的道德秩序在本質上與天地之化育相參。孟子更進一步認為「萬物皆備於我」，提出了「盡心」、「知性」、「知天」的道德認識論。他說：「盡其心者，

知其性也；知其性，則知天矣。」（《孟子·盡心上》）性是什麼？性就是天賦的道德、本然的善性，即惻隱之心、羞惡之心、辭讓之心、是非之心這「四端」。「盡心」就是擴充純淨自然的「四端」，使人的本性即仁、義、禮、智得以顯現出來，通過對體現天的道德屬性的人之本性的認識，進而達到「知天」的最高目的。顯然，孟子的這一認識路線是以天道與人道的合一為前提的，正是因為天人合德，所以才能通過對人自己內心和本性的探索，由盡心、知性，從而「知天」。

先秦儒家天人合一的道德觀，奠定了天人和諧論的理論基石。以後的兩千多年，天人中和的理論儘管很多，但大多未遠離孔孟以來的這一思維定勢，而是沿著這一傾向，使之不斷明晰、強化、豐富，最終成為中國古代哲學的一大特色。如西漢董仲舒認為，「事應順於名，名應順於天，天人之際，合而為一。」（《春秋繁露·深察名號》）他還把「和」抬到了至高的位置：「德莫大于和」，「天地之道而美於和」，（《春秋繁露·循天之道》）「天地之美莫大於和」（《春秋繁露·天地陰陽》）。但他強調天與人以類相合，並把這一點極端化，發展為片面的「人副天數」論，給天人合一理論披上濃厚的神秘主義、迷信色彩，為後來的王充等思想家所詬病。宋以後的思想家多是進一步發揮孟子和《中庸》的觀點。如北宋張載講：「儒者因明致誠，因誠致明，故天人合一。」（《正蒙·乾稱》）張載明確提出了「天人合一」，其後的二程、王夫之、戴震等人都講天人合一。

我們看到，不論張載、二程、王夫之、戴震等人的哲學立場有多麼重大的區別，最終卻可以說都是殊途同歸。他們都試圖通過對天人關係的認識來引申出他們的道德學說。與先儒一樣，他們都認為天道與人道同一，道德原則與自然之道是一致的。張載

說：「由太虛，有天之名；由氣化，有道之名；合虛與氣，有性
之名；合性與知覺，有心之名」（《正蒙·太和》），「故天地
之塞，吾其體；天地之帥，吾其性」（《正蒙·乾稱》）。程顥
則講，天人不二，道本來就沒有天人之分，「天下善惡皆天理，
謂之惡者非本惡。但或過或不及便如此，如楊墨之類」（《二程
遺書》卷二上）。程頤認為，聖人遵循天理而行之就是道，人道
是天道的體現，是對天道恰到好處的身體力行。對這一點，王夫
之講得也相當明確，他說：「在天有陰陽，在人有仁義」（《尚
書引義》卷一），「聖人盡人道而合天德」（《周易外傳》卷二）。
戴震講倫理原則，也力圖以天道作根據，認為「情得其平，是為
好惡之節，是為依乎天理」（《孟子字義疏證》）。從天道觀中
引申出人倫道德，這的確可以說是中國古代哲學的顯著特點。他
們講天道是為講人道打基礎、作準備，不論他們哲學的出發點是
氣，是理，還是道，最終都無一例外地回到現實的人生、現實的
社會。他們既已認識到天道與人道的一致，表現在人生哲學當
中，便是把追求天道與人道的和諧統一作為人生的理想、人生的
目的，進而提出了形形色色的道德修養的具體方法，試圖通過修
身養性而從理性走向一種高度的自覺，也就是使自己的俯仰動
靜、言行舉止之間自然地契合於天道，「從心所欲不逾矩」，從
而達到天道與人道泯然合一，「範圍天地之化而不過，曲成萬物
而不遺」（《易傳·繫辭》）的人生理想境界。這便是最高意義
上的天人中和，也是古代哲人們孜孜以求的最高人生目的。

(2)社會之中和

社會之中和，是指各種各樣社會矛盾的協和，即各種社會關
係之間的協調、互補、合禮、適中、和順的狀態。在這裏，我們

把社會關係區分為政治關係和一般社會關係。政治關係之中和的核心是君臣關係及君民關係的中和，一般社會關係之中和主要是一種人際關係的中和。

對於君臣之中和，我們在「和」的本義一題中談到史伯、晏嬰等人的思想時已經涉及。從他們的觀點中，我們已經看到，臣對君的恭順附和、盲目服從並不是真正的「和」，而是無矛盾的「同」。真正和諧的君臣關係是一種互補性的中和關係，即君的肯定性意見，臣應該從否定方面多加考慮；君的否定性意見，臣應該從肯定方面進行分析，這樣才能綜合利弊，科學決策。這種可否相濟的中庸原則，在我們今天的決策活動中仍不失其借鑒意義。此外，就大的政治關係講，社會衝突乃至國際關係的解決要妥善合理，就應該符合中道。即在堅持原則的前提下作出適當的讓步，互相諒解，從而求同存異、平等互利。否則，不是魚死，便是網破。一味的妥協附和（不及）和一味的咄咄逼人（過）都是不足取的。尤其是在君主專制的中國封建社會，君臣關係和諧與否，往往關係到一個朝代的興衰治亂，所以昏庸的君主任用奸臣當權、禍國殃民，為歷代志士仁人痛心疾首。《尚書・皋陶謨》講「同寅協恭和衷哉」，就是要君臣上下同心同德，和諧一致，同舟共濟。這也是社會穩定和繁榮的重要條件之一。

君民之中和是傳統政治倫理學的中心內容之一，它強調君與民之間相互關係的協調統一，是國泰民安的和諧狀態。君民中和的要害就在於統治者要「以和惠民」（《國語・周語上》）。早在殷周之際，人們就已把天人關係與君民關係直接聯繫起來。君作為「天子」，上承天命，就必須下惠人民。「皇天無親，惟德是輔。民心無常，惟惠之懷。」（《尚書・蔡仲之命》）這種敬德保民的思想就是後世統治者引以為鑒的所謂「得民心者得天

下，失民心者失天下」。君和民之間必須保持一種適度合理的狀
態。而要達到和保持這種狀態，對君的道德要求便是「寬肅宣
惠」，「寬所以保本也，肅所以濟時也，宣所以教施也，惠所以
和民也。」（《國語‧周語上》）能夠仁愛人民、寬肅宣惠的政
治，被稱為「仁政」、「德政」。反之，為君者貪享樂、施殘暴，
便是「苛政」、「暴政」。唐朝名相魏徵曾發揮荀子君舟民水的
思想（參見《荀子‧王制》），把君民的關係比作舟與水的關係，
水能載舟，亦能覆舟；民能保君，亦能除君。舟要一帆風順，君
要政通人和，就不得不懷中德，行仁政，惠人民。（見《貞觀政
要‧論君道》）顯然，這是民本主義思想的表現。歷代治亂，莫
不如此。當社會矛盾激化、社會動盪不安時，在上者反省自己的
德行，在下者抨擊在上者的德行，人心思「和」；當社會安定、
國力昌盛時，人們頌「和」。單從漢元帝開始之後的歷朝歷代的
年號看，就很能說明一些問題。據考證，歷史上曾出現過二十七
種共四十九個帶「和」的年號，如大和、義和、元和、太和、永
和、延和、建和、咸和、政和、重和、宣和、至和等。而且特別
有趣的是，這些與「和」結伴的年號，大多出現在社會失和、動
盪不安的年代，這都反映了人們對社會和諧秩序的嚮往。

　　當然，君民中和也有對民的要求。毫無疑問，統治者總要求
被統治者俯首聽命。但要做到這一點，必須以君仁為前提。「人
主和德於上，百姓和合於下。」（《漢書‧公孫弘傳》）同時，
統治者對人民提出了許多道德要求，來保證自己統治的和諧穩
定。其中最根本的一條便是「禮」。「夫禮，所以正民也」（《國
語‧周語上》），禮是維持整個社會秩序的大綱，它具有「經國
家，定社稷，序人民，利後嗣」（《左傳‧隱公十一年》）的作
用，所以被統治者視為「國之命」（《韓詩外傳》）、「政之本」

（《禮記·哀公問》），是國家的命脈和政治的根本所繫。君對民一方既要「道之以德」，同時也必須「齊之以禮」（《論語·為政》）。這樣，在道德導引和禮之節制的雙向作用下，才能保證統治秩序的「太和」、「永和」。

人際關係的中和，指的是人與人之間關係的協調統一狀態。在人與人的關係中，「禮」自然是一條最重要、也最基本的原則。我們知道，孔子思想中有兩個最核心的概念，即仁和禮。「仁」是主觀意識，「禮」則是客觀規範，二者雖有表裏、內外之別，但又相互統一，仁以內心自覺、禮以外部強制的形式，規範著人們的行為舉止，共同維繫著人際關係的和諧。這一點我們在後面的有關內容中還要進行詳盡的論述，此不贅言。

俗話說，沒有規矩，不成方圓。仁、禮具體到切實的人際關係之中，又體現為忠、孝，慈、悌、信等更為實際、可操作的行為規範，臣對君要忠，子女對父母要孝，父母對於女要慈，弟對兄要悌，朋友對朋友要信。這些「規矩」潛移默化，滲透到人們心裏，支配著人們的行為，以一種半強制性的形式保持著各種人際關係的井然有序、和而不亂。因而能夠守禮、篤仁、行義、誠信，行無過無不及之道，保證人際關係之中和，就被認為是具備了君子之德。「聖人精德立中以生正」，「正者，所以止過逮不及也」（《管子·法法》），「君子之於天下也，無適也，無莫也，義之於此」（《論語·里仁》）。總之，這些具體規範歸納為一句話，就是在處理人際關係時，要堅持內心自覺與外在強制相結合、執中權變的中庸原則，從而保證人際的中和、社會的和諧。

總之，不論是社會政治關係的中和，還是人際關係的中和，都是中庸的不同表述形式。重視不同關係的協同互補，強調人與

人之間的和諧統一，反對過激或保守，把中庸視為最高的原則，宣導倫理秩序的中和，這正是中庸之道的體現。

(3)個體生命之中和

由外及內，個體生命之中和可以說是中和的第三個層次，它又可分為天人中和和身心中和兩個方面。

天人中和的問題，我們前面已作了詳盡的論述，這裏要強調的是個體生命、心性與天道的中和，這是天人中和的表現形式之一，是個體生命對天人合一境界的追求，也可以說是中國古代哲人追求的最高的修養境界。

個體通過對天道的體認，把外在的道德律定內化為主體的道德自覺。這個內化過程使天人中和落實到了個體身上，使天人合一獲得了個體意義和價值，在理論和實踐上完成了天與人本質同一性的構想，從而為自我實現的終極關懷提供了前提和框架。朱熹說：「且如人頭圓象天，足方象地，平正端直，以其受天地之正氣，所以識道理，有知識。」（《朱子語類》卷四《性理》）這種說法乍看顯得有些滑稽附會，但卻是個體心性修養最具說服力的廣告。「平正端直」稟受於天，若不平正不端直，顯然就有悖於天理了。《中庸》之所以提出「天命之謂性，率性之謂道，修道之謂教」這一命題，也「是要把個體的生命本性和客觀的全體本性銜接起來。一方面，這命題顯出個體生命之形上的普遍和必然性；另一方面，同時顯示此普遍和必然性可以在個人生命和社會的完成與實施過程中得到完成與實現。」[5]

個體心性的進一步落實，還在於解決心與身的關係問題。因

---

[5] 成中英《中國哲學與中國文化》，臺灣三民書局，1986 年版，頁 138。

為說到底，個體的道德修養關鍵在於個體的正心、誠意，是「內宇宙」的和諧問題。成賢成聖，是儒家追求的人格理想，中庸是儒家道德成就的最高境界。而要成賢成聖，達到「至德」，道德主體就必須具備應付一切來自外界和自身挑戰與干擾的能力。因此，個人對自己的言動視聽，都要戒慎恭謹，時時惕察。在道德修養方面，首要的問題自然是「修身」。孟子說：

> 尊德樂義，則可以囂囂矣。故士窮不失義，達不離道。窮不失義，故士得己焉。達不離道，故民不失望焉。古之人得志，澤加於民；不得志，修身見於世。窮則獨善其身，達則兼善天下。（《孟子·盡心上》）

這就是說，窮也好，達也好，得志也好，不得志也好，都不可違離道義，疏於道德修養。縱使不得「兼善天下」，也必須做到「獨善其身」。

所謂「善其身」，即修養自己的德性，使其臻於完美，就在於要「反求諸己」，「養心」、「養氣」，達到身心之中和。「養心」包括「寡欲」、「苦其心志」、「求其放心」等；「養氣」包括「存夜氣」、「養浩然之氣」等。總之是要求人不斷地反省自己，抵制不正當欲望的誘惑，保持善良的本性、赤子的童心，激發、培養凜然之正氣，完善自己的人格。朱熹認為：「但能致中和於一身，則天下雖亂，而吾身之天地萬物不害為安泰。其不能者，天下雖治，而吾身之天地萬物不害為乖錯。其間一國一家，莫不然。」（《四書集注·中庸章句》）所以，儒家十分重視道德主體的自覺性，強調個體的道德責任，使人對自己的行為處於最重要的決定地位，認為為人由己而不由他人，無論得志還是失意，無論人前擬或人後，都應該也必須對自己的道德行為負責。

修身養性是做人的根本和出發點。只有真正做到「獨善其身」，才能進一步「兼善天下」，這就是「和順積中，英華發外」（《禮記‧樂記》）。正因如此，我們便在《大學》中看到了修齊治平的著名理論：

> 古之欲明明德於天下者，先治其國。欲治其國者，先齊其家。欲齊其家者，先修其身。欲修其身者，先正其心。欲正其心者，先誠其意。

從這個「誠意──正心──修身──齊家──治國──平天下」的由內而外的序列來看，平天下才是最終的目的。但要實現這個目的，須經由一定的修行，而修身正心的身心之中和在此起了關鍵作用。在中庸境界的修養中，「誠」是一個核心概念，這一點我們在以後還要論及。只有「誠意」，才能「正心」，所以往往是正心誠意並舉。只有正心誠意，才能談到修身，能夠「善其身」，才能齊家、治國、平天下。古人所云「一室不掃，何以掃天下」，也正是這個意思。所以「自天子以至於庶民，壹是皆以修身為本。其本亂而末治者否矣。」（《大學》）這個「心──身──家──國──天下」一體化的宏觀網絡的中和，層級推進，互為因果，相輔相成，由人之心性中和而有社會之中和，進而有天人之中和，由「內宇宙」而「外宇宙」，最後形成天人一體之「太和」。杜維明先生在談及劉宗周（西元 1578－1645 年）的「哲學人類學」時，曾對劉宗周的「修身」哲學進行了概括，認為其中「既有個人主義的一面，涉及獨處狀態下的自我，它的尊嚴和獨立性是本乎作為道德主體的個人的能力和意志」，又有「整體論的一面，即超越自我而同外界進行有意義的交流，體驗

共同的人性之源」。[6]我們認為，杜維明先生概括的這兩個方面是具有普遍性的。實際上，不僅是劉宗周，幾乎全部的儒家的哲學人類學、儒家的中和學說、道德哲學，無不既有個體論的一方面，又有整體論的一方面。而且，在儒家那裏，個體和整體從來都是和諧統一的。

　　綜上所述，「中和」在根本上是一個人生哲學範疇。它的基本內涵是指人心修養所達到的不偏不倚、無所乖戾的精神境界。唐代孔穎達在注疏「中」與「和」時曾講道：「未發之時，淡然虛靜，心無所慮，而當於理，故謂之中。……情雖復動，發皆中節限，猶如鹽梅相得，性情和諧，故云謂之和。」（《禮記正義》）人自身的心性中和、社會中和、天人中和，是人修養所達到的不同的境界、層次，是「中庸」的不同表現形式。其中，心身之和是內核，是最根本的，社會中和及天人中和是它的向外推展。天人和諧或天人合一是人生理想的最高境界，是一切矛盾到達最完滿的中和狀態。「中庸」（中和）是人的肉體和心靈、情感與道德、感性與理性、個人與社會、人心內宇宙與天地外宇宙之間理想的和諧狀態。

三、驀然回首：中庸之道的歷史演進

　　上面，我們著重對「中庸」的內涵作了闡述。這一闡述是圍繞著儒家學說展開的。熟悉中國傳統文化的人也許會問，與「中庸」（尤其是「中和」）相近的思想，諸子各家或多或少也有所

---

[6]　杜維明《個人主義和整體主義：儒道價值觀研究》，芝加哥大學出版社1985年版，頁215。

論述，為何獨把「中庸」歸之於儒家名下呢？下面我們就從中庸
之道的歷史發展過程來談談這一問題。

（一）孔子──中庸之道的奠基人

中庸之道之所以成為儒家思想的核心內容，是與儒家思想奠
基人孔子分不開的。

首先，孔子第一個明確提出「中庸」思想：「中庸之為德也，
其至矣乎！民鮮久矣。」（《論語·雍也》）而且孔子一開始就
把「中庸」視為「至德」，即最高尚的道德。如果要論「知識產
權」的話，孔子便是當然的「產權人」。其次，儘管「中庸」在
《論語》中只出現了「中庸之為德也，其至矣乎」這麼一次，但
中庸之道的精神實質卻浸透在《論語》始終。諸子其他學派雖然
也對「中和」思想有所論述，但卻不像孔子那樣明確、一貫、身
體力行。正是在孔子思想的基礎上，中庸之道才得以進一步展
開、深入、完善，從而貫穿、體現於儒家思想乃至中國傳統文化
的方方面面，甚至至今還在現代中國人的思想、行為、生活中發
生著不小的影響。

孔子「中庸」思想的形成也有一個過程。張秉楠先生根據對
《論語》有關章節所作的時序和其他文獻的記載，從歷史事件、
孔子的生命活動、孔門弟子的年齡與活動，孔子說話時的環境、
語氣及心理情緒、思想對照等幾個方面的分析入手，把孔子思想
分為前、中、後三個時期。他認為，孔子前期立論多與「禮」相
關，中期論述主要是關於「仁」的思想，後期則提出了「中庸」、
「中行」。因而，孔子思想演進的基本脈絡是禮──仁──中庸。

[7]我們認為，張先生的這種考察有理有據，是比較可信的。它說明孔子思想發展在不同時期的側重點是不同的，由「禮」而「仁」，最後到「中庸」，這是孔子思想核心的不斷提升過程。但這並不是說「中庸」思想是孔子晚年以後才有的，而只是說明，孔子「中庸」思想有一個逐漸發展、逐漸豐富的過程，後期思想是對前期、中期思想的深化和總結。

從《論語》中記載的有關孔子言行的分析來看，孔子的「中庸」思想主要有這樣幾個方面的含義：

一是「和而不同」。這是對史伯、晏嬰和同觀的繼承和發展。史、晏二人的和同觀只是停留在政治學的層面上，孔子則把它進一步豐富，提升到人生哲學的高度，作為衡量「君子」和「小人」人格的重要尺度。他講：「君子和而不同，小人同而不和。」（《論語·子路》）意思是君子並不盲目附和、順從別人，而能夠與人和諧相處，小人則只是表面上阿諛逢迎別人，其實心懷乖戾。尚「和」與尚「同」相對舉，用以指君子小人不同的人格，這與「君子和而不流」（《中庸》）、「君子周而不比，小人比而不周」（《論語·為政》）所表達的意思是一脈相通的。

二是「叩其兩端」、「執兩用中」。「兩端」指矛盾對立的雙方。孔子所講的「中庸」，從方法論上來講，就是通過對矛盾雙方的分析、把握、權衡，達到適中的目的。「吾有知乎哉！無知也。有鄙夫問於我，空空如也，我叩其兩端而竭焉。」（《論語·子罕》）所以，孔子反對「攻乎異端」（《論語·為政》），即只看到矛盾的一個方面而對另一個方面視而不見，這也顯示了

---

[7] 《仁——禮——中庸——孔子思想的演進》，《中國社會科學》1990 年第 4 期。

儒家思想的開放性和包容性。真正高明的方法是對事物進行多方面的分析，從而「執兩用中」。「舜其大知也與？舜好問而好察邇言，隱惡而揚善，執其兩端，而用中於民，其斯以為舜乎？」（《中庸》）這是借舜來為中庸之道立論。「執兩用中」也即「允執其中」（《論語·堯曰》），這不是不分青紅皂白地折其半為中，而是把恰到好處、適得其中作為處理各種紛繁複雜的矛盾關係的總則。這種用中的方法論貫穿於《論語》始終。

三是指無「過」無「不及」。「過」和「不及」是孔子所反對的偏執。孔子讚歎「《關雎》，樂而不淫，哀而不傷」（《論語·八佾》），他主張為人處世，要「毋意，毋必，毋固，毋我」（《論語·子罕》），即不能固執己見，不知進退，走向極端。孔子在評論他的兩位弟子時講：「師也過，商也不及。」師即子張，他才高志大，過於豪邁衝動；商即子夏，他為人篤信謹慎，局促狹隘，失於不及。那麼「過」是不是要比「不及」好一些呢？孔子認為：「過猶不及。」（《論語·先進》）如同你要從廣州到北京，而你只走到鄭州或者一下子跑到了山海關，結果都是一樣的徒勞無益，所謂差之毫釐，謬以千里。當然，做到無過無不及、不狂不狷，也不是件輕而易舉的事情，親聆孔子教誨的孔門弟子中又有多少做到了呢？「柴也愚，參也魯，師也辟，由也喭」（《論語·先進》），惟因其難，中庸才成為眾人矚望的「至德」，才更應堅持不懈地孜孜以求之。

四是忠恕之道。《論語》中有這樣一段記載：孔子告訴曾子：「吾道一以貫之。」曾子心領神會：「夫子之道，忠恕而已矣。」（《論語·里仁》）這裏，孔子明確肯定了貫穿於其所有言行、學說的基本思想是忠恕之道。作為孔子「一以貫之」的思想，忠恕之道包括「忠」和「恕」兩個方面。所謂「忠」，就是「己欲

立而立人，己欲達而達人」（《論語‧雍也》）；所謂「恕」，就是「己所不欲，勿施於人」（《論語‧衛靈公》）。顯然，「忠」是從肯定的方面講人應該做什麼，「恕」是從否定的方面講人不應該做什麼，二者講的都是推己及人的仁愛精神。進一步分析，如果己欲立而不立人，己欲達而不達人，那就是「不及」；如果己所不欲，卻強加於人，那就是「過」，而只有「忠恕」才適合中道，無過無不及。所以，究其實，忠恕之道也就是中庸之道。劉寶楠《論語正義》說：「非忠則無由恕，非恕亦奚稱為中也？……二者相因無偏用之勢而已矣者。」

五是仁禮機制。前面我們已經提到，「仁」是內在的道德自覺，「禮」是外在的道德規範。孔子云：「克己復禮為仁。」（《論語‧顏淵》）也就是說，如果能夠克服自己的非禮情緒而回復到禮的規範之中，不逾「中」即是「仁」。因而，孔子把「仁」作為篤行中道的導引，把「禮」作為篤行中道的準則，提出「非禮勿視，非禮勿聽，非禮勿言，非禮勿動」（同上），認為「禮之用，和為貴」（《論語‧學而》），主張「以禮節和」。

六是文質相符，合於中道。孔子認為：「質勝文則野，文勝質則史，文質彬彬，然後君子。」（《論語‧雍也》）就是說，「質」超過了「文」，便會顯得粗俗鄙陋；文掩蓋了質，則會顯得華而不實。只有文質相當，互為表裏，恰到好處，才是君子品格的表現。孔子對文質關係的精闢見解，不僅深刻影響了傳統人生學，對中國古代美學、藝術等也產生了重大影響。

七是「無可無不可」，損益權變。《論語‧微子》記載了孔子對自己人生態度的闡述。他把伯夷、叔齊、虞仲、夷逸、朱張、柳下惠、少連這些人稱為「逸民」，認為他們之中伯夷、叔齊「不降其志，不辱其身」，柳下惠和少連則「降志辱身矣，言中倫，

行中慮」，虞仲和夷逸「隱居放言，身中清，廢中權」。孔子認為他們或積極樂觀，或消沉悲觀，或隱居獨善，或出污泥而不染，各守一節，各有千秋，但都不合於中庸之道。孔子認為自己與他們不同，他不固執一端，而是持「無可無不可」的態度，亦即當可則可，當不可則不可，一切都從實際出發，適合中庸之道，故能「常可」。從孔子對「禮」的態度，我們也可以看出他是如何貫徹中庸之道的。我們知道，孔子對「禮」是極為推崇的，但他又認為「禮」並不是神聖不可改變的，而是可以損有餘，也可以益不足。關鍵在於執中權變，靈活不滯。孔子對不識權變者進行了批評，認為「可與共學，未可與適道；可與適道，未可與立；可與立，未可與權」（《論語・子罕》）。孔子則既尚「立」，又尚「權」，把原則性與靈活性有機地結合在一起。正因如此，孟子說孔子「可以速而速，可以久而久，可以處而處，可以仕而仕」，盛讚他為「聖之時者也」（《孟子・萬章下》）。

　　八是溫故知新和學思結合、因材施教。這是孔子中庸思想在教育觀上的表現。孔子說：「溫故而知新，可以為師矣」（《論語・為政》），把「故」與「新」統一起來。同時，他主張「學」與「思」兼顧，認為「學而不思則罔，思而不學則殆」（同上）。光知道苦學而不懂得巧思，就會變成個書呆子、徒勞無益；只苦思冥想而不去博聞多學，則會流於妄想、空想，一事無成。因材施教也是孔子教學實踐中的一個重要特色。孔子在教學中貫徹靈活性原則，針對弟子不同的特點而進行有的放矢的教誨，達到最佳的教學效果。比如子路和冉有向孔子請教同一個問題：「聞斯行諸？」即聽了就去做嗎？孔子針對冉有逡巡畏縮的性格特點，給予肯定地回答，鼓勵他勇於行動；而針對子路勇敢莽撞的特點，給予否定地回答，警戒他遇事要不急不躁，三思而行。身體

力行中庸之道，使孔子成為一個出色的教育家，成為「萬世師表」。

以上是孔子中庸思想的基本內容，但並不是全部。孔子的中庸思想異常豐富，貫穿於他的學說、言行之中。但從以上幾個方面，我們已經不難看出，孔子的中庸思想的確是開中庸之道之先河，為後來的儒家學者的中庸思想奠定了基調，後世儒家的中庸思想基本上都是對孔子中庸思想的進一步闡述和從某一個方面所進行的發揮，當然這也是儒家以述為作的治學傳統的表現。

（二）《中庸》——中庸之道的系統論述

孔子之後，最先對「中庸」作出全面、系統論述的，是相傳為孔子的孫子子思所著的《中庸》。

《中庸》是《禮記》中的一篇，關於它的作者和成書年代，歷代學者從內容、體裁、歷史記載等各個方面進行考察，各抒己見，爭執不下。對於爭論的具體觀點，我們不想作太多的引述。需要指出的是，在種種仁智之見中，我們傾向於這樣一種觀點，即《中庸》的成書年代，當在《論語》之後，《孟子》之前，屬於思孟學派的論著。我們從對《中庸》一書本身內容的分析可以看出，《中庸》在許多方面對孔子的中庸思想進行了發揮，使之系統化、理論化，並把「中庸」的地位進一步拔高。

第一，在《論語》中，「中庸」思想雖然滲透始終，但基本上是作為一種高尚的品德和一種修身治學、為人處世的方法論而出現的。而在《中庸》中，「中庸」被看成天地間最根本、最普遍的法則，上升到「天下之大本」和「天下之達道」的本體論高度，中庸之道成為不可須臾而違離的大道。有人認為，《中庸》

如此發揮，是對孔子中庸思想的片面繼承甚至歪曲。我們覺得這種看法是值得商榷的。我們知道，《論語》是一部語錄體著作，它記載的是孔子講學及日常的問答，講的基本上是倫常道德修養，關注更多的是形而下的行為層次。而《中庸》則是一部較為系統的倫理學著作，關注的主要是形而上的問題，從本體上立論是很自然的。而且，《論語》只是以片言隻語的形式記載孔子的言行、思想，只記述而不議論，孔子的許多精闢見解也只是點到為止，不加闡述和分析。我們相信，如果孔子將自己的思想進一步發揮、闡述，使之理論化、系統化的話，那麼作為「至德」，作為方法論，作為「一以貫之」的思想，「中庸」是完全可能上升到本體論高度的。

第二，《中庸》把「中」與「和」聯結起來，並最早對「中和」的內涵作了深入系統的論述。「喜怒哀樂之未發謂之中，發而皆中節謂之和」。「中節」是適度、無過無不及的意思。「中」與「和」相連，把內在本然的最佳情感境界與外在發動的最佳精神狀態貫通起來，說明人們思想情感的最佳狀態，就是當內心蘊蓄之時，保持中正不偏的本然狀態，而在外在地表現出來時則合理適度。這是情感與理智的完美結合，是天人之和在個體生命上的落實和體現，是對「中庸」內涵的進一步豐富和深化。

第三，《中庸》對孔子的君子小人論作了深一層的論述，把「極高明而道中庸」作為君子立世的一個根本原則。由《論語》的「君子周而不比，小人比而不周」、「君子和而不同，小人同而不和」而進一步提出「君子中庸，小人反中庸。君子之中庸也，君子而時中；小人之中庸也，小人而無忌憚也」。就是講，君子能夠隨時處中，依時權變，無執無偏，行中庸之準則，這是君子的美德；而小人則肆意妄行，無所顧忌，不知進退，陷入極端，

違反中庸之道。所以，「中庸」乃是判別君子小人的準繩，是君子所應具備的崇高品德。

第四，《中庸》對中庸之德的修養之道作了論述，提出了「君子慎獨」和「博學之，審問之，慎思之，明辨之，篤行之」的內外兩套修養方式。「慎獨」是指在「人所不知而己所獨知」（《四書集注·中庸章句》）的狀態下，個人仍能夠戒慎恭謹，心懷仁德，依禮行事，不違中道，這是一種高度的道德自覺、道德自律。學、問、思、辨、行則是通過積極主動的修養活動，達到中庸之境。《中庸》提出的這套修養方法，尤其是「慎獨」的方法在孟子那裏得到繼承和發揮，成為中國古代道德修養論的重要內容。

第五，《中庸》突出了「誠」的範疇。「誠」不僅是一種內在的精神狀態，而且是一種主觀的修養方式。在《中庸》中，「誠」實質上有時可以看作「中庸」的異名。「誠者，天之道也；誠之者，人之道也。」「誠」把「天道」與「人道」統一起來，人以「誠」為本，「擇善而固執之」，堅守中道，就可以達到天人合一的理想境界。所以，《中庸》認為，「唯天下之至誠，為能經綸天下之大經，立天下之大本，知天地之化育。」能從本體上真正把握「誠」，就可以胸納宇宙，心體天德，進而達到「至誠」、中庸的境界，所謂「誠者不勉而中，不思而得，從容中道，聖人也」。《中庸》對「誠」這一範疇的突出，對宋明理學有比較大的影響。

（三）《孟子》——中庸之道的豐富和發展

由《論語》到《中庸》，一方面是「中庸」的地位不斷升遷、內涵不斷豐富的過程，另一方面是道德主體性不斷強化的過程。

而到了《孟子》，道德主體性得到了進一步強化。

孟子（約西元前 372－前 289 年），是魯國孟孫氏的後裔。據說他曾受業於子思的學生，對孔子極為崇拜，「乃所願，則學孔子也」（《孟子・公孫丑上》，下引此書，只注篇名）。《孟子》繼《中庸》之後，對「中庸」思想作了進一步闡述和發揮。如果說《中庸》側重於從道德本體論的角度論述「中庸」，《孟子》則更加重視道德主體性，強調權變觀。

孟子「中庸」思想的理論出發點是他的性善論。他認為，人人都有「惻隱之心」、「羞惡之心」、「辭讓之心」、「是非之心」四種「善端」，這保證了人性的本善。「人性之善也，猶水之就下也」（《告子上》），人性本善就像水由高處向低處流動一樣，是天經地義的。對於四種「善端」的存養發明，便形成仁、義、禮、智四德，它是「中庸」思想的理論基礎。

第一，孟子的「中庸」思想的核心在於仁義準則。根據孟子的解釋，「仁，人心也；義，人路也」（《告子上》），「仁，人之安宅也；義，人之正路也」（《離婁上》）。「仁」是人內在的向善本性，「義」是人擴充善端的必由之路。「仁」與「義」是人的思想和行為所必須遵循的準則，這一點決定了孟子的整個價值觀。比如在義利觀上，他反對重利輕義，見利忘義，主張先義後利，符合仁義準則，則即使「捨生取義」，也在所不惜。可見，仁義就是孟子心目中「中」的原則。

第二，孟子在政治觀上發展了忠恕之道。他認為，「強恕而行，求仁莫近焉」（《盡心上》），堅持行忠恕之道，則離仁的要求就相差無幾了。孟子從性善論出發，為忠恕之道確立了理論根據。他說人人皆有的「不忍人之心」表現出來就是「仁」：「人皆有所不忍，達之於其所忍，仁也」（《盡心下》）。那麼，「不

忍人之心」是如何擴充為「仁」德的呢？關鍵在於推己及人：「老吾老以及人之老，幼吾幼以及人之幼。」（《盡心下》）果真能夠「以不忍人之心，行不忍人之政」的話，那麼「治天下可運之掌上」（《公孫丑上》），這樣便可以實現他理想的仁政、德政了。孟子的「民貴君輕」的民本思想，實質上也是以此為理論基點的，因為在孟子看來，「樂民之樂者，民亦樂其樂；憂民之憂者，民亦憂其憂。樂以天下，憂以天下，然而不王者，未之有也」（《梁惠王下》）。甚而在爭戰攻伐之時，也要以忠恕之道為出發點，以仁義為準則。如當齊國欲乘燕國國內大亂一舉大勝燕國之際，齊宣王問孟子要不要乘勝奪取燕國，孟子回答道：「取之而燕民悅，則取之；取之而燕民不悅，則勿取。」（《梁惠王下》）《史記‧孟子荀卿列傳》曰：「天下方務於合從連橫，以攻伐為賢。而孟軻乃述唐、虞、三代之德，是以所如者不合。」在當時「攻伐為賢」的年代，孟子還大談仁義道德、忠恕之道，因而被時人譏為「迂闊」也就不足為奇了。

第三，孟子進一步突出了道德修養論，由《中庸》的「慎獨」，孟子提出了「存心」、「養心」、「求放心」等範疇。「夫大人者，不失其赤子之心者也。」（《離婁下》）「不失其赤子之心」即是存養了惻隱、羞惡、辭讓、是非這四心和仁、義、禮、智這本然的善性。由於追求、沉溺於過多的物質欲望常常會使人失去本心、善性，所以孟子又提出「養心莫善於寡欲」（《盡心下》），要求道德主體清心寡欲，致力於安仁行義。如果心體為欲念浸染，遠離中道，就必須懸崖勒馬，「求其放心」，力爭把喪失了的本心、善性尋找回來加以存養。在修養問題上，孟子充分強調了主體的能動性，提出了「反求諸己」的修身之道，即反思、省察自己，清心寡欲，存養赤子之心、浩然之氣，時刻不背離中道。

第四，與修養問題緊密相聯，孟子進一步豐富了「誠」的內容。同《中庸》一樣，孟子把「誠」標舉為「天道」，認為「誠者，天之道也；思誠者，人之道也」（《離婁上》）。孟子講「思誠」，更注重主體的自主作用。在他看來，人的心、性本來是與天合為一體的，「萬物皆備於我，反身而誠，樂莫大焉」（《盡心上》），一切無需外求，只要「反求諸己」，明乎自身固有之善，達到「誠」的境界，就可以獲得人生至大的樂趣。這樣，向善思誠便不再有苦行僧式的面壁之苦，而是怡情悅性的賞心樂事，是道德主體自覺自願的追求。

第五，「中道」與「中行」。孟子講：「離婁之明，公輸子之巧，不以規矩，不能成方員（圓）。」（《離婁上》）規矩就是「中道」，即無過無不及之道，「中道而立，能者從之」（《盡心上》），守中道而行，就像巧匠打好了墨線，射手立好了箭靶，只須依規矩銑刨，瞄靶心開弓就行了。否則，離開了中道，「不得中行而與之，必也狂狷乎？」（《論語‧子路》）但是行中道、得中行並非輕而易舉之事。有些人貌似忠信廉潔，合乎中道，「而不可與人堯、舜之道，故曰『德之賊』也。」（《盡心下》）真正的君子則不狂不狷，信守仁義。孟子把能夠矢志不移地持守中道，「富貴不能淫，貧賤不能移，威武不能屈」的人譽為「大丈夫」（《滕文公下》）。由此，他提出「中也養不中」的理論，主張以行中道、得中行者去涵育薰陶不中之人，使其複歸於中。

第六，信守仁義並不是「執中無權」的死守教條，而是因時制宜、善於權變。所以，孟子尤其強調「權」與「時」的思想。「執中無權，猶執一也。所惡執一者，為其賊道也，舉一而廢百也。」（《盡心上》）僵化固執，不知權變，這種教條主義貽害無窮。「權，然後知輕重；度，然後知長短」（《梁惠王上》），

只有執中而權，才能真正合於中道。所以孟子推崇時、權的觀念，要求統治者不違農時，主張「窮則獨善其身，達則兼善天下」（《告子下》），稱頌孔子為「聖之時者」（《萬章下》）。既要不離中道，又要因時權變，孟子又進一步提出要改過遷善。他說：「古之君子，過則改之；今之君子，過則順之。」（《公孫丑下》）真正的君子，明於是非之理，懷有羞惡之心，見善思齊，聞過則喜；而偽君子則文過飾非，越來越遠離中道。要改過遷善，首先就要明辨是非，「人有不為也，而後可以有為」（《離婁下》），知道了什麼是過和不及，才能無過無不及。

第七，取予有度。與重視時、權的觀念一樣，孟子也很重視「度」這個範疇。「可以取，可以無取」，「取」與「無取」的關鍵要看取的「度」，如果「取傷廉」（《離婁下》），則不取；「可以與，可以無與」，如果「與傷廉」，則「無與」；「可以死，可以無死」，如果「死傷勇」，則「無死」。可與不可都是視「度」而定的。從取予有度的原則出發，孟子主張省刑薄稅，「施仁政於民」（《梁惠王上》）。但是，孟子也清楚地認識到，「徒善不足以為政，徒法不能以自行」（《離婁上》），所以施行仁政應該善法並重。

第八，在人我關係上，孟子主張人己並重。他既反對楊朱「拔一毛而利天下，不為也」的極端利己主義，同時也不主張墨家的「摩頂放踵利天下」（《盡心上》），認為楊墨的主張是淫辭邪說，執中無權，誤人極端而擁塞了中道，「楊氏為我，是無君也；墨氏兼愛；是無父也。無父無君，是禽獸也。」（《滕文公下》）他把為人與為己、敬人與敬己結合起來，指出：「敬人者，人恒敬之。」（《離婁下》）即使是君臣關係，也是以互敬互利為前提的：「君之視臣如手足，則臣視君如腹心……君之視臣如土芥，

則臣視君如寇仇。」（《離婁下》）

顯然，孟子中庸觀的基本取向與孔子是相同的，他們的視角都集中在現實的倫理關係和政治生活中，而且一生都在為實現自己的主張和抱負奔走吶喊。相比較之下，《易傳》則基本上超越了現實的人倫關係，而偏重於一般的道德原則了。

（四）《易傳》──中庸之道的哲理性提升

《易傳》的中庸觀以儒家中庸觀為基礎，兼收並蓄了道家、陰陽家等學派的思想，呈現出綜合性、豐富性和更高的哲理性。在這一點上，我們同意李澤厚先生的看法，即《易傳》「把人類歷史與整個自然的歷史相貫串聯繫起來，予以系統化」，並「作了哲理性的提升」，它既理性又情感，既是世界觀又是人生觀。[8]

第一，《易傳》中庸觀是以陰陽之道為經緯的。「一陰一陽之謂道」（《周易·繫辭上》），「立天之道曰陰與陽，立地之道曰柔與剛，立人之道曰仁與義。」（《周易·說卦》）以此為基點，《易傳》中庸觀的第一個核心觀念就是陰陽之中和。陰中含陽，陽中蘊陰，天地萬物，無陽不生，無陰不成，陰陽的交互作用是宇宙間的根本規律。天地人三才由陰陽之道貫通起來，「人和」成為天人之和的一個縮影。「乾道變化，各正性命，保合太和，乃利貞」（《周易·乾·文言》），「坤厚載物，德合無疆，含弘光大，品物咸亨」（《周易·坤·彖》），陰陽並重、剛柔相濟的和諧觀成為《易傳》中庸思想的一大特色。有的論者認為

---

[8]　《中國古代思想史論》，人民出版社 1986 年版，頁 124。

《易傳》強調差別、對立、矛盾間的定位關係，抑陰重陽而使矛盾定位和諧化，這事實上是對《易傳》陰陽思想的誤解。[9]

　　第二，《易傳》中庸觀最突出的特色是對「中」的擴展和深化。《周易》經傳中據統計共一百四十七個「中」，其中絕大多數都是講中正之德、中庸之道的，最基本的表述形式有「中道」、「中行」、「正中」，「中節」、「德中」、「大中」、「中正」、「得中」、「剛中」、「久中」等等。如《文言》「龍，德而正中者也」，講的就是不偏不倚、無過無不及的正中之道德。表現在卦體上，有一剛得中、一柔得中、剛柔分中、雙剛得中、雙柔得中等，無論陰陽剛柔，均可「得中」，並非獨定位於「剛」。如《同人》卦就是「柔得中位」（《周易·同人·彖》），與剛相應和，「文明以健，中正而應，君子正也。唯君子為能通天下之志」（同上）。《易傳》發揮了孔子的中庸思想，在更哲理化的層次上，從自然觀、社會觀、倫理觀等多方面對「中」作了闡釋，使中庸之道在理論上更具有普遍性，在實踐上也不失其可操作性。

　　第三，突出「時」的觀念，是《易傳》中庸觀的又一特色。《孟子》也很重「時」，但它對「時」的認識基本上還停留在感性直觀的層次上，《易傳》則賦予「時」更普遍、一般的意義。剛柔交錯，天人相應，是「和」的表現。「觀乎天文，以察時變；觀乎人文，以化成天下，」（《周易·賁·彖》）「時」所注重的就是從動態中把握「中」，在動態中運用「中」，「先王以茂對時育萬物」（《周易·無妄·彖》），意即先王奮勉努力，因

---

[9]　詳參拙文《陰陽——〈周易〉美學思想之總綱》，《周易研究》1992 年第 2 期。

時制宜以育養萬物。這樣，《易傳》對「時」的認識就有了更大的主動性和方法論意義。所以我們在《易傳》中常常看到對「時」的讚歎：「（某）之時，大矣哉！」如《周易・豫・彖》上有『豫之時，義大矣哉」，講的就是『日月不過』，「四時不忒」，天地和諧，聖人順應天時，「刑罰清而民服」。故動應其時則為順，動反其時則為逆，只有「時止則止，時行則行，動靜不失其時」，才會「其道光明」（《周易・艮・彖》），該停止的時候停止，該行動的時候行動，無論動靜都不失時機，因時而變，這就叫「君子藏器於身，待時而動，何不利之有」（《周易・繫辭下》）。

第四，《易傳》中庸觀的獨特貢獻還在於它的變易觀。在《易傳》看來，陰陽有位而無定位，陰往交易陽，陽來變易陰，「唯變所適」。矛盾對立的兩端不是機械凝固的對立，而是「否極泰來」、「泰極否來」式的變通。為此，要保持整體的和諧，就要隨時變易，「見幾而作」（《周易・繫辭下》），正視兩端互反，「安而不忘危，存而不忘亡，治而不忘亂」（同上）。只有這樣，才會「身安而國家可保也」（同上），和諧的秩序才能得以保證。

（五）《荀子》——中庸之道的視角轉移

作為先秦哲學的集大成者和總結者，荀子（約西元前 313－前 238 年）的中庸觀則整個地進行了一次視角大轉移。此前儒家中庸觀的人性論基礎是性善論，荀子則提出了性惡論；以前都是由「合」論「和」，荀子則反過來從「分」論「和」。所以，荀子中庸觀在保持傳統的道德、情感色彩的基調上，更加重了中庸之道的理性色彩。遺憾的是，對荀子的中庸觀，學術界卻鮮有論及。我們擬從以下幾個方面對荀子中庸觀作一點嘗試性的剖析，

以期對全面理解中庸之道的歷史進程有所助益。

荀子認為，人生來就好貨利、貪聲色、愛爭鬥，善則是後天的、人為的，是對先天之惡的扼制，「人之性惡，其善者偽也」（《荀子・性惡》，下引此書，只注篇名），「偽者，文理隆盛也」（《禮論》）。性與偽、惡與善既是對立的，又是統一的，「無性，則偽之無所加；無偽，則性不能自美」（同上）。人只有盡心竭力，「化性起偽」，壓抑、節制、改變本然的惡性，才能去惡揚善。因此，荀子重視和強調人為的作用，主張天人相分。天是自然之天，「天行有常，不為堯存，不為桀亡」（《天論》），天道和人道各有其自身的規律性，天人各司其職，「明乎天人之分，則可謂至人矣」（同上）。荀子以「分」講「和」，提出：「列星隨旋，日月遞照，四時代禦，陰陽大化，風雨博施，萬物各得其和以生。」（同上）而且他認為天人相分而不相離，人可以發揮主觀能動性，「制天命而用之」（同上）。他批評了「蔽於天而不知人」（莊子）和「蔽於人而不知天」（孟子）兩種對天人關係的片面認識。荀子的性惡論和天人觀為其中庸思想奠定了理論基礎，確立了他的分合統一的致思傾向。

第一，從性惡論出發，荀子提出了「以禮養和」的中庸觀。「禮」產生的根源是什麼？荀子說：「人生而有欲，欲而不得則不能無求；求而無度量分界，則不能不爭。爭則亂，亂則窮。先王惡其亂也，故制禮義以分之，以養人之欲，給人之求。」（《禮論》）就像五味養口、芬芳養鼻、藝術品養目、房屋床席養身體一樣，禮「養人欲」，即使人欲有所節制，不至於窮奢極欲，陷入極端。人生而好爭，「禮」就是用來使貴賤、長幼、智愚、上下有分，「使人載其事而各得其宜，然後使慤祿多少厚薄之稱，是夫群居和一之道也。」（《榮辱》）「禮」正是通過分、別而

益不足損有餘，使萬物各得其宜，從而達到「和」的目的。

　　第二，荀子提出「以樂定和」的思想。喜怒哀樂好惡欲是人天生的性情或叫「天情」（《正名》），「樂」則能對人的七情六欲進行合理的節制。「先王惡其亂也，故制雅頌之聲以道之，使其聲足以樂而不流，使其文足以辨而不諰（息），使其曲直繁省廉肉節奏足以感動人之善心，使夫邪污之氣無由得接焉，是先王立樂之方也。」（《樂論》）荀子指責了墨子的「非樂」論，認為「非樂」會使社會「群而無分」，人的欲望無所節制，給社會造成巨大危害。「故樂者，審一以定和者也，比物以飾節者也，合奏以成文者也」（同上）。「樂」和「禮」相輔相承，「樂也者，和之不可變者也；禮也者，理之不可易者也。樂合同，禮別異。禮樂之統，管乎人心矣。」（同上）「禮」使人各安其分，各司其職，井然有序；「樂」則使人們和諧相處，樂而不爭。因而，「樂」具有巨大的道德和諧作用。「樂者，所以道樂也；金石絲竹，所以道德也。」（同上）如果「樂姚冶以險，則民流僈鄙賤矣」（同上），而若「樂中平則民和而不流，樂肅莊則民齊而不亂」（同上）。因此，「樂行而志清，禮修而行成，耳目聰明，血氣和平，移風易俗，天下皆寧，莫善於樂」（同上），「樂」可以移風易俗，使君臣上下和敬，父子兄弟和親，鄉里長少和順，從而形成一個安定和諧的社會環境。

　　第三，荀子提出「正名中理」的思想。「正名」是從孔子開始的儒家傳統。「正名」就是要求做到名實相符，「君君，臣臣，父父，子子」（《論語‧顏淵》），否則，「名不正，則言不順」（《論語‧子路》）。荀子從「明分」的立場出發，對名實問題作了總結。他說：「王者之制名，名定而實辨，道行而志通，則慎率民而一焉。」（《正名》）但社會現實卻是名不符實，有名

無實，名實錯亂。何以然？荀子認為其根源在於「能知」與「所知」之間的差異。人的知覺器官如耳、目、口、鼻、形體即「天官」「共其約名以相期也」（《正名》），即「名」是主體對「實」的共同約定，「名無固實，約之以命實，約定俗成謂之實名」（同上）。正名的關鍵，就在於稽約定之名，緣耳目所見之實，這就要求人心中正無邪：「故欲過之而動不及，心止之也。心之所可中理，則欲雖多，奚傷於治！欲不及而動過之，心使之也。心之所可失理，則欲雖寡，奚止於亂！」（同上）心智有了對中道的體認，就可以「疏觀萬物而知其情，參稽治亂而通其度」（《解蔽》），從而正名中理，使名實相符，無過與不及。

第四，「去蔽明理」、「虛壹而靜」。荀子認為，「凡人之患，蔽於一曲而暗於大理」（《解蔽》），「一曲」指片面、偏執的認識，「大理」指正道、中庸之道。人們往往由於欲惡之弊、始終之弊、遠近之弊、博淺之弊、古今之弊等片面性而背離中道，「觀道之於一隅而未之能識」，「蔽於一曲而失正求」（同上）。所以，荀子力主要破除或過或不及的偏蔽，回歸「大理」。解蔽之要就在於能「兼陳萬物而中懸衡」（同上），即全面、客觀地看到問題的各個方面，發揮理性的洞察力，「兼權孰（熟）計」，「同時兼知」虛實、動靜這事物的正反兩端，力求達到全面、客觀的認識。另外，還要排除主觀成見，防止先人為主，這就要「虛壹而靜」，即虛心、專一、靜心，「不以夫（彼）一害此一」，如此則達到「大清明」的境界，「夫惡有蔽矣哉！」（同上）

第五，由以上的原則出發，荀子對中庸之處世觀作了大量論述。比如荀子要求君子無論在得志還是失意、富貴還是貧賤之時，都應持守中道，保持中和之氣：「怒不過奪，喜不過予。」（《修身》）「福事至則和而理，禍事至則靜而理；富則施廣，

貧則用節；可貴可賤也，可富可貧也。」（《仲尼》）君子不能偏執一端，要善識時務，因時而動，「以義變應，知當曲直故」（《不苟》），或者「與時屈伸，柔從若蒲葦」，或者「剛強猛毅，靡所不信（伸）」（同上）。君子還要嚴於律己，寬以待人，為人處世無過無不及，「寬而不慢，廉而不劌，辯而不爭，察而不激，寡立而不勝，堅強而不暴，柔從而不流，恭敬謹慎而容」（同上）。萬一偏於一隅，背離中行，君子還要善於損益調濟以「治氣養心」，「血氣剛強，則柔之以調和；知慮漸深，則一之以易良；勇毅猛戾，則輔之以道順；齊給便利，則節之以動止；狹隘褊小，則廓之以廣大……」（《修身》），這樣，便能始終以禮節身，保持「不傲，不隱，不瞽，謹順其身」（《勸學》）的理想的君子人格。

第六，重義而不輕利，德刑並用，是荀子中庸觀的一大特色。荀子坦言：「義與利者，人之所兩有也。」（《大略》）比起孔孟，這是一個進步。孔孟儘量避免談「利」，荀子則正視利，把義和利看作都是人應當具有的，義和利的恰當關係是在「無以利害義」（《法行》）的前提下，義利並重。在德與刑的關係上，荀子主張以德治為本，也要適當地運用法治的手段。比起孔孟，荀子更重視「法」的作用，他的「禮」有時便帶有「法」的意義，所以他培養出韓非、李斯兩個法家人物不足為怪。但荀子強調刑要有度，反對濫施刑罰，「刑罰不怒罪，爵賞不踰德」（《君子》），量刑要與罪行輕重相當，斷不能「以族論罪」（同上），殃及池魚。這一思想在今天仍不失其光輝。

此外，荀子還對時、誠、榮辱、君臣等問題作了深入論述，充分展示了荀子中庸思想的豐富性及其理性色彩。

（六）宋明理學——中庸之道的復興

　　中庸之道的再次復興要歸功於宋明理學家們。宋明理學家們繼承了「述而不作」的先聖古訓，對儒家經典尤其是《論語》、《中庸》、《孟子》、《大學》、《周易》等作了深入研究，闡述、發揮自己的見解，把儒家哲理推向一個空前的高度。借述而作是宋明理學的基本特色，人們也因此而把宋明理學稱為新儒學（理學與心學）。宋明理學家們對中庸之道的探討，集中表現在以下幾個方面：

　　一是對「中庸」本義的發明。包括幾點：首先，「中庸」是不可變易的「天下之正道」。二程首先提出：「不偏之謂中，不易之謂庸。中者天下之正道，庸者天下之定理。」（《二程集・遺書》卷七）「中庸，天理也」（《二程集・外書》卷三），中庸成為天下不可變易的、高明極致的大本、正道、天理。朱熹進一步補充道：「庸是個常然之理，萬古萬世不可變易底。中只是個恰好道理，為是不得是，亙古今不可變易底，故更著個庸字。」（《朱子語類》卷三三）顯然，比起先秦諸子，宋明理學家們把「中庸」的地位抬得更高。其次，中庸是事物變化所表現的常道。二程講：「事事物物皆天然有個中在那兒，不待人安排也」（《二程遺書》卷十七），這個天然的「中」表現於變化著的萬事萬物之中，「天地之化雖廓然無窮，然而陰陽之度，日月、寒暑、晝夜之變，莫不有常，此道之所以為中庸」（《二程遺書》卷十五）。朱子注《論語・雍也》言：「中者，無過不及之名也。庸，平常也。」這樣，中庸之道便在日用常行之間。再次，中庸是君子所行的中道，是君子與小人的分界線。二程謂：「君子之中庸也，無適而不中，則其心與中庸無異體矣。小人之反中庸，無所顧忌，

則與戒慎恐懼者異矣，是其所以反中庸也。」（《二程遺書》卷四）朱熹的解釋路數與二程一致，認為「君子之所以為中庸者，以其有君子之德，而又能隨時以處中也。小人之所以反中庸者，以其有小人之心，而又無所忌憚也」（《四書集注·中庸章句》）。

二是對「中和」本義的解釋，深化了《中庸》的「中和」觀，使之更加理論化。二程和朱熹都把「中」與「和」看作內與外、靜與動的關係，並對「大本」與「達道」之意作了進一步發揮。程頤講：「喜怒哀樂之未發，謂之中。中也者，言寂然不動者也，故曰天下之大本。發而皆中節，謂之和。和也者，言感而遂通者也，故曰天下之達道。」（《二程遺書》卷二五）朱熹更是從性、情、體、用關係上來釋「中和」：「喜、怒、哀、樂，情也。其未發，則性也，無所偏倚，故謂之中。發皆中節，情之正也，無所乖戾，故謂之和。大本者，天命之性，天下之理皆由此出，道之體也。達道者，循性之謂，天下古今之所共由，道之用也。」（《四書集注·中庸章句》）王陽明則異乎此，他用「良知」來發明「中和」，認為「良知即是未發之中，即是廓然大公，寂然不動之本體」（《答陸原靜書》，《王文成公全書》卷二），良知「已發」則是感而遂通的達道即「和」。但他認為「未發」與「已發」不能以「動靜」分而為二，二者是相互聯繫、渾然一體的：「未發在已發之中，……已發在未發之中，……是未嘗無動靜，而不可以動靜分者也。」（同上）

三是理欲觀。理欲之辨是宋明理學的核心問題，其他許多問題多是圍繞「天理」與「人欲」而展開的。盡管理學家們對理欲關係的探討不盡相同，但基本傾向是「存天理，滅人欲」。理欲問題的最早提出是《禮記·樂記》：「夫物之感人無窮，而人之好惡無節，則是物至而人化物也。人化物也者，滅天理而窮人欲

者也」，因而要求用道德倫理規範來限禁人的好惡之欲。宋明理學家進一步就理欲問題展開論辯。周敦頤認為，「欲」使人背離中道，提出通過「懲忿窒欲，遷善改過」（《周子全書‧通書》）的修養過程達到「誠」的境界。到了張載、二程才明確地提出了「天理」與「人欲」的對立這個宋明理學的主題：「今之人滅天理而窮人欲，今復反歸其天理。」（張載《經學理窟‧義理》）二程視「人欲」為使「天理」昏暗的禍根，認為「滅私欲，則天理明」（《二程遺書》卷二十四）。此後，「存天理，滅人欲」便為爾後的理學家奉為金科玉律。朱熹就說：「聖賢千言萬語，只是教人明天理，滅人欲。」（《朱子語類》卷十二）但也有一些理學家如胡宏、呂祖謙、羅欽順乃至王夫之等頗為注重天理人欲的統一。在這裏需要辨明的是，理學家們所謂的「人欲」到底是什麼？是不是包括人的一切欲求呢？張載認為，情、欲與性是統一的，情、欲本身並不等於「惡」，只有「不中節」即偏離中道的情、欲才是惡。因而他並不主張「滅欲」，「飲食男女皆性也，是烏可滅」（《正蒙‧乾稱》），而是主張「寡欲」、節欲，把欲限定在一定的規範之內以不離「至善」、「中和」，反對「嗜欲」、「窮欲」。朱熹把「欲」分為「好底」與「不好底」兩類，「人欲」在他那裏是個專門概念，專指不好的、不正當的「欲」。他反對籠統地提倡「滅欲」，認為「饑而欲食」、「渴而欲飲」這些正當的欲望是不該也不能消滅的，要滅的是那些違背天理、不合中道的人欲，這樣便糾正了二程把「欲」與「人欲」混淆起來而造成的理論上的混亂。可見，理學家們所要「滅」的「人欲」乃是過分的、不正當的、背離天理和中道的那些欲望，並不是人的一切欲望。從情理上言，食人間煙火的理學家們也不會幼稚到棄絕人的正常欲望。所謂「存天理，滅人欲」乃是要把人欲控制

在天理、中道的範圍之內。所以，我們常看到人正常的欲求被理學家們名為「性」、「情」，而扼制非分的「人欲」，涵養性情正是理學家所宣導的修養之道。明乎此，就可以消除人們通常對理學家們的誤解，從而客觀地審視他們在傳統文化中的地位。當然，「存天理，滅人欲」被統治者加以改造和利用，成為封建社會後期桎梏人們心靈、精神的枷鎖，其危害至大，流毒至深，這是應當加以批判的。

四是天人合一。在宋明理學家那裏，天人合一是一種人在精神上達到了完全超越、實現了真正自覺的最高的精神境界。我們知道，張載的《西銘》以「天地之塞，吾其體；天地之帥，吾其性。民吾同胞，物吾與也」對天人合一作了經典論述。朱熹在張載、二程的基礎上更是直接提出「天即人，人即天」（《朱子語類》卷十七）。陸九淵則從其「心即是理」的理論出發，推出了「宇宙便是吾心，吾心即是宇宙」（《象山全集》卷三十六）的結論。王陽明從陸九淵的「心」又提出「良知」的概念，並把心等同於良知，從而用作為道德主體意識的「良知」包容了宇宙萬物。在理學思想中，還應注意到「天命之性」與「氣質之性」的相互關係中所表現出來的中庸思想。這一問題同樣是對天人關係的深化。張載最早提出「天地之性」和「氣質之性」，認為前者是純正至善的，後者則是善惡相雜、有剛柔緩急、才與不才的「氣之偏」。盡性窮理的目的就在於糾氣質之偏，「使動作皆中禮」（《經學理窟·氣質》），因為「天本參和不偏，養其氣反之本而不偏」（《正蒙·誠明》），便可以盡性知天、達到天人合一的境界。朱熹對張、程的「氣質」說極為推崇，並從理氣關係上加以闡發，認為氣有昏明厚薄之分，「理」雖是至善的，但「人之所以有善有不善，只因氣質所稟，各有清濁」（《朱子語類》

卷四）。所以要恢復天性的清明，就要以道德理性為準則來變化氣質，糾正其偏頗。理學家們都把孔子「從心所欲不逾矩」看作人生追求的境界。這是一種盡其心性之全體、摒棄一己之私欲、行為自然地合乎中道的境界，是人生修養所致的天人合一的極致，即自號「安樂先生」的邵雍所謂的「無賤無貧，無富無貴，無將無迎，無拘無束，窘未嘗憂，飲不至醉」（邵雍《安樂吟》），亦即程顥所謂的「閑來無事不從容」、「四時佳興與人同」（程顥《秋日偶成》）的自然風流境界。

最後，理學家們深化了對「誠」的討論。《中庸》把「誠」提升到「天道」的高度，認為能夠達到「至誠」便可以「不勉而中」，自覺地篤行中道，成賢成聖。孟荀也從「天道」、「天德」的高度論述了「誠」的範疇。宋明理學家們則進一步突出了「誠」的形而上的特色，並把誠、仁、樂（真、善、美）三者統一起來。周敦頤認為「誠」是「純粹至善者也」（《周子全書·通書·誠上第一》），體現了聖人所具有的最高道德境界，也是萬物之淵源、本體，「誠者，聖人之本。大哉乾元，萬物資始，誠之源也」（《周子全書·通書·誠上第一》）。二程認為，「誠」是「天理」之所以能夠流行發用為萬物的原因：「體物而不可遺者，誠敬而已矣，不誠則無物也」（《二程遺書》卷一一），「誠則形，誠後便有物」（《二程遺書》卷一八），把自然規律與道德規律合為一體。朱熹則明確講「誠」就是「真實無妄」，是「天理之本然」（《四書集注·中庸章句》），同時，「真實無妄」與天理同一，乃是「聖人之德」，故思誠修身便從「至真」進入至善、至美。王陽明講「誠是心之本體」（《傳習錄上》），是「良知」，是宇宙之道德精神。王夫之對「誠」作了改造和發揮，一方面用「誠」來指客觀的「實有」：「誠，以言其實有爾」（《張子正

蒙注‧天道》），另一方面又把「誠」看作宇宙的一般規律：「誠者，天之道也」（《張子正蒙注‧太和》），因而必須「誠」才能達到天人合一：「已無不誠，則循物無違而與天同化」（《張子正蒙注‧誠明》），「一乎誠，則盡人道以合天德」（《讀四書大全說》卷三）。總之，宋明理學家從宇宙論、認識論、修養論上對「誠」進行了深入的探討，大大地豐富和深化了「誠」的內容。

　　從以上對中庸之道的演進歷程的簡單勾描可以看出，「中庸」思想的發展是一個地位逐漸提升、內容不斷豐富、哲理性層層深化的過程。孔子的中庸思想滲透於其整個思想體系中，並與其思想特徵相聯繫，主要體現在倫理道德、處世哲學中。經過《中庸》、《孟子》、《易傳》、《荀子》的進一步闡述、發揮，中庸之道基本完型。其中《中庸》、《孟子》的作用尤為顯著。前者從形而上的高度，後者從倫理、政治等方面，使中庸之道開始向內轉，成為天道之根本和修身之大道，深化了孔子中庸思想，確立了後世中庸之道的哲理取向和價值取向。《易傳》進一步豐富了「中」的內涵，《荀子》則突出了中庸之道的理性色彩。宋明理學家們在傳述經典、發揮中庸之道時，使中庸之道進一步向內轉，進一步理念化，在許多方面豐富、深化了其內容。但我們也應看到，宋明理學家因把宇宙論與倫理學相結合，往往窒息了中庸之道的活力，使之形而上學化。

中庸人生學的文化生態學根源

　　如果從《尚書》中的有關思想算起，中庸之道真可謂源遠流長，影響深廣。宋明理學遠不是其終結，中庸之道對中華民族思想文化、民族心理的影響至今仍隨處可見，以至於有人慨然歎曰：「中國者，中庸之國也。」我們且不去論慨歎者的心態立場，事實上，從中庸之道對中華民族的影響而言，這話也不無道理。靜下心來，我們不禁要問：世界上有那麼多的國家和民族，中庸之道何以獨獨產生並成熟於我們生存發展的這片土壤？隱藏於這種思想背後的究竟是什麼？現在，我們便從這個問題入手，來探尋中庸之道得以產生和發展的文化生態之源。

　　所謂文化生態，簡單地說，就是一種文化所賴以生存的時空場。對於文化生態的研究，是當代文化人類學研究的一個重要內容。日本著名民族學、生態學家梅棹忠夫從自然環境、生態條件對文明史進程的重要作用人手，提出了「文明的生態史觀」。他說：

由種種人類生態學現象的觀點存在，是能夠再進一步上升提煉為哲學觀念的。這一觀點如果能夠成立的話，就可以說建立了一種能夠說明歷史演變的歷史觀，生態學的歷史觀，或可簡稱為生態史觀。[1]

可見，文明的生態史觀是以現實存在的人類生態學現象為基礎的，這些現實存在的文化生態就是一種文化賴以生存、發展、傳播的自然環境（時空序列）和人文環境的總稱。任何已往的和現存的文化都有其創生、傳播和發展的特定環境，梅棹忠夫的文明的生態史觀便是提醒我們重視文化生成的生態學根源。

關於中國文化的生態學特徵，有的學者已經作了有益的探索，如馮天瑜等認為：

養育中華古代文化（或曰傳統文化）的是一種區別於開放的海洋環境的半封閉的大陸─海洋型地理環境；是一種不同於工商業經濟的家庭手工業與小農業相結合的自然經濟並輔之以周邊的遊牧經濟；是一種與古代希臘、羅馬的城邦共和制、元首共和制、軍事獨裁制，中世紀歐洲和日本的領主封建制以及印度的種姓制均相出入的家國同構的宗法─專制的社會。

地理環境的、物質生產方式的、社會組織的綜合格局，決定了中華民族社會心理諸特徵，而中國人，包括中國的文化匠師們便以這種初級思想材料作原料進行加

---

[1] 《文明的生態史觀──梅棹忠夫文集》，王子今譯，上海三聯書店 1988 年版，頁 88~89。

工，創制了富有東方色彩的、儀態萬方的中華文化。[2]

作為傳統文化的重要內容，中庸之道正是在這種文化生態中形成的中華文化的一枝奇葩，其中農業文明、血緣宗法社會和特定時期所形成的「中和情結」，更是哺育中庸思想的溫床。

一、農業文明的智慧

中庸之道所賴以產生的最深厚的文化生態土壤，就是中國古代發達的農業文明。也就是說，中庸之道首先是農業文明的產物，是農業文明智慧的結晶。

中華古代文明是以黃河流域為輻射源的農業文明。黃河流域地處北溫帶，這裏曾是土地肥沃、森林茂密的地區，鬆軟豐饒的黃土地，為古代以石器、木器、青銅器、鐵器為工具的農業生產提供了保障。根據考古資料，距今約六千年的仰韶文化遺址中發現有穀殼痕跡，稍晚的大汶口晚期的山東膠縣三河里遺址發現了窖藏的粟米，距今四千多年前的龍山文化遺址發現了石鋤、石鏟、石鐮、蚌鐮等農具，其他如河姆渡文化遺址、屈家嶺文化遺址等也都有農耕物的遺存，最早的農耕工具（如牛耕）都出現在中國。另外，三皇五帝的傳說也大多與農業有關，如神農氏勇嘗百草，軒轅氏「斫木為耜，揉木為耒」（《周易・繫辭下》），製造工具，堯舜禹治理水患、發展農業，烈山氏之子柱種植「百穀百蔬」，開始了種植經濟。許多酒器的同時發現則說明當時已有餘糧用於釀酒，在這些文明遺址的陶器上還有一些穀物及斧、

---

[2]　馮天瑜等《中華文化史》，上海人民出版社 1990 年版，頁 18。

鏟等農具的象形文字。所有這些都說明中國古代社會農業的相對
早熟及其繁榮狀況。

　　農業的繁榮為人們的生活提供了穩定的保障，也為中國古代
社會以農立國創造了條件。中國古代把國家稱為「社稷」，「社，
地主也」，「稷，五穀之長」（《說文解字》）。社是土地神，
稷是五穀神。土地和農業乃是國家的命脈，農業活動是國家政
治、經濟生活的頭等大事，「是時也，王事唯農是務，……若是，
乃能媚於神而和於民矣」（《國語·周語上》）。所以，古代帝
王十分重視農業生產，在春種秋收之際，都要進行盛大、隆重的
典禮。如在春氣始發、農人耕播之前，帝王要先親耕第一鈀；天
旱水澇，帝王要登壇祈禱：「山川之神，則水、旱、癘疫之災，
於是乎禜之；日月星辰之神，則雪、霜、風、雨之不時，於是禜
之」（《左傳·昭公元年》）；穀物成熟，更要舉行大祭以感謝
皇天后土：「黍稷稻粱，農夫之慶，報以介福，萬壽無疆」（《詩
經·頌·良耜》），「為酒為醴，燕畀祖妣，以洽百禮，降福孔
皆」（《詩經·頌·豐年》）。

　　總之，特殊的地理環境形成了中國文化重農主義的傳統，導
致了中國古代高度發達的農業文明，並由此而影響到傳統文化的
方方面面，比如中華民族的民族心理、民族性格及思維方式無不
深深地打上農業文明的烙印，中庸之道首先便是農業文明智慧的
產物。

　　農業文明形成的最顯明的民族心理，就是天人合一的整體和
諧觀念，這是中庸之道的一個重要內容。

　　我們知道，農業生產最重要的條件有兩個：一是腳下的地，
一是頭上的天。腳下的地若豐饒肥沃，就為農業生產提供了最基
本的前提；頭上的天若風調雨順，則為五穀豐登創造了條件。農

人與天、地是不隔不離的，在一定意義上甚至可以說，天、地掌握著農人的命脈，以至社會文明發展到今天，我們仍然時常慨歎農民是「靠天吃飯」。古代先哲們很早便認識到人類是天地的產物，「民受天地之中以生」（《左傳‧成公十三年》），「天地氤氳，萬物化醇」（《周易‧繫辭下》），天地萬物包括人類自身在內都是按照同樣的原則進行生成變化的有序整體，「民吾同胞，物吾與也」（張載《正蒙‧西銘》）。天地和諧，風調雨順，孕育五穀百物，養育了人類；天地之氣若失其序，或人不依自然，逆天行事，那麼天旱水澇、疫病禍亂就會接踵而至，莊稼減產或絕收，農人便只有挨餓受凍。另外，由於人與萬物一樣，都是天地自然的產物，「夫利，百物之所生也，天地之所載也。」（《國語‧周語上》）所以人不應當為一己之私利而過分地掠奪自然，像竭澤而漁這類「專利」行為破壞了自然之序，逆於天人之和，「其害多矣」（同上）。只有依天時，順地利，「使神人百物無不得其極」（同上），天地人與萬物和諧有序，農人才能豐衣足食，安居樂業。為此，人們小心翼翼地不違天道，順應自然，凶年樂歲都要祭祀天，祭祀地，祭祀一切與農業生產相關的東西。在中國古代的神譜中，我們看到有天帝、雷公、風婆、土地爺、山神、火神、龍王等這些把握著農業命根子的神。

　　農業文明孕育的這種自然質樸的天人和諧觀念，經過哲學家們的抽象，便形成了中國古代獨有的宇宙和諧觀和天人合德的倫理型文化傳統。具體表現在，其一，「文化與自然不隔，文化之事即自然之事，自然之事亦具有文化的意義」；其二，「文化中之道德生活亦為自然生命的自然表現，……道德生命不但不與自然生命相違，反足以豐富自然生命」；其三，「人的生活與宇宙本體不相隔絕，……一切神的大德必實現於人的生活，人的文化

創造以及人的創造潛力的增進」。[3]

農業文明的發達還深刻地影響了「時中」觀念的形成。人們常說，農業生產是日出而作，日沒而息，缺乏時間觀念。這話只說對了一半。其實，從事農耕的人們雖然對一天二十四小時的感知並不那麼強烈，但是他們對農時的觀察和感受卻是異乎尋常的敏銳和深刻。中國古代曆法的形成是與農業生產緊密相關的，曆書被稱為「農曆」，其實就是由政府頒佈的關於農時的曆書。農曆對一年的劃分，除了十二個月外，每月又劃分為兩節，一年共二十四個節氣，都與農業生產直接相關。《尚書大傳》解釋《尚書》中的「敬授民時」道：「主春者張，昏中可以種穀；主夏者火，昏中可以種黍；主秋者虛，昏中可以種麥；主冬者昴，昏中可以收斂……故曰『敬授人時』，此之謂也。」春耕、夏耘、秋收、冬藏，這些農時都是不可違背的。長期的生產實踐中，農民總結出許多關於農時的經驗，如「清明前後，種瓜點豆」；「處暑不抽穗，枉把心機費」；「頭伏蘿蔔二伏芥，三伏裏頭種白菜」；「高山不種白露麥」等等。農人對「雲破月來花弄影」、「青天白日映樓臺」之類閒情逸致大可以不理不會，但絕對不會對「二月聞子規，春耕不可遲」、「四月南風大麥黃」、「五月畬田收火米」這些重要的農時掉以輕心。逝者如斯，時不我待。倘若「三月無雨旱風起，麥苗不秀多黃死。九月霜降秋早起，禾穗未熟皆青乾」，那你就不得不為「明年衣食將何如」焦急了（白居易《杜陵叟》）。所以，對於以農立國的中華民族來說，「時中」的觀念是至關重要的。《詩經·風·七月》通篇都是講歲時的，如「四月秀苗」、「八月其獲」、「十月獲稻」、「九月築場圃，十月

---

[3] 成中英《中國哲學與中國文化》，三民書局 1986 年版，第 7—8 頁。

納平秩」等。「時」決不是表面的依時照點，而是順應內在的生命節律。農作物生長都是有規律的，自然狀態的農業生產必須嚴格按照時令、遵守自然規律行事。清明前後，種瓜點豆，早也不行，晚也不行，只有正當其時，否則便如揠苗助長，出力不討好。「春種一粒粟，秋收萬顆籽」，只能如此，反過來就不行，農事必須因地因時制宜。「種時之事，各有攸敘。能知時宜，不違先後之序，則相繼以生成，相資以利用，種無虛日，收無虛月，一歲所資，綿綿相繼，尚何匱乏之足患，凍餒之足憂哉！」（《陳旉《農書》卷上）

這種對農業生產規律的根深蒂固的感受和執守，深刻地影響了民族文化心理，給中國傳統文化烙上了深深的持守中道、無過無不及的印痕。「中道而立，能者從之」（《孟子・盡心上》）。表現在政治上，就是要求統治者要「使民以時」，「不奪民時，不蔑民功」（《國語・周語中》），「度天地而順於時動，和於民神而儀於物則」（《國語・周語下》）。政治家管仲便深悟其道：

> 令夫農，群萃而州處，察其四時，權節其用，耒、耜、耰、艾。及寒，擊菒除田，以待時耕；及耕，深耕而疾耰之，以待時雨；時雨即至，挾其槍、刈、耨、鎛，以旦暮從事於田野。（《國語・齊語》）

這種農業文明下形成的「使民以時」、執守中道的思想，積澱於民族心理之中，上升到哲學高度，便是中庸之道。

對「人和」的追求，也是與農業文明分不開的。儘管大自然為我們的祖先進行農業生產提供了沃土良田，但同時也給了他們水害旱災。羿射十日的傳說，講的就是在堯帝時代，十日並出，

「焦禾稼，殺草木，而無所食」，於是堯命羿「上射十日而下殺猰貐」（《山海經・本經訓》），從而使農業生產重新得到了保障。共工氏與顓頊氏爭帝位，撞倒了擎天柱不周山，於是乎「天傾西北」，「地不滿東南」，「水潦塵埃」（《淮南子・天文訓》），淹沒桑田，這才有女媧「煉五色石以補蒼天，……積蘆灰以止淫水」（《淮南子・覽冥訓》）的傳說。另外還有大禹治水三過其家門而不入的故事等等。所有這些神話傳說無疑都折射了先人們戰洪水、抗旱災的艱苦卓絕的歷程。

當然，戰水抗旱的不是這些神，而是長著血肉之軀的人們。事實上，要抵制大的自然災害，弱小的先民們單憑個體的力量顯然是以卵擊石。他們惟有團結起來，結成強大的整體，通過集體的同心協力的抗爭，才能維持群體的生存。同時，農業民族還要常常對付遊牧民族的侵襲，早期農業生產中的墾荒辟壤、疏理河渠等大工程也都需要共同的協作。這一切都決定了我們祖先的集體主義意識，刺激了民族內部協和至上的觀念。如早在殷墟出土的甲骨卜辭中就有「土方牧我田十人」、「王大令眾人曰：協田」等有關群體農作的記錄。《詩經》中關於群體農作活動的表述也不少，如「載芟載柞，其耕澤澤，千耦其耘」（《詩經・周頌・載芟》），「率時農夫，播厥百穀。駿發爾私，終三十里。亦服爾耕，十千維耦」（《詩經・周頌・噫嘻》）等。雖然「千耦其耘」（兩千人一起耕作）、「十千維耦」（兩萬人集體耕播）這樣的場面似乎有點誇張，但這些都說明集體耕作是當時農業生產的重要方式。即使後來隨著農業生產水準的提高，隨著金屬農具和畜力的利用，以家庭為主的耕作逐漸成了主要方式，但大的農業工程仍需要集體合作，況且古代中國的家庭事實上也是一個小的集體。總而言之，集體農業活動強調的是集體內部個體與全體

之間的同心協力，「和乃生，不和不生」（《管子‧內業》）。我們甚至推測，「和」的本義也可能與集體勞動的協和關係有關。「和」本義是唱和、應和，「和，相應也，從口從禾」（《說文解字》）。之所以從「禾」，也許並不僅僅是根源於聲，而且更重要的是反映了集體耕作時的狀況。如同魯迅先生稱最早的詩人是「杭育杭育派」一樣，「和」可能指的是人們在種禾耕稼時勞動號子的此唱彼和。正是由於以上的原因，古代中國人比起同時代的西方民族具有更為深刻的對人際和諧的體認，中國傳統文化也因此具有更濃厚的群體本位的文化特徵，這是儒家對中國文化的重要貢獻。儒家哲學之中人際和諧的理想原則，也是中國文化延續發展的重要思想源泉。

我們知道，中庸之道不僅蘊含著極為豐富的內容，更具有方法論的意義，是一種重要的思維和處世方式。以上我們已經從內容和致思傾向方面剖析了中國古代發達的農業文明是如何直接影響和導致了「中庸」思想的產生。窺一斑而知全豹，由此我們不能不佩服馮友蘭先生的見解是多麼地精闢：「農的眼界不僅限制著中國哲學的內容，……而且更為重要的是，還限制著中國哲學的方法論。」[4]不僅如此，伴隨著農業文明，也形成了黜虛務實、親近自然、勤勞勇敢、寬容大度、愛好和平等優良傳統以及求穩求成、因循守舊、瞻前顧後、知足守成、不尚掠取等民族性格。

---

[4] 馮友蘭《中國哲學簡史》，北京大學出版社 1985 年版，頁 30。

二、血緣宗法社會的結晶

血緣宗法制是古代中國社會的又一大特徵。

由於農業生產的特殊性，從事農業生產的人們不需要也不能夠像遊牧民族、漁獵民族以及工商民族那樣四海為家，漂泊不定，而是長期定居在一地，形成比較穩定的血緣聚居群。生活於一地的人們往往是同一祖先的後代，「一村唯兩姓，世世為婚姻，親疏居有族，少長遊有群」（白居易《白氏長慶集》卷十）便是對這一狀況的真實描繪。今天我國廣大的農村地區情況依然沒有多大的改變，你只需要看那村名──張家屯、李家莊、劉家寨、王家壩、牛家溝、蔣家寺等等──心裏便可以對這個村的社會結構有一個大概的瞭解。正如清代一地方誌所言：「兄弟析煙，亦不遠徙，祖宗廬墓，永以為依，故一村之中，同姓者至數十家或數百家，往往以其姓名其村巷焉。」（《同治蘇州府志》卷三引《縣區志》）這種以血緣紐帶聯結起來的聚居群落，同時也是進行共同生產勞動活動的集體，所以他們的生產勞動也大多是「婦姑荷簞食，童稚攜壺漿」（白居易《觀刈麥》）這樣一幅家庭家族熙攘、和樂的場面。族長是這一大家庭、大家族的總家長，對違背族規家法者，具有生殺予奪的權力。族權這一種以血緣關係為紐帶而形成的特殊的社會權力，隨著中國家族制度的發展、完善和長盛不衰，與政權、神權、夫權一起成為維繫封建社會秩序的強勁力量。

中國階級社會是直接由血緣部族脫胎而來的。部族權力幾經禪讓而轉化為以血親傳承為主的王權，在整個社會結構的轉型中，血緣家族制也因而未受衝擊地、完整地保存下來，特殊的、家國同構的宗法制度便確立下來。宗法社會下，皇權像部族首長

一樣，成為整個社會血親關係的總家長，「夫君者，民眾父母也」（《新書‧禮三本》），地方的行政長官也被稱作「父母官」；土地是皇家的土地，「溥天之下，莫非王土」（《詩經‧小雅‧北山》）；臣民是皇家的臣民，「率土之濱，莫非王臣」（同上）。國家、天下是一個大家庭，四海之內皆兄弟，政權統治披上了溫情脈脈的面紗。家庭、家族成為國家的縮影，族權與政權彼此溝通，父權與君權遙相呼應，共同維繫著龐大的宗法制社會結構的平衡和穩定。

以血緣宗法制度為基礎的古代中國社會政治，十分強調統治秩序中的人的親情因素。儒家要求統治者對自己的臣民施行仁政、德政，推恩天下。所謂「推恩足以保四海，不推恩無以保妻子」（《孟子‧梁惠王上》）。而推恩就在於「老吾老，以及人之老；幼吾幼，以及人之幼」（同上）。儒家的中庸之道顯然正是抓住或說是適應了中國宗法社會結構的這一特徵，把統治秩序與倫理規範、外在約束與內心認同有機地結合起來，設計了一條切實可行的「修身齊家治國平天下」的家國一體的治政之道，修身齊家為本，治國平天下為用，由「內聖」而「外王」。《禮記‧大傳》上有一段話對這種治政之道作了精細的描繪：

> 親親故尊祖，尊祖故敬宗，敬宗故收族，收族故宗廟嚴，宗廟嚴故重社稷，重社稷故愛百姓，愛百姓故刑罰中，刑罰中故庶民安，庶民安故財用足，財用足故百志成，百志成故禮俗刑，禮俗刑然後樂。

由齊家而治國，在這種家國一體的社會上，歷代統治者也都以「家長」自居，以「愛民如子」相標榜，反對苛政暴政，宣導德政、仁政，即使意識到法、刑的重要，也只是把法、刑作為仁

政的一種輔助手段，以糾過寬、過仁之弊。所謂德刑並用、寬猛
相濟，講究「合內外之道」，「上得天時，下得地利，中得人和」
被看作是統治秩序的範本，這種中和政治是中國古代政治制度的
一個顯著特色。

　　其實，在中國封建社會，不僅仁政、德政是以血緣宗法制為
基礎的，法、刑的實施也同樣是以血緣宗法製作為基礎、條件，
所謂的「連坐」最能說明這一點。「連坐」意味著一人犯罪，便
要滿門、合族治罪，這在最講究光宗耀祖、延續香火的中國，自
然是最重的懲罰了，於是每一個人即使不顧惜自己的一芥小命，
也不得不為了全家、合族的利益和生命而謹小慎微，循規蹈矩。
當然，一人榮耀，同樣是合族興旺，雞犬升天。這樣，以血緣親
情為基礎，最嚴酷的刑法與最仁愛的撫恤融為一體，仁德與刑法
雙管齊下，軟硬兼施，以德之寬糾刑之嚴，以刑之嚴濟德之寬，
從而最大限度地實現統治秩序的中和狀態。

　　血緣宗法關係也影響了整個社會的道德秩序、人際關係。君
臣、父子、夫婦、兄弟、朋友五倫之中，父子、夫婦、兄弟都是
講血緣倫理的，君臣關係和朋友關係也是血緣關係的推展。在家
事父母，「孝」字為上；在朝事君王，「忠」字為先；在外交朋
友，信義第一。而忠、信、仁、義這些規範都是以「孝」為軸心
展開的，《禮記‧祭義》曰：「居處不莊，非孝也；事君不忠，
非孝也；涖官不敬，非孝也；朋友不信，非孝也；戰陣無勇，非
孝也。」「忠」是「孝」的推衍，對君的「忠」就是對全社會總
家長的「孝」。在人與人的社會關係上，中國人最講究「誠」，
誠心誠意，誠實可靠。「誠」就是建立在血緣情感之上的一種道
德自覺。內心的「誠」落實在外在的社會關係中，就是孝、忠、
信、敬，即「弟子入則孝，出則弟，謹而信，泛愛眾，而親仁」

（《論語‧學而》），「是故君子誠之為貴。」（《中庸》）

　　把人與我聯繫起來，推己及人，誠心敬意，就是孔子「一以貫之」的「忠恕之道」。孔子弟子曾參說：「吾日三省吾身：為人謀而不忠乎？與朋友交而不信乎？傳不習乎？」（《論語‧學而》）「忠」就是本著自己的一片誠心，竭盡全力地為他人著想。「信」就是保守信譽，一諾千金，「言而有信」（同上）。在儒家看來，這是做人的起碼的道德要求。這是從主動、積極的方面講的。反過來，從被動的方面講，自我反省就表現為捫心自問：我是不是真的設身處地、盡心竭力地為別人考慮了？我是不是真的信守諾言、說到做到了？我所不喜歡、不願意的事情是不是強加於他人了？儒家認為，果真能行「忠恕之道」，那麼，「信近於義，言可複也；恭近於禮，遠恥辱也；因不失其親，亦可宗也」（同上）。言約信而恰合其宜，行恭敬而適中其節，這樣在與人交往相處時就可以得心應手，遊刃有餘了。

　　人際關係的和諧不僅表現在血緣群體內部，而且也表現在血緣群體與群體之間。群體內部，血緣關係的凝聚力自然不待多言，群體之間，血緣關係也有巨大的穿透力。我們說，古人歸納的五倫即五種最基本的社會關係，都是血親關係或血親關係的推衍，人們在處理各種複雜的社會關係時，總希望把它歸化為近似於血緣關係的親情關係。所謂「老鄉見老鄉，兩眼淚汪汪」，同鄉之情把居住於一縣、一區、一省乃至更大範圍的人們聯為一體；所謂「同姓三分親」，「五百年前是一家」，同姓之誼又把陌生的你我他聚為一家，結為同胞。俠客義士、文人墨客雖是邂逅相遇，若言語投機、志同道合，也總免不了要焚香燃燭、金蘭結義，稱兄道弟。古代統治者也往往用「和親」的方式結好異族，用「結親」的方式籠絡臣下。縱使漂泊流浪於異鄉、海外，也總

念念不忘故土難離，落葉歸根。這種數千年一貫的心理定勢，使
中華民族顯示出非同一般的凝聚力。而追根究底我們不難看出，
這難舍的「故土」，這忘不了的「根」，其實就是潛積在民族心
理底層的血親意識。由血緣關係衍生的崇尚中和的群際心態，集
中到儒家人生哲學中，中庸之道便成為一種調節人際關係使之趨
向中和狀態的高級哲理。

三、中和情結的表現

中庸之道的產生也有其深刻的文化社會學根源，即特定的社
會歷史和文化背景。

在《儒家倫理與秩序情結──中國思想的社會學詮釋》一書
中，張德勝先生用佛洛伊德的「情結」理論，對中國傳統文化進
行了獨闢蹊徑的分析。他認為，「文化之於社會，猶如性格之於
個人。春秋戰國是我國思想的初生階段，那時的動亂，對社會構
成了創傷性的衝擊，因之往後兩千多年所形成的中國文化，就潛
在著談動亂而色變的過敏傾向。」「對動亂所產生的創傷式恐懼，
表現於對秩序的追求。」這種對秩序的追求，根植於中國傳統文
化中，「用佛洛伊德的術語，中國文化存在著一個『秩序情結』；
換作潘乃德（Ruth Benedict）的說法，則中國文化的形貌，就由
『追求秩序』這個主題統合起來。」作者把春秋戰國時期稱為「失
範的社會」。「失範」不僅僅表現於倫理秩序的混亂，「禮壞樂
崩」，還更多地表現於階級反抗和鬥爭。因而如何整治社會秩序，
重建倫理規範，成為當時思想家們面臨的最大課題。儒家倫理的
產生正是出於對社會危機和「失範」挑戰的回應。孔子則是春秋
時期第一位對「失範挑戰」作出直接回應的人，「儒家正是以建

立秩序為終極關懷，由此發展出來的一套學說，以及以之為準則的行為模式，可說正中下懷。它之所以能於傳統時代脫穎而出，長時間成為國家意識形態，相信這是最主要的原因。」[5]作者進一步提出，他所假設的「秩序情結」是「心理狀態」。這一心理狀態是通過儒家文化表現出來的，這就是儒家倫理的四大特徵，即：「和而不同」、「節情斂欲」、「賤己貴人」和「對等回報」。

毫無疑問，張德勝先生的見地是十分新穎和相當深刻的，他提出的「秩序情結」論在一個更為深廣的文化背景上，有效地抓住了儒家倫理「和為貴」的本質。不過，我們覺得，若是把「秩序情結」改稱為「中和情結」的話，應當更能體現儒家倫理的深層本質。這是因為，對秩序的追求其實只是儒家倫理的一個方面。面對禮壞樂崩、戰亂頻仍的社會，面對失範、淪喪的倫常道德，面對惶惶的人心，儒家追求的不僅僅是外在秩序的重建，不僅僅是形式上的、靜態的井然有序，更重要的是融秩序和變易為一體的、倫理與禮法協同並作的、外在世界和內在心性融洽應和的動態的大和諧。秩序是外在的，中和則是以內在的和諧為基礎的內外統一。

春秋戰國時期是中國古代社會大轉型的時期。當時隨著鐵器的普遍使用、牛耕的逐漸推廣，社會生產力水準大幅度提高，各個不同利益集團的內部經濟實力發生了很大變化，隨之而來的便是政治權力的更移。周王室衰微，控制力不斷弱化，諸侯國相互傾軋，於是乎大小兼併，弱肉強食，「天下方務於合從連衡，以攻伐為賢」（《史記‧孟子荀卿列傳》），「春秋五霸」、「戰

---

[5] 《儒家倫理與秩序情結——中國思想的社會學詮釋》，巨流圖書公司 1990 年版，頁 158~159。

國七雄」們「攻城野戰，死者不可勝數」（《墨子·節用上》）。
同時，統治者「厚作斂於百姓，暴奪民衣食之財」（《墨子·辭
過》），使得人民「饑而不得食，寒而不得衣，勞而不得息」（《墨
子·尚賢中》），生活於水火倒懸之中，社會矛盾日益尖銳。

面對如此動盪不安的局面，怎麼辦？思想家們以天下為己
任，從不同利益、不同立場、不同角度出發，設計著各自不同的
救治之道。但「天下一致而百慮，殊途而同歸」，面對「亂」這
個同樣的時代課題，他們都不約而同地以「和」作為自己的終極
關懷。馮友蘭先生說：「在中國哲學的領域裏，在西元前三世紀
中葉，有一個強大的調和折中的趨勢。」[6]這是「中和情結」在
中國思想史上的第一次大發作。「和」是這個時代的主題，諸子
百家都在講中和，但風貌各異，因而學術史上出現了「百家爭鳴」
的繁榮局面。老子主張忍讓，以退為進，以柔弱勝剛強，無為而
無不為；墨家挺身而出為下層勞動者的利益吶喊，要求停止勞民
傷財的戰爭，節用節葬，去奢從儉，實現大同；法家則極力強調
外在強制力量，強調嚴刑峻法，驅民歸同。如果說道家消極地以
無為求「和」是「不及」，墨家一廂情願地追求超現實的「同」，
法家以強大暴力脅迫天下歸一是「過」的話，那麼儒家則是恭行
踐履了自己主張的中庸之道。他們執中而行，不偏不激，以冷靜、
客觀而敏銳的目光洞察到了社會的根本，找到了文化深層的立足
點，提出了一套切實可行的主張，從而在諸子百家中佔據了「顯
學」的位置。他們從親親之孝出發，以人的內心的道德自覺為途
徑，以致中和為宗旨，由修身推而廣之到齊家治國平天下，從而
實現其內聖外王的治世理想。

---

[6] 《中國哲學簡史》，北京大學出版社 1985 年版，第 216 頁。

根據社會學家艾郎遜（Elliot Aronson）的意見，遵循社會規範的動力不外乎有三種：一是「就範」（compliance），指依靠威逼利誘使人屈服於規範系統；二是「認同」（identification），指個人自覺地認同他人或集體，從而遵循其所信守的習俗、規範；三是「植入」（internalizaion），指通過教化過程把社會規範內植到個人心中。第一種主要依靠國家機器如法庭、監獄等，第二種主要在兒童和青少年成長時期的自然過程中實現，第三種是通過教化，使人自覺地遵循。三者中，「認同」和「植入」的功效最為持久。[7]儒家的「中和」論正是運用「植入」加「認同」方式的典型。顯而易見，儒家對中國社會的血緣宗法基礎和民族的尚和心理有更深的理解，而儒家以「中和情結」為心理基礎的理論因之也能得到最大程度的認同。正如張德勝先生所言，儒家學說之所以最終獲得獨尊地位，這或許是其最根本的原因。

　　雖然中華文明是一個相容並包的文化整合體系，儒家文化無疑是其主幹。作為中國封建社會佔據統治地位的意識形態，儒家文化影響了中國數千年的政治秩序、經濟秩序、道德秩序，影響了中華民族的文化心態、思維方式乃至生存方式等等。所以，應該說它不僅僅是儒家獨有的學說，更重要的是它已經內化為一種文化意識，成為民族文化心理結構的主體，積澱於民族文化心理底層。一方面，儒家倫理適應了華夏文明的主體導向，在文化的生態學沃土上找到了最佳的生長點；另一方面，春秋戰國是中國思想文化初步成形的時期，「和」作為那個時代的主題，本來已在民族文化心理中留下了深深的印痕，而儒家倫理又適應並進一

---

[7]　參閱張德勝著《儒家倫理與秩序情結——中國思想的社會學詮解》，頁72~73。

步從理論上論證和強化了這種「尚和」傾向，使潛在於華夏民族心理底層的「中和情結」更加根深蒂固。在傳統的人生哲學中，我們看到維繫人的自然關係（倫理）和社會關係（政治、經濟）的核心觀念往往是「中」、「和」、「禮」、「安」等等。「中和情結」不只是在人們的自然關係和社會關係反常時才發揮作用，而是無時無刻不在潛意識或顯意識中影響著個人和社會的思維過程。因而，行中庸、執中道、致中和也便成了中國傳統文化討論的核心內容。

致中和：儒家的人生態度

　　從上面的討論我們已經知道，中庸之道有其本來面目。如果不瞭解中庸之道的本來面目，不瞭解中庸之道生發的文化生態學背景和歷史社會學背景，顯然不能把握中庸之道的精神實質。但問題到這裏，才僅僅是一個開始。以上的討論使得我們的對話有了背景和依託，現在的問題是：既然都面對著同樣的社會文化背景，諸子百家也都觸及了中和觀念，那麼我們又為何獨獨把中庸視為儒家人生哲學的基元呢？下面就基於此；把我們的對話推向更高的層次。

一、「大本」與「達道」

　　《中庸》第一章是一段明其宗旨的論述，在這一段裏，作者明確地把「中和」作為儒家人生哲學的基元：

> 　　天命之謂性，率性之謂道，修道之謂教。道也者，不可須

臾離也，可離非道也。是故君子戒慎乎其所不睹，恐懼乎
其所不聞。莫見乎隱，莫顯乎微，故君子慎其獨也。喜怒
哀樂之未發，謂之中；發而皆中節，謂之和。中也者，天
下之大本也；和也者，天下之達道也。致中和，天地位焉，
萬物育焉。

就是說，「性」指的是人的先天稟賦、自然本性，遵循自然
本性行為處世就叫正道；「教」是指對道的修養。正因為「道」
是順應人性自然的，所以它體現在人的日常生活和倫理行為中，
離開了人的生活便不成其為道了。作為君子，就必須明瞭這一
點，並在日常行為中戒慎恭謹，身體力行，認識到自己有所未聞，
有所未睹，千萬不可蔽於一隅，尤其要防微杜漸，「慎其獨也」。
所謂「中」，乃是指內在本性的最佳狀態，所以是「天下之大本」；
所謂「和」，乃是指內在本性表現出來後無過無不及、恰到好處
的狀態，所以是「天下之達道」。人如果能把中和的道理推而廣
之、推而極之，天地一切都各得其所，萬物也都能夠各遂其生了。

那麼，又為何偏偏把「中」視為「大本」，把「和」看成「達
道」呢？儒家認為，「中」是人天性之內在本然狀態，喜怒哀樂
等情感尚未激發，不喜也不怒，無哀亦無樂，其心境恬淡虛靜，
無所偏倚，如朱熹所言：「喜怒哀樂渾然在中，未感於物，未有
倚著一偏之患，亦未有過不及之差，故持以中名之，而又以為天
下之大本」（《朱子文集》卷四三《答林擇之第十七書》）。推
而言之，「中」實際上指的是天地人之內在本質，是萬物生命本
性的總根源，是「道」之本體即「大本」。程顥說：「中者，天
下之大本。天地之間，亭亭當當，直上直下之正理。」（《二程
遺書》卷十一）用孟子的話來說，「中」就是「善端」，就是人

性本來具有的惻隱之心、羞惡之心、恭敬之心、是非之心。在儒家看來，這些都是性之全體，是「天下之大本」。而「達道」則是指人們應該共同遵循的基本準則，它是「大本」（體）的表現（用），是擴充善端的仁、義、禮、智，它要體現「大本」無過不及、不偏不倚的特性，這便是適度、中節的「和」。司馬光曾說：

> 君子從學貴於博，求道貴於要。道之要在治方寸之地而已。《大禹謨》曰：「人心惟危，道心惟微，惟精惟一，允執厥中。」危則難安，微則難明，精之所以明其微也，一之所以安其危也，要在執中而已。《中庸》曰：「喜怒哀樂之未發謂之中，發而皆中節謂之和。」君子之心於喜怒哀樂之未發，未始不存乎中，故謂之以中，則無不中節，中節則和矣，是中和一物也。養之為中，發之為和，故曰：中者，天下之大本也；和者，天下之達道也。（司馬光《司馬文正公傳家集》卷六四《中和論》）

「中」與「和」在本質上是合一的，「那恰好處，無過不及，便是中。此中即所謂和也」（陳淳《北溪字義·中和》）。論分別，只是體與用的分別：「天命之性渾然而已，以其體而言之則曰中，以其用而言之則曰和。」（朱熹《中庸首章說》，《朱子文集》卷六十七）「中」為體，「和」為用，「體」是「用」之「體」，「用」是「體」之「用」，體用本質上是不二的。

「體」（中）之「用」（和）並非玄遠不可及之事，「率性之謂道」，「用」是在極普通的人倫關係及日常行為之中表現「體」，而且只有在這些最平常不過的事理中才能得以表現。「道也者，不可須臾而離也；可離，非道也」（《中庸》），所以對

庸言庸行萬不可粗心大意。一方面，人要生存，首先就要滿足衣食住行這些最基本的需要。出門七件事，最普通最平常，因而也最重要最離不開，中和之德也正是在這種庸常之中體現。而且在日用常行之中，要做到「中和」也不容易：「人莫不飲食也，鮮能知味也」（《中庸》），要「知味」就必須「修道」，即通過修養、學習去掌握中道。另一方面，人倫關係也同衣食住行一樣是極為普通而平常的，但也同樣重要得為人所一刻不能缺。這些至為庸常的人倫就是君臣、父子、夫婦、兄弟、朋友之間的倫理關係，這「五倫」被儒家看作是人類最基本的倫理關係和社會關係，也是最顯明、最直接、最切實的倫常秩序，「教人以倫：父子有親，君臣有義，夫婦有別，長幼有序，朋友有信」（《孟子‧滕文公上》）。《中庸》把這五種關係稱為「天下之達道」，正是認為基本的五倫、庸言庸行最能體現「中」之德，正是顯示「大本」的無所不在，正是「和」之所以為「達道」的根由所在。與道家的「道」不同，儒家所謂的「道」，其旨趣全然不在任何超越尋常的玄理異行。即使在被認為是儒家經典裏形而上致思傾向最顯著的《易傳》中，也並不以形而上學為宗旨，而是力圖為日用常行設「道」立「教」。「中庸」之為「中庸」，就是要在庸言庸行裏體現「中」的原則。所以，在儒家倫理中，往往是把人的日常行為和基本倫理關係視為價值的現實根源和載體的。他們是以現實為立足點，通過庸常而超越庸常，由庸言庸行達到理想的道德境界，獲得永恆的價值。「君子之道，辟如行遠必自邇，辟如登高必自卑。」（《中庸》）孔子講：「君子篤於親，則民興於仁。」（《論語‧泰伯》）因為「親」是人類最基本（「邇」、「卑」）的倫理道德關係，能夠「親親」、「悌兄」、「信友」，那麼推己及人，行忠恕之道，立己以立人，成己以成物，就可以

「經國家」、「事社稷」（「遠」、「高」），這也就是《大學》中所謂的「一家仁，一國興仁；一家讓，一國興讓；一人貪戾，一國作亂；其機如此。……宜其家人，而後可以教國人……此謂治國在齊其家」。也就是說，「親親」是出發點，治國平天下則是目的。這個目的的實現是以「親親」為源的自然輻射，這就是所謂的不離常行的「達道」。

圍繞著君臣、父子、夫婦、兄弟、朋友這五種「天下之達道」，儒家思想家們展開了自己的修身治平觀。

首先是「修身」。《中庸》講「天下之達道五，所以行者三」，這三者就是仁、智、勇。「知，仁，勇，三者天下之達道也」（《中庸》），三者是通向大道的德行原則，是人格修養的準則和境界，即：「仁者不憂，知者不惑，勇者不懼」（《論語·憲問》）。達於仁、智、勇三種人生境界者，樂天知命，無所滯礙，從心所欲，剛健有為，自強不息。但是要真正不憂、不惑、不懼，或仁、或智，或勇，卻非易事。「好勇疾貧，亂也；人而不仁，疾之已甚，亂也」（《論語·泰伯》），勇而無謀，偏離中道，則易於出亂子；疾恨不仁之人而使之無所可容，不留餘地，也容易導致混亂，「知者過之，愚者不及也，……賢者過之，不肖者不及也」（《中庸》），因而中道時常不明、不行。孔子的得意門生曾參於此深有感慨：「士不可以不弘毅，任重而道遠。仁以為己任，不亦重乎？死而後已，不亦遠乎？」（《論語·泰伯》）因此，要精進於仁、智、勇之境界，必須謹於身心修養而不可懈怠。

一者，要勤勉於學思。《論語·陽貨》上有一段話闡明了學思與守中道的關係：

好仁不好學，其蔽也愚；好知不好學，其蔽也蕩；好信不

好學，其蔽也賊；好直不好學，其蔽也絞；好勇不好學，其蔽也亂；好剛不好學，其蔽也狂。

由不好學而導致的愚、蕩、賊、絞、亂、狂等都偏於一隅，或過或不及，有違中道。所以要解蔽復明，就應該堅持不懈地學習。然而，我們應該明白，勉於學、勤於思絕非為學而學，學的目的在於對德性的提高有所裨益，所以要好學、樂學，「學而時習之，不亦樂乎？」（《論語‧學而》）宋代詩人黃山谷說的「士大夫三日不讀書，則義理不交於胸中，對鏡覺面目可憎，向人亦語言無味」，用以指學思對心性的關係，再恰當不過。再者，由好學進於修身。「好學近乎知，力行近乎仁，知恥近乎勇。知斯三者，則知所以修身。」（《中庸》）勤勉於學思與恭行於道德踐履有機結合，齊頭並進，即可收到下學上達之功效。修身之要，儒家思想家們認為，一方面在於「養中」（《大學》、《中庸》），即正心、誠意、「反求諸己」（《孟子》）、「自省」、「自強」（《荀子》）；另一方面在於「用和」，即「以禮節和」、「隆禮貴義」。孔子認為，仁德的修養在己不在人，所以他強調克己力行，無一日不「用其力於仁」（《論語‧里仁》），這樣的話，「我欲仁，斯仁至矣」（《論語‧述而》）。「仁」的本義就是「愛人」，亦即要常懷仁愛之心。從遠處講，「仁愛」就是能「泛愛眾」；從近處講，就是能「篤於親」（《論語‧學而》）。而且，「篤於親」是「泛愛眾人之本」，「孝悌也者，其為仁之本與！」（同上）君子若能務於仁之本，則「本立而道生」（同上）。由此出發，孔子強調了人的道德自覺性：「為仁由己，而由人乎哉？」（《論語‧顏淵》）《中庸》對此作了更進一步明確，認為「君子不可以不修身，思修身，不可以不事親；思事親，不可以不知人；思知人，不可以不知天」。這

就是其所謂「仁者人也，親親為大」。所以，《中庸》強調「修身以道，修道以人」的原則。孟子則把道德修養進一步心性化，提出了他獨特的內心修養論，強調「萬物皆備於我」，故「反身而誠，樂莫大焉」（《孟子‧盡心上》），比孔子更突出了人的道德自覺性，號召人們自覺地涵養一種至大至剛、「配義與道」的「浩然之氣」（《孟子‧公孫丑上》）。

如果說孔孟修養論偏重於人心之「中」的由內而外的修養論的話，那麼荀子則重於己發之「和」。他的修養論是由外而內的。他發揮了孔子「擇其善者而從之，其不善者而改之」（《論語‧述而》）、見賢思齊的精神，提出要「求賢師而事之，擇良友而友之」，因為「得賢師而事之，則所聞者堯舜禹湯之道也；得良友而友之，則所見者忠信敬讓之行也」（《荀子‧性惡》）。得賢師良友，同樣也促進主體的道德自覺性，在行動上無所乖戾。所以荀子主張隆禮貴義，隆師親友，「修身自強」（《荀子‧修身》）。他說：

> 見善，修然，必以自存也；見不善，愀然，必以自省也。善在身，介然，必以自好也；不善在身，菑然，必以自惡也。故非我而當者，吾師也；是我而當者，吾友也；諂諛我者，吾賊也。（《荀子‧修身》）

見善思齊，棄惡揚善，以非我而當者為良師，視諂媚阿諛者為寇仇，這是一種難得的品德。真正能夠做到這些而行於中道者，非有高度的道德自覺性和堅韌不移的精神不可。人世間喜聽甜言蜜語、親近溜鬚拍馬者多，而好聞逆耳忠言、親近揭己短揚己惡者的人寥寥無幾。因而，能夠「和而不同」者至可寶貴。故荀子有言曰：「知和則得養生之常理。」（《荀子‧天論》）

　　《大學》修身論的路數，與荀子相仿，也主張由外而內的修養方法，即由格物致知到正心誠意。格物致知，就是孔子講的「學」，是藉外在事理的窮盡而達到「知」，由「致知」上升到「誠意」，即心意篤誠，無所欺枉，這樣的話，就算是做到了正己之心。「所謂修身在正其心者，身有所忿懥，則不得其正；有所恐懼，則不得其正；有所好樂，則不得其正。心不在焉，視而不見，聽而不聞，食而不知其味。此謂修身在正其心。」可見，「正心誠意」指的就是情感欲念中正不偏，心志言行誠敬仁和的修養功夫。

　　孔、孟、《庸》、《學》、荀的修養理論，奠定了儒家修養論的主旋律。宋明理學家們多以此為原典，構造自己的道德哲學，他們認為，「初學入德之門，無如《大學》，其他莫如《語》、《孟》」（程顥語）；「先讀《大學》以定其規模，次讀《論語》以立其根本，次讀《孟子》以觀其發越，次讀《中庸》以求古人之微妙」（朱熹語）；「若能於《論》、《孟》中深求玩味，將來涵養成，甚生氣質」（程顥語）。（以上均見江永注《近思錄》卷三）

　　再來談治平論。修己是立身之本，「溫良者，仁之本也；敬慎者，仁之地也；寬裕者，仁之作也；孫接者，仁之能也；禮節者，仁之貌也；言談者，仁之義也；歌樂者，仁之和也；分散者，仁之施也。」（《禮記・儒行》）但儒家道德修養並不止於此，其方向和目標指向更為深遠的治國平天下之道。「窮則獨善其身」，這僅僅是人生價值的一個方面，要實現永恆的人生價值，還應力求「達則兼善天下」，從而使「天下歸仁焉」。「為人臣者，懷仁義以事其君；為人子者，懷仁義以事其父；為人弟者，懷仁義以事其兄。是君臣父子兄弟去利懷仁義以相接也，然而不

王者，末之有也。」（《孟子‧告子下》）因此，「兼善天下」在本質上與修身養性之道是相互一致的，這也體現在《大學》「修——齊——治——平」的邏輯理路中。儒家修身齊家治國平天下的「窮達」理想，最集中地表現在他們的仁政學說中。

「仁政」即「不忍人之政」，它是由「篤於親」而至於「泛愛眾」。懷仁人之心，愛天下之人，「以不忍人之心，行不忍人之政，治天下可運之掌上」（《孟子‧公孫丑上》）。施行仁政的根本，就在於「人皆有不忍人之心」（同上）。「不忍人之心」乃是發自肺腑的仁愛之心，而不是籠絡人心的虛情假意。孟子把前者叫做「王道」，後者叫做「霸道」。他說：

> 以力假仁者霸，霸必有大國；以德行仁者王，王不待大——湯以七十里，文王以百里。以力服人者，非心服也，力不贍也；以德服人者，中心悅而誠服也，如七十子之服孔子也。（《孟子‧公孫丑上》）

靠強權暴力，可以表面上使人服從，但卻不能服人心；以道德力量行仁行義，則能使人心悅誠服。暴政、霸道是不合中庸之道的。只有行仁政，即依孔子的「忠恕之道」進行統治，才能實現王道。齊宣王對齊桓公、晉文公的霸業十分嚮往，便請教孟子如何做才能步齊桓、晉文之後塵，實現霸業。孟子回答道，桓、文之事是霸道，而真正的得人心的統治應該是「德治」，是「仁政」。對於「德治」，齊宣王也做了一些表面文章。譬如有一次，齊宣王為了顯示自己有不忍之心，便命令以一頭羊代替牛作為犧牲用品，他想借助這種手腕達到「宜乎百姓謂我愛也」的目的。孟子毫不留情地揭破了齊宣王的假面具，指出這不過是「仁術」，表面上似乎仁慈得夠可以的了，但殺羊與殺牛在本質上又有什麼

不同呢？孟子更進一步地反問齊宣王：「今恩足以及禽獸，而功不至於百姓者，獨何與？」孟子借此發揮，指出能否施行仁政的關鍵，還在於統治者能否走「忠恕之道」。若能把「忠恕之道」運用於政治生活中，那麼，「老吾老以及人之老，幼吾幼以及人之幼，天下可運於掌。」（《孟子‧梁惠王上》）

　　與其修養論的取向一致，荀子的治平觀強調禮義的作用。他繼承了孔孟「王道」和「德治」的思想，突出了其中的禮制作用。他認為，合理的治道就是通過禮義的制導作用調節人與人之間的紛爭，「義以分則和，和則一，一則多力，多力則強，強則勝物。」（《荀子‧王制》）他把「禮」釋為「養」，就像美味佳餚是為了「養口」，「椒蘭芬苾」為了「養鼻」，繪畫雕刻衣飾文章為了「養目」，美妙的音樂為了「養耳」，寬大居室和軟床為了「養體」一樣，「禮」的目的在於養心制欲，「節用以禮，裕民以政」（《荀子‧富國》）。

　　後世儒家雖然對先秦儒家的治平思想各有其發揮，但都是以倡「王道」，揚「仁政」，主「德治」，貶「霸道」，斥「暴政」為己任的。他們都把「中和」視為治德，認為「中和理天下者，其德大盛也」（《春秋繁露》卷十六）。「人主和德於上，百姓和合於下」（《漢書》卷五十八《公孫弘卜式兒寬傳》）一直是儒家理想中的德治之世。而這一切，又都以修身——齊家——治國——平天下為主線貫通起來，形成獨具特色的儒家治平論。

　　總起來講，儒家學說是以修身和治平為骨架構築起來的道德型理論體系。其他如經濟觀、軍事觀、藝術觀等等，都不過是這兩大塊的延伸，或者乾脆便歸為其題中之意。就修身與治平的關係來說，修身是本。修身之要，一為「養中」，一為「用和」。「養中」是就內而言，「用和」是就外而言，「中」為「天下大

本」，「和」為「天下達道」，二者本質上是統一的。「簡潔說，孔子的思想是代表一個理性的社會秩序，以倫理為法，以個人修養為本，以道德為施政基礎，以個人正心修身為政治修明之根柢。」[1]

二、中庸價值觀

　　價值觀是人生哲學的核心問題，價值目標的確立往往標誌著各種不同的人生哲學理論上的分野。對儒家價值觀的探討，可以幫助我們在更根本和深刻的意義上把握中庸之道，並通過對這個人生哲學核心問題的討論而一窺儒家人生哲學的獨特風貌。

　　「價值」一詞在中國古代人生哲學中並沒有出現過，但是中國古代哲學中關於人生價值的思想卻極為豐富。古代哲學家們常常用「貴」、「尚」、「大」等詞表述「價值」之意，如孔子講「和為貴」，老子講「道大，天大，地大，人亦大」等等。在儒家思想中，人生價值問題佔據極其重要的位置，他們常常用「貴」、「益」、「尚」、「大」等表示對人生價值的評價、肯定和追求。儒家的人生價值理論與其整個理論體系緊密結合，作為儒家哲學核心和精髓並滲透於儒家思想體系始終的中庸之道，也在其價值觀中得到充分體現，使其呈現為一種在適中原則指導下的特殊形態的價值觀，我們可以稱之為中庸價值觀。具體說來，儒家中庸價值觀主要體現於下面幾個方面，即：重生而不輕物，重人而不輕己，重義而不輕利。

[1]　林語堂《中國哲人的智慧》，中國廣播電視出版社 1991 年版，頁 5。

（一）重生而不輕物

　　價值的最基本的含義，從客體角度看，是指客體的屬性、功能對主體的滿足關係，如衣服保暖、美化的功能可以滿足主體的需要；從主體角度看，是由主體判定的客體對於主體所具有的積極或消極的意義，它表明主體對客體的態度或評價。比如衣服有保暖、美化的功能，我們便認為衣服對人是有用、有益的；毒品損害人的健康，我們便認為毒品是有害的。所以，價值的第一層級的含義是指物質價值與生命價值的關係問題，這也是儒家中庸價值觀所肯定的最基本的人生價值問題。

　　在儒家人生哲學中，一個十分鮮明的傾向，就是積極肯定人的生命價值。《孝經》引述孔子的話說；「天地之性人為貴」，把人看作是宇宙中最寶貴的。《易傳・繫辭》云：「天地之大德曰生。」荀子認為，水火有氣而無生，草木有生而無知，禽獸有知而無義，唯有人卻「有氣有生有知亦且有義，故最為天下貴也」（《荀子・王制》）。這樣，儒家從對人的本質的認識入手，把人之為人的本性視為人生價值的重要保證，從而也就順理成章地把人生價值的基座置於物與生的關係問題之上。這就是：

　　第一，中庸價值觀首先肯定人的正常欲望的合理性。儒家人生哲學通常用「欲」來表示主體的需要，認為「飲食男女，人之大欲存焉」（《禮記・禮運》），只有滿足人的這些基本需要，人的生命才能得到保障和延續。孟子認為，「欲」是人所共有的：「口之於味也，有同耆焉；耳之於聲也，有同聽焉；目之於色也，有同美焉」（《孟子・告子上》），「好色，人之所欲」（《孟子・萬章上》）。類似的觀點孔子也有表述：「富與貴，是人之所欲也。」（《論語・里仁》）人人都想吃美味，聽樂聲，睹美

色，過富裕高貴的生活，這是人生而具有的本性，是無可非議的。

第二，人的欲望是無限的，但是能夠滿足人的欲望的物質卻是有限的，這樣就出現了物與欲的矛盾。如果一味追求滿足自己的欲壑，則必然引起人與人之間的對立和衝突，如荀子所言：「人生而有欲，欲而不得，則不能無求，求而無度量分界，則不能不爭。」（《荀子・禮論》）國家之間也因土地財物權利之欲求常常互相攻伐：「萬國盡征戍，烽火被岡巒。積屍草木腥，流血川原丹。」（《杜甫《垂老別》》）「爭地以戰，殺人盈野；爭城以戰，殺人盈城。」（《孟子・離婁上》）要遏止戰亂，「勝殘去殺」（《論語・子路》），減免紛爭，就必須使人的欲望保持在適當的、合理的限度內。孔子反對窮奢極欲，貪得無厭，認為「奢則不孫」（《論語・述而》）、「樂驕樂，樂佚游，樂宴樂，損矣」（《論語・季氏》）。所以，從中庸原則出發，他提出「節用」，把「惠而不費」、「欲而不貪」列為其「尊五美」（《論語・堯曰》）的重要條目。孟子也指出：「飲食之人，則人賤之矣」（《孟子・告子上》），認為一味貪圖口腹之樂，「則近於禽獸」（《孟子・滕文公上》），是人所不齒的。「寡欲」是孟子「養心」的重要內容，「養心莫善於寡欲。其為人也寡欲，雖有不存焉者，寡矣。其為人也多欲，雖有存焉者，寡矣」（《孟子・盡心下》）。「寡欲」是與「多欲」相對的，並不是無欲。而且，「寡欲」在孟子那裏是一種比較高的道德要求，特別是針對揮霍鋪張的統治者而言，提出統治者應與百姓同樂同苦。荀子也認為，人的欲望的無節制膨脹必然導致社會的混亂，因而提出以「禮」養「欲」，把人類欲望的適當滿足引入「禮」的規範之內。以後宋明理學家把「人欲」與「天理」相對立，打出「存天理，滅人欲」的旗幟，雖是「寡欲」思想的繼承，但「滅欲」卻

難免讓人疑是對先儒「人欲」觀的極端化，確有偏頗之嫌。但如同前面所曾談及的，我們也不能望文生義，以為「滅人欲」就是要棄絕人的一切正常欲念。在理學家那裏的「人欲」已非先秦儒家們的「人欲」，他們指的乃是人的非分之想、不合理欲念。當然，後來的理學批判者們如王夫之、戴震等對理學進行了激烈批判，把天理與人欲統一起來。如戴震講「理者存乎欲」，認為「欲之失為私」（《孟子字義疏證・權》），在肯定人的欲望的合理性的同時也提出了「欲」要適中合度的問題。

第三，儒家「節欲」論是與其重生觀相聯繫的。「節用而愛人」（《論語・學而》），「節欲」事實上是熱愛生命的一種表現。在孔子看來，「飽食終日，無所用心」（《論語・陽貨》）是對生命價值的不負責任。但他並不一概否定人的欲望的滿足，相反，他本人倒是十分重視養生之道，「食不厭精，膾不厭細」（《論語・子罕》），因為「食精則能養人，膾粗則能害人」（朱熹《四書集注・論語》）。他反對的是偏執一端，如太奢是過，太儉又不及，「奢則不孫，儉則固」（《論語・述而》）。然而，要真正地持守中道，做到既不過奢也不太儉，那是很難的，所以，退而求其次，孔子認為，「與其不孫也，寧固」（《論語・子罕》）。從這一點上講，宋明理學家把節儉、寡欲極端化到「滅人欲」，不僅不合孔孟原旨，而且恰恰違背了中庸之道，也正是孔孟所不齒的「鄉愿」。

在對待生命的問題上，孔子的死亡觀很值得我們重視。孔子及儒家追求的是剛健有為、自強不息的人生價值，重視的是現實的生命意義。請看《論語・先進》篇中的一段季路與孔子的對話：

季路問事鬼神。子曰：「未能事人，焉能事鬼」。「敢問

死。」曰：「未知生，焉知死。」

可見，孔子通過「不語怪、力、亂、神」（《論語‧述而》）及死亡的方式，淡化了靈魂世界的價值，把彼岸世界的問題懸置一旁，培養了一種「不知老之將至」（同上）的樂觀向上的精神。毫無疑問，這在當時是振聾發聵的觀點。於是對鬼神敬而遠之，避而不談，專注於現世生命的價值，便成了孔子創立的儒學傳統。

與對現世生命的關懷相聯繫，在血緣宗法意識影響下，儒家十分重視人的生命的延續。作為儒家倫理核心之一的「孝」，就表現了對代際生命承續的重視。「不孝有三，無後為大」，傳宗接代的家族血緣觀念已化為民族心理的潛意識。

人是宇宙萬物中至為寶貴的。孔子哲學的重要範疇「仁」的規定雖然很多，但其最根本的一條是「愛人」。「仁者，人也」，「人者，仁也」。「仁」就是使人成為人，成為真正的人。孔子十分憎惡殉葬，痛斥「始作俑者，其無後乎！」因為陶俑「象人而用之也」（《孟子‧梁惠王上》），「孔子謂為俑者不仁，不殆於用人乎哉！」（《禮記‧檀弓》）以俑代人，表面上是一種進步，但骨子裏同人殉一樣，都是對人類生命的踐踏。有一次，馬廄發生了火災，孔子聞訊後，「曰：『傷人乎？』不問馬。」（《論語‧鄉黨》）這個故事足以顯示孔子對人的生命的關懷。孟子進一步肯定了人的價值，提出「欲貴者人之同心也，人人有貴於己者」（《孟子‧告子上》），認為每個人都有自己特殊的價值，這種價值是天賦的，是人的「天爵」、「良貴」。在政治觀上，他提倡德政、王道，提出「民為貴，社稷次之，君為輕」的傑出理論，這是孔子仁愛思想在政治觀上的深化。此後的儒家，無論其人生哲學的基本傾向怎樣，有一點卻是共同的，即都

高舉「仁」的旗幟，關注入的生命價值。

第四，對人的生命價值的關懷並不意味著對物質價值的否定。如前所述，人的生命價值的保持是以一定的物質價值的實現為前提的。儒家極力反對那些一味追求物質利益、見利忘義，從而損及他人生命價值的行為，同時也極力宣揚自己的保障人的生命價值的學說。這突出地表現在儒家的富民學說中。

從其仁愛原則出發，孔子把「愛民」作為仁政的核心內容。他的「節用」的主張是以「愛人」為前提和目的的。他說：「道千乘之國，敬事而信，節用而愛人，使民以時。」（《論語・學而》）愛民、富民，教民，是孔子民本思想的一條主線：

> 子適衛，冉有僕。子曰：「庶矣哉！」冉有曰：「既庶矣，
> 又何加焉？」曰：「富之。」曰：「既富矣，又何加焉？」
> 曰：「教之。」（《論語・子路》）

當子貢問其師為仁政之條件時，孔子答道：「足食，足兵，民信之矣」（《論語・顏淵》），因為在孔子看來，「百姓足，君孰與不足？百姓不足，君孰與足？」（同上）

相比較而言，孟子的富民思想就更加豐富和具體了，這就是他的「制民恆產」的理論。孟子認為，要取得政治、軍事上的勝利，首先要「施仁政於民，省刑罰，薄稅斂，深耕易耨」，使「壯者以暇日修其孝悌忠信，入以事父兄，出以事長上」，若反是而行，「奪其民時，使不得耕耨以養其父母，父母凍餓，兄弟妻子離散」（以上均見《孟子・梁惠王上》），則是自取滅亡。他主張必須讓人民擁有一定數量的固定產業，來滿足其生存和發展的物質需要，孟子稱此為「恆產」。他說：

若民則無恆產，因無恒心。苟無恒心，放辟邪侈，無不為己。及陷於罪，然後從而刑之，是罔民也。焉有仁人在位，罔民而可為也？是故明君制民之產，必使仰足以事父母，俯足以畜妻子，樂歲終身飽，凶年免於死亡。然後驅而之善，故民之從之也輕。今也制民之產，仰不足以事父母，俯不足以畜妻子，樂歲終身苦，凶年不免於死亡。此惟救死而恐不贍，奚暇治禮義哉？王欲行之，則盍反其本矣。五畝之宅，樹之以桑，五十者可以衣帛矣。雞豚狗彘之畜，無失其時，七十者可以食肉矣。百畝之田，勿奪其時，八口之家可以無饑矣。謹庠序之教，申之以孝悌之義，頒白者不負戴於道路矣。老者衣帛食肉，黎民不饑不寒，然而不王者，未之有也。（《孟子·梁惠王上》）

這一段話可以視為孟子富民政策的總綱。可以看出，他的富民思想中滲透著對黎民百姓生命價值的關懷。同孔子一樣，他也把愛民、惠民和教民統一起來，把對物質價值的肯定與對生命價值的追求統一起來，看到了社會財富的增殖對於人類生命的保持和延續的重要意義。在當時來說，這些思想無疑是難能可貴的。

更可貴的是，如同我們前面論述節用、節欲時所論及的，儒家提出了財富增長和分配的中庸原則。這不僅是指個人財富的增長要適中，而且更在於強調社會財富的增長和分配要適中。一方面，要「博施於民」（《論語·雍也》），另一方面也應「惠而不費」（《論語·堯曰》）。不過，在此應當提及的是，儒家由此提出的公平、平均思想如「不患寡而患不均」（《論語·季氏》），既有在物質相對匱乏時合理調節社會財富的積極成分，也有因之而產生的平均主義的消極影響。

由以上四個方面的論述，我們認為儒家重生而不輕物的價值傾向是適當的。我們只能說「生」與「物」二者的地位是有區別的，儒家重視的首先是人的生命價值，其次才是物質價值，而絕不能說強調了生命價值的重要性，儒家便輕視物質價值。《中庸》就講：「成己，仁也；成物，知也。」仁、知同樣是儒家人生哲學追求的境界。在儒家人生哲學中，生命價值和物質價值是統一的，這種統一被歸入義利關係的更高層次中。

（二）重義而不輕利

有限的「物」與無限的「欲」之間的矛盾如何調和？人們為滿足一己之欲而爭鬥、殘殺的忿亂如何平息？荀子提出了「制禮義」的學說。他說：

> 人生而有欲，欲而不得則不能無求；求而無度量分界，則
> 不能不爭。爭則亂，亂則窮。先王惡其亂也，故制禮又以
> 分之，以養人之欲，給人以求。使欲必不窮乎物，物必不
> 屈於欲，兩者相持而長，是禮之所起也。（《荀子‧禮論》）

爭亂只能帶來社會財富的更加匱乏，使人的物質需求更加得不到滿足。所以，必須以某種道德原則制導人們的求欲行為，使人們為了共同的利益共同遵守這些行為準則。這就是禮義之所以為社會需求和認可的深層根源。禮義的作用在於「養人之欲，給人之求」，使物質財富滿足人們的共同需求。這樣，「物」與「欲」可以相持而長，適於中道，社會也就可以穩定和諧地發展了。

正因如此，儒家尤其注重道德的制導性，認為人的物質利益的追求必須以「義」為上，義以取之。單純地追求一己私利為儒

者所不齒，「君子喻於義，小人喻於利」（《論語‧里仁》）。君子做事要看是不是合乎道義，「不義而富且貴，於我如浮雲」（《論語‧述而》）。並不是富貴不好，而是要得之以道：「非其有而取之，非義也」（《孟子‧盡心上》）。相對於富貴的價值言，道義具有更高層次的價值，孔子認為，正確的人生追求是道德原則指導下的理性追求。「利」的追求是必要的，但應該「見利思義」（《論語‧憲問》），而不能背義取利。否則，縱欲奢取，「放於利而行，多怨」（《論語‧里仁》）。因而，提高自身修養的一個重要環節，就是「主忠信，徙義」（《論語‧顏淵》），義而後行。為了防止人欲的惡性膨脹，孔子甚至避談「利」：「子罕言利，與命與仁。」（《論語‧子罕》）

那麼，何為「義」呢？「義者，宜也。」（《中庸》）「義」就是適度原則。「見利思義」，即判斷利益的獲得是否合宜。富與貴，得之以道則處之，不得之以道，「不處之」；貧與賤，不去之以道，「不去也」，但若能夠通過適宜的途徑脫貧致富，又何樂而不為呢？

「義」更進一層的含義，則是指為了大多數人的利益而捨生忘死的人格精神。「君子義以為上」（《論語‧陽貨》），「君子義以為質」（《論語‧衛靈公》），生命誠然可貴，但為了踐履仁義之道，則拋頭顱灑熱血也在所不辭：「志士仁人，無求生以害仁，有殺身以成仁」（同上）。《易傳》講，仁與義是「立人之道」。孟子說：「仁，人之安宅也；義，人之正路也」（《孟子‧離婁上》）；「仁，人心也；義，人路也」（《孟子‧告子上》）；因而，「居仁由義，大人之事備矣。」（《孟子‧盡心上》）

為什麼仁和義是人之為人的正途大道呢？孟子認為，這是由

人心固有的善的本質決定的，仁義之心，人皆有之，循之而行即可成大道。荀子則相反，認為義是制欲的原則，「夫義者，所以限禁人之為惡與奸者也」（《荀子‧強國》）。儘管二者的理論依據相左，但殊途而歸之，他們都強調義的價值原則，並把它視為人的成就之道。孟子說：

> 魚，我所欲也；熊掌，亦我所欲也。二者不可得兼，舍魚而取熊掌者也。生，亦我所欲也；義，亦我所欲也。二者不可得兼，舍生而取義者也。（《孟子‧告子上》）

孔子提出「殺身成仁」，孟子提出「捨生取義」，荀子也講「畏患而不避義死」（《荀子‧不苟》），在肯定生命價值的同時都高揚了道德的價值，都表現出為了實現人格理想而勇於犧牲的高尚情操，這種完滿的人格情操的凝結，就是「富貴不能淫，貧賤不能移，威武不能屈」的「大丈夫」（《孟子‧滕文公下》）氣概。儒家殺身成仁、捨生取義的人格理想激勵了一代又一代仁人志士，鑄造了中華民族的脊樑。

然而，對「義」的崇尚絕不意味著對「利」的貶抑。究其質，行「義」的原則是為了公利而抑私利，通過「義」的節制來達到「利」的均衡，「使富者足以示貴而不至於驕，貧者足以養生而不至於憂，以此為度而調均之，是以財不匱而上下相安，故易治也。」（《春秋繁露‧度制》）孔子「罕言利」卻不否定利；孟子以「仁義」代利，旨在為民謀利；荀子更明確，「義」就是養人欲，給人求。「義」的精神實質是一種均衡原則。仁者愛人，是講人我關係；義者宜也，是講自我行動原則，「博愛之謂仁，行而義之謂義」（韓愈《原道》），「仁主人，義主我」（《春秋繁露‧仁義法》）。所以，在義利關係上，儒家強調「無以利

害義」（《荀子・法行》），不能讓私欲無所節制。在私利與公利發生衝突時，應「見得思義」，從而達到「義以生利」的目的。儒家既反對只謀取一己私利的極端個人主義，也不主張完全抹煞個人利益，而是主張在「義」的指導下謀求合宜適中的自我利益和他人利益。禮義能夠「固天下之大慮也，將為天下生民之屬長慮顧後而保萬世也」（《荀子・榮辱》），「義」事實上包含著社會、國家和他人的「公利」的意義。在這種意義上，義與利是統一的。《周易・乾・文言》說：「利者，義之和也」，取之有道的利必然表現為「義之和」，「夫利，和義者善也，其害義者不善也」（《二程遺書》卷十九）。正如馮友蘭先生所說：「儒家所謂義利之辨之利，是指個人的私利。求個人的私利的行為，是求利的行為。若所求的不是個人的私利，而是社會的公利，則其行為即不是求利，而是行義。社會的利，別人的利，就是社會中每一個人所無條件地應該求底。無條件地求社會的公利，別人的利，是義的行為的目的，也是這種行為的道德價值。凡有道德價值的行為，都是義底行為，凡有道德價值底行為，都涵蘊義。」[2]這樣，在儒家那裏，個人利益和他人利益因之也便被統一起來，從而實現了義和利的和諧，使人們的長遠利益得到滿足。

（三）重人而不輕己

農業文明和血緣宗法觀念必然產生人們對群體的親近和依賴。因此，儒家人生哲學表現出群體主義傾向也便順理成章。但是，若由此進一步推論儒家倫理抹煞了人的個體性，則大謬不然。

---

[2] 《新原道》第一章，《馮友蘭學術精華錄》，北京師範學院出版社 1988年版，頁 282。

誠然，我們在儒家論著中時時處處見到的都是家國本位意
識。農業耕作的特殊性，使人們不得不長期聚居在某一地區，形
成以血緣親屬關係為核心的聚居群體。聚居在同一地區的血緣群
體，要想長期穩定地生存下去，就必須依靠群體的力量。這樣，
血緣群體的向心力進一步得到強化。清朝一族譜中曾講：

> 每逾一嶺，進一溪，其中煙火人家，雞犬相聞，皆巨族大
> 家之所居也。一族所聚，動輒數百或數十裏，即在城中者
> 亦各占一區，無異姓雜處。以故千百年猶一日之親，千百
> 世猶一父之子。（《光緒石埭桂氏宗譜》卷一裁譜敍）

而整個中國古代社會的結構就是以這種血緣宗法關係為紐帶構
築起來的家國統一體，所謂「溥天之下，莫非王土；率土之濱，
莫非王臣」（《詩經‧小雅‧北山》），「國之本在家」等，即此寫
照。

這種特殊的社會結構要求社會成員之間保持和睦親近的關
係。在家庭內部，形成了以父親為核心的家族統一體；在國家社
會，形成了以君主為核心的社會統一體。在統一體內部有嚴格的
倫常秩序約束、規範人們的行為。《尚書‧堯典》中記載了舜對
其大臣契講的一段話：

> 契！百姓不親，五品不遜，汝作司徒，敬敷五教，在寬。

意思是說：「契啊！如今老百姓之間有些不大和睦，人與人之間
的五種品行也不夠和順。所以呢，我任命你為司徒，專職進行五
種德品的教化。你在施行教化時，一定要仁和寬厚。」這裏的「
五品」就是我們前面談過的君臣、父子、夫婦、兄弟、朋友這五
種倫常關係。「敬敷五教」，也就是對人們進行忠、孝、節、悌、

義之類的教育，這種教育就是要求每個社會成員都能夠克己敬人，從而達到「父子有親，君臣有義，夫婦有別，長幼有序，朋友有信」的目的。儒家甚至強調，為了社會利益、他人利益，犧牲自己的利益乃至生命也在所不惜。可以說，重整體，重公利，敬他人的倫理精神，決定了儒家在人我關係、個人和集體關係上的總的價值傾向。

　　但是，這並不意味著儒家抹煞了個人在社會中的主動性、漠視個人價值的重要性。事實上，五倫的真正和順必須借助於每個社會成員的努力，平天下、治國、齊家最終要看修己的結果。「物有本末，事有始終。知所先後，則近道矣。」（《大學》）「本」、「始」、「先」就是個體的格物致知、正心誠意：

> 物格而後知至，知至而後意誠，意誠而後心正，心正而後身修，身修而後家齊，家齊而後國治，國治而後天下平。（《大學》）

　　這裏闡述的由本至末，由始至終，由先至後的邏輯秩序，是不能倒轉的。否則，本末倒置，始終錯亂，先後失序，無疑於南轅北轍，治平之論便成為空話。古人所謂「男子漢大丈夫，一室不掃，何以掃天下」，就是對那些好高騖遠、眼高手低、尚空談、務玄虛而不重修己之輩的警告。所以，「自天子以至庶人，壹是皆以修身為本」（《大學》），本固末方能強。一切外在的價值追求和內在的心理原則的基礎，都必須切切實實地落在個體人格的塑造上。

　　對此，孔子從一開始就有十分明晰的認識。孔子認為，「其身正，不令而行；其身不正，雖令不從」（《論語‧子路》）。「仁」是孔子道德成就的最高境界，達到這一境界的人才能自覺

合於中庸之至德。而要達到這一境界，就必須依靠個人的努力。所以，孔子十分強調個人意志的克制和鍛煉，提出完善人格的要務在於嚴格要求自己，即「克己復禮」（《論語・顏淵》），「約之以禮」（《論語・雍也》），持之以恆地踐履恭、寬、信、敏、惠等仁德，同時還要通過學與思的途徑來涵養自我人格。他講自己「十有五而志於學」（《論語・為政》），「學」就是要「知禮」，懂得做人的道理，「不知禮，無以立也」（《論語・堯曰》），故君子應「博學於文，約之以禮」（《論語・雍也》）。不好學之人在行動上總難免出現這樣那樣的弊端，或失於愚不可及，或失於狂蕩過激，絕不可能行於中道。只有把對仁德仁行的嚮往與勤學樂思結合起來，把對知識的追求與意志的磨練結合起來，才能有完善的人格修養。這種結合是以「為仁由己」、「為學由己」為基礎的，這肯定了個體的獨立存在，個體的意志和尊嚴：「三軍可奪帥也，匹夫不可奪志也」。「由己」強調的是道德主體價值追求的自主性、能動性，「由己」的目的是為己，而不是做樣子給別人看。孔子對時人做表面文章的修養風氣極為不滿，他慨歎：「古之學者為己，今之學者為人」（《論語・憲問》）。孔子的修養為己論和他重視人的生命價值的精神是一致的，「為己」就是要弘大主體精神，張揚主體意志，張揚主體生命，成就主體人格。

　　思孟學派把孔子的為己論進一步理論化，他們把人的道德修養與人性結合起來，提出「萬物皆備於我」，從而在理論上使修養者本人成為道德上判斷和行動的唯一責任者，對自己的行為處在最後的決定地位。《中庸》認為人格修養的途徑是「率性」、「修道」，《孟子》主張通過「盡心」、「知性」而「知天」，達到天人合一的境界。宋明理學家對此作了發揮，但無論理學派

還是心學派，都沿著思孟路線強調了主體心性的克制磨練和涵養，認為「天地變化，皆吾性之變化」，道德修養就是要與天地合德，與萬物同體。所以，他們都強調要反求諸己，盡心養性，一切靠自我修養，不假外求，「只一個主宰嚴肅，便有涵養工夫」（《朱子語錄》卷六十二）。陸九淵、王陽明更為突出心性的自主能動作用，認為「心」即「理」，「若能盡我之心，便與天同」（《陸九淵集》卷三五）。這就把主體的自主性抬升到了空前的地位。

荀子則從另一個側面強調了主體的重要性。他認為，人性本惡，是「不可學」、「不可事」的，因而與在道德修養上強調善性擴充的孟子不同，荀子在道德修養上注重惡性的改造與抑制。荀子也把個體看作道德責任的現實承載者，認為節制天生的惡性，「化性起偽」，就要求個體必須有能力對抗來自外界和內心（欲）的一切壓力。與孟子強調心體的自覺不同，荀子更強調理性的自覺、行為的自覺，即自覺地恪守禮義法度。

由上可知，說儒家倫理只重人不重己，否定個體價值的觀點是沒有根據的。儒家強調人的道德修養，強調社會生活中的倫理秩序，邏輯上就必然要強調道德修養的責任者——個體。孟子所謂「窮則獨善其身，達則兼善天下」（《孟子·盡心上》），從人與己、社會與個人的關係上也可以理解為：「善天下」即兼濟社會、他人是以「善其身」為前提的，如果天下無道，個人無法顧及他人、社會，那麼他就必須退而求其次，即潔身自好，出污泥而不染以保證自己德性的高潔，換句話說，他要全力以赴保住自己，而絕不能不顧自己，盲目地附炎他人或社會，「同乎流俗，合乎污世」（《孟子·盡心下》）。由此足見儒家對自身價值的重視。

　　需要進一步強調的是，儒家對主體自我的重視並不是以否定他人價值為前提的。相反，在儒家那裏，強調主體地位是與重視他人價值相統一的。任一此主體都是彼主體的他人，對此主體的重視實際上與對彼主體的重視分量相當。儒家自我修養（為己）是「近」，自我必須在修養中得到超越，從而成為一個「大我」（「遠」）。儒家的修身哲學由此分為兩個方面，一方面是上述「為己論」，另一方面又是「愛人論」。「仁」的修養所要達到的就是「愛人」、「利人」，行忠恕之道。如王艮所言：「愛身敬身者，必不敢不愛人敬人。」（王艮《心齋王先生全集・語錄》）你視他人為草芥，他人必視你為寇仇，所以，若想實現「我之不欲人之加諸我」，首先要做到「吾亦欲無加諸人」（同上）。我們常常講「敬人者人恆敬人」、「人敬我一尺，我敬人一丈」、「尊重別人才有自尊」等等，講的就是重己先重人，要人己並重的意思。

　　重人和重己應是相得益彰的，而不能顧此失彼，偏執一端。只知重人而不知重己，是沒有骨氣的奴才相，就像《法門寺》中的奴才賈桂一樣，別人叫他坐下，他卻說自己做奴才站慣了。而只知重己而目中無他人，就走向了另一個極端，這是不知天高地厚、唯我獨尊的自大狂，是極端的自我中心主義者。卑躬屈膝的奴才是人所共斥的，狂妄自大的人同樣為人們所不齒。只有既重人又重己，不卑不亢，才合乎人我關係的中庸之道，才能感到自身的尊嚴和價值，才能尊重他人並贏得他人的尊重。

　　以上我們從「物」、「生」關係、義利關係、人己關係幾個方面闡述了儒家中庸價值觀的基本思想。當然，這並不是儒家人生價值觀的全部，儒家的人生價值理論是極為豐富的。但從以上這三個儒家人生價值觀中最基本的理論中，我們不難看到其最重

要的特徵，就是「和為貴」的總體價值取向。無論是重物重生、重義重利或重人重己，強調的都是雙方相互關係的「度」，重生亦重物，重義亦重利，重人亦重己，都不過分偏重一方，更不因重一方而鄙棄、否定另一方，而是把主體行為的自由度和行為的合目的性統一起來，以物養生，以義統利，為己利人，從而使這些看似矛盾的雙方達到最完美的「和」的境界——宇宙萬物的和諧、社會有機體的和諧、人我關係的和諧、個人內心的和諧。所以，從本質上講，儒家的人生價值觀是中庸價值觀。

三、中庸苦樂觀

　　苦樂觀是人生哲學的大問題，它反映了一個人或學派對人生的態度。在如何對待苦樂的問題上，往往能顯出各種人生哲學獨特的風格和價值取向。

　　基督教文化聲稱人是帶著「原罪」來到這個世界上的，人生來就是要受苦、受懲的，人生的意義就在於贖清由祖先亞當夏娃造成的先天罪孽，以便向全能的上帝證明自己最終的清白，從而獲取死後跨入天國門檻的入場券。人生在世就是和痛苦的命運抗爭，在無限的痛苦中獲取、創造有限的快樂。因而在深受基督教文化影響的西方產生像叔本華那樣的悲觀主義的人生哲學是不足為奇的。現代西方哲學大宗存在主義者也認為，人生在世就是沒有頭緒的畏、煩、痛苦的體驗。所以，西方文化也被稱為「罪感文化」。

　　佛教也把現實人生看作是無邊無際的苦海，你所執迷的現實本來是虛幻的，是浮塵，人生就是痛苦的夢。釋迦牟尼在這種空虛中見到的盡是生老病死的苦難，所以他勸誡世人放棄現世的享

樂，真正的幸福同樣被放置在天國，只有行善積德，經受此世的痛苦的磨練考驗，才能享受來世的實在的快樂和幸福。於是裸身餵蚊、捨身飼虎等等便成了佛門弟子修成正果的經典功課。

中國傳統人生哲學則異乎二者而呈現出一片明麗的色彩。哲人林語堂說：「中國思想上最崇高的理想，就是一個不必逃避人類社會和人生，也能夠保存原有快樂的本性的人。」「那種叫我們完全逃避人類社會的哲學，終究是拙劣的哲學。」[3]重視現世，追求此生的幸福，略言或避言來世，是諸子百家的共同特點。就連真正土生土長的中國式宗教道教，也講究的是通過修行獲得現世生命的永久延續，長生不老，而不是為來世精打細算。在《中國古代思想史論》中，李澤厚指出：「中國的實用理性使人們較少去空想地追求精神的『天國』；從幻想成仙到求神拜佛，都只是為了現實地保持或追求世間的幸福和快樂。人們經常感傷的倒是『譬如朝露，去日苦多』，『他生未卜此生休』，『又只恐流年暗中偷換』……；總之非常執著於此生此世的現實人生。」[4]中國文化是否純為實用理性之傳統，在此我們暫且存而不論。僅就李澤厚先生對中國傳統人生哲學重視現實人生的論述而言，我們是贊同的。對現世生命價值的重視決定了傳統人生哲學獨特的苦樂觀。而在傳統人生哲學中，我們認為，尤以儒家的苦樂觀最有代表性，對中國傳統人生哲學的影響也最為巨大和深遠。

我們說過，儒家人生哲學的總體價值取向是「和為貴」，一切以適乎中道，既不過激也不固執為準則，追求一種「從心所欲而不逾矩」的自由。在儒家看來，無論物質生活上如何困頓，如

[3]　《林語堂著譯人生小品集》，浙江文藝出版社 1990 年版，頁 25。
[4]　李澤厚《中國古代思想史論》，人民出版社 1986 年版，頁 308。

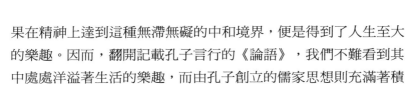
果在精神上達到這種無滯無礙的中和境界，便是得到了人生至大的樂趣。因而，翻開記載孔子言行的《論語》，我們不難看到其中處處洋溢著生活的樂趣，而由孔子創立的儒家思想則充滿著積極的樂觀主義精神。

《論語・雍也》中，孔子對他最心愛的弟子顏回稱道不已：「一簞食，一瓢飲，在陋巷，人不堪其憂，回也不改其樂！」粗茶淡飯，破屋敗室，生活如此清苦，一般人免不了要怨天尤人，自暴自棄，而顏回卻能處之泰然，「不改其樂」，一如既往地樂在其中。在孔子看來，這份樂觀與超然是最得自己的處世精神實質的，於己心有戚戚焉，因而不由得連連讚歎：「賢哉，回也！」孔子自己也說過：「飯疏食，飲水，曲肱而枕之，樂亦在其中矣。」（《論語・述而》）後世宋明理學家把這種身處貧困之中卻仍怡然自得的境界稱為「孔顏樂處」。尋求這種快樂，是理學家們的目標之一。程顥就說：「昔受學於周茂叔（即周敦頤——引者注），每令尋仲尼、顏子樂處。」（《二程遺書》卷二上）這也就是孟子所謂的大丈夫「貧賤不能移」的人格境界。

貧賤困苦本身並不能給人快樂，所樂的是能夠身處其中而心志依然堅定不移，執著於自己的追求而無滯無礙。僅僅安於貧困卻胸無大志，那是愚昧無知和不求進取的表現。真正的「君子」、「大丈夫」雖然生活環境不盡人意，但卻能夠超越物質生活的艱辛和困頓，執著於道，不斷提升自己的人格精神。這樣，內心世界的豐盈完滿足以彌補物質生活上的不足。《論語・衛靈公》記載，孔子師徒絕糧於陳時，子路很惱火地問：「君子亦有窮乎？」孔子答道：「君子固窮，小人窮斯濫矣。」意即君子執中，當行而行，身處困厄而矢志不移，無怨無悔。而對「小人」來說，富貴貧賤都不能填補心靈的空虛，因而快樂永遠與他們無緣。「君

子坦蕩蕩，小人長戚戚。」（《論語・述而》）而且，對於成就理想人格來說，「千錘萬鑿出深山，烈火焚燒若等閒」（于謙《石灰吟》），環境的險惡、生活的磨難反而有助於意志的堅定、心性的完善。所以孟子講：「天將降大任於斯人也，必先苦其心志，勞其筋骨，餓其體膚，空乏其身，行拂亂其所為，所以動心忍性，增益其所不能。」（《孟子・告子下》）

當然，儒家也並不刻意追求生活上的貧困，事實上，他們也相當重視物質生活的富足。孔子就曾說過：「富而可求也，雖執鞭之士，吾亦為之。」（《論語・述而》）就是說，要是能夠求得富貴的話，就是幹執鞭墜蹬的貧賤差事，我也願意。有一次，孔子被圍困於陳蔡之野，弟子們怨聲載道，孔子猶欣然而笑對顏回說：「顏回，你家中如果富有，我願意到你家去做管家！」（見《史記・孔子世家》）在日常生活中，孔子也十分講究。他認為，穿衣，夏要有夏衣，冬要有冬裝，工工整整，「當暑，穈絺綌，必表而出之。緇衣羔裘，素衣麑裘，黃衣狐裘」，色彩、內外都要配套，而且「必有寢衣，長一身有半」。吃飯，色香味要俱佳，肉敗色惡味不好聞的飯菜不吃，醬油放得過多或過少都不吃，甚至肉割得不方正也不吃，酒肉也必不可少（以上均見《論語・鄉黨》）。可見，孔子是很知衣食住行之樂、很會享受生活的人。不過，富貴終究是外在於己的。孔子對待富足生活，如同對待貧困生活的態度一樣，都是以涵養性情、造化人格為前提和目的的，「不義而富且貴，於我如浮雲」（《論語・述而》）。為富不仁，是要遭到儒家唾棄的，如孟子所言，真正的士人君子大丈夫不僅要「貧賤不能移」，更要「富貴不能淫」。相比較而言，富貴比貧賤更能考驗一個人的人格，即所謂「近之而不染者尤潔」（《菜根譚》）。這也就是程顥詩《秋日偶成》中所云：「富貴

不淫貧賤樂，男兒到此是豪雄。」

　　顯而易見，貧也好，富也罷，都是培養精神境界的外在環境。無論身處何境，內心都應有一個持久而偉大的理想和信念，這樣，你就可以以樂觀向上的情懷面對人生。安於貧富，這是人格修養的基本要求，更高的境界是無論富貴貧賤，都擁有一顆融洽和樂的心靈。當子貢曾問孔子「貧而無諂，富而無驕」怎麼樣時，孔子回答道：「可也。未若貧而樂，富而禮者也。」（《論語・學而》）「無諂」、「無驕」可以說是做到了「正」，但還不算達到了「中」，「貧而樂，富而禮」才合乎中庸之道。《中庸》講：

> 君子素其位而行，不願乎其外。素富貴，行乎富貴；素貧賤，行乎貧賤；素夷狄，行乎夷狄；素患難，行乎患難。君子無入而不自得焉。

　　「自得」就在於「素其位」，不怨天尤人，不狂妄不狷介，不以物喜，不以物悲，這是一種豁達樂觀的人生態度。「自得」也在於「不願乎其外」，而以性情精神的平和怡然自樂，即《中庸》所謂的「反求諸其身」的自得之樂。孟子認為，「反身而誠，樂莫大焉。」（《孟子・盡心上》）

　　反身之樂是對物質環境的超越。有一次，孔子問弟子子路、冉有、曾皙、公西華各自的志向是什麼。子路以「千乘之國……加之以師旅」為志向，冉有對以治小國使民富足，公西華則「願為小相」，即當個贊禮先生。孔子聽了都不甚滿意，這時一直在鼓瑟自娛的曾皙回答說：「莫春者，春服既成。冠者五六人，童子六七人，浴乎沂，風乎舞雩，詠而歸。」孔子聞之喟然長歎道：「吾與點也！」「我贊成曾皙的志向啊！」（《論語・先進》）

　　一生為治國平天下奔走的孔子為什麼獨獨欣賞曾皙的志向呢？根據二程的意見，其他三人都不能超脫於外在的功名利祿，不懂得禮義治國的道理，唯有曾皙的特立獨行、揮灑自如顯示出堯舜氣象，深得孔子之志。朱熹也表達了類似的看法，認為曾皙言志，「不過即其所居之位，樂其日用之常，初無捨己為人之意。而其胸次悠然，直與天地萬物上下同流，各得其所之妙，隱然自見於言外。視三子之規規於事為之末者，其氣象不侔矣。故夫子歎息而深許之」（《四書集注·論語》）。

　　真正超越了功名利祿、物質環境的羈絆，就可以以樂觀的態度對人對己，以樂觀的情懷擁抱世界。「學而時習之，不亦說乎？有朋自遠方來，不亦樂乎？人不知而不慍，不亦君子乎？」（《論語·學而》）為遠方朋友的到來而欣喜，不因他人的誤解而煩惱，是樂觀對人；樂於學習，是樂觀待己。與道家「為學日損」的看法相反，儒家認為要提高品行，必須不斷學習。以學習為樂事，是犯不著頭懸樑錐刺骨的，「知之者不如好之者，好之者不如樂之者」（《論語·雍也》），學習真正入了迷，自然就會「發憤忘食，樂而忘憂」，甚而「不知老之將至」（《論語·述而》），哪裏還有困倦疲憊可言呢？

　　通過學習思考修養，人的內心世界不斷地充實豐富，人的品格情操也逐漸臻於仁智之境，從而達到學習的終極目的——成人，即成為真正的人，自覺於道的人。自覺的人是仁人，是智者，是充滿快樂的人。孔子說：

　　　　知者樂水，仁者樂山；知者動，仁者靜；知者樂，仁者壽。
　　　　（《論語·雍也》）

　　智者能達於事理而周流無礙，就像水性流轉無滯一樣，智者

從容行事，遊刃有餘，故常樂；仁者篤於義理，執於中道，貧賤不移，富貴不淫，沉靜巍峨如山，不憂不懼，故長壽。對仁智之樂，孟子也有自己的表述。他認為「君子有三樂」：第一樂「父母俱存，兄弟無故」是人倫之樂；第二樂是內心的融洽，「仰不愧於天，俯不怍於人」；第三樂是「得天下英才而教育之」（《孟子‧盡心上》）。這其中既有仁之樂，也有智之樂。

我們說，儒家以積極樂觀的態度面對人生，面對社會，追求一種健全充實的人格，這從他們對音樂的重視中也可以看到。儒家精神境界的涵養揮發，也是與他們對音樂的摯愛分不開的。墨家明確提出「非樂」，道家也認為「五音令人耳聾」，只有儒家卻把「樂」作為君子必修的六藝之一，先秦也只有儒家才有系統的正面深入論述音樂的專門著作《禮記‧樂記》、《荀子‧樂論》。孔子對音樂就極有研究，他精通樂理韻律，善於詠唱彈奏。音樂給孔子的生活增添了無窮的樂趣，即使在身處厄境，不見用於衛，拘留在匡，遇險於宋，絕糧於陳蔡以致弟子們都愁眉不展之際，他也能心安情怡，「講誦弦歌不衰」（《史記‧孔子世家》）。孔子還具有很高的音樂鑒賞品位。當他在齊國聽到了《韶》樂時，認為《韶》樂盡善盡美，無與倫比，驚歎：「不圖為樂之至於斯也！」（《論語‧述而》）以至於心醉神迷於《韶》樂，很長時間不知肉的香味。

音樂何以如此感人至深？儒家認為，音樂之本「在於人心之感於物」，它能夠通順倫理，調和性情。「君子以鐘鼓道志，以琴瑟樂心」（《荀子‧樂論》），樂道心聲，樂養心性，「故樂行而志情，禮修而行成，耳目聰明，血氣和平，移風易俗，天下皆寧，美善相樂」（同上）。音樂教化人心，節序人民，與百姓同氣，與天地共和，它與禮相配，「樂由中出，禮由外作」（《禮

記・樂記》），內外相諧，增益文明，培植入的道德情懷，從而達到天人合一之中庸境界。正因為音樂有這樣巨大的德化功用，所以我們就不難理解儒家為什麼這樣看重、迷戀音樂了。這與墨家、道家執於一端，窒欲苦行或蔑棄禮教，極力排斥否定音樂形成鮮明的對比。難怪林語堂說：「孔子對教育與音樂的看法，其見解、觀點是特別現代的。」[5]對音樂的傾心也強化了儒家的樂觀主義精神。

儒家樂觀主義重視人性修養，追求心性中和以及人倫秩序、天人秩序的中和。進入中和之境，就能剛直不阿、自強不息，積極勇敢樂觀地面對人生。儒家執著於現實人生，認認真真做人，和和樂樂處世的精神，已經成為中國人的普遍意識或潛意識，時時刻刻影響著中華民族的人生精神。這種樂觀向上的人生情懷孕育了與西方文化和印度文化迥然不同的華夏文化，借用李澤厚的話說，她是一種「樂感文化」。對待人生，中國人很少有真正徹底的悲觀主義。一方面，人們重實際，黜虛妄；另一方面，人們又樂觀地面對現實，樂觀地展望未來。「它要求為生命、生存、生活而積極活動，要求在這活動中保持人際的和諧、人與自然的和諧（與作為環境的外在自然的和諧與作為身體、情欲的內在自然的和諧）。因之，反對放縱欲望，也反對消滅欲望，而要求在現實的世俗生活中取得精神的平寧和幸福亦即『中庸』，就成為基本要點。這裏沒有浮士德式的無限追求，而是在此有限中去得到無限；這裏不是陀斯妥也夫斯基式的痛苦超越，而是在人生快樂中求得超越。這種超越即道德又超道德，是認識又是信仰。它是知與情，亦即信仰、情感與認識的融合統一體。實際上，它乃

---

[5]　林語堂《中國哲人的智慧》，中國廣播電視出版社 1991 年版，頁 2。

是一種體用不二、靈肉合一，即具有理性內容又保持感性形式的審美境界，而不是理性與情感二分、體（神）用（現象界）割離、靈肉對立的宗教境界。審美而不是宗教，成為中國哲學的最高目標，審美是積澱著理性的感性，這就是特點所在。」[6]

　　從以上的論述我們可以看出，「中庸」作為儒家人生哲學的基元，決定了儒家人生哲學的基本價值取向，從本質上影響了儒家人生哲學的理論形態。儘管先秦諸子都有同樣的文化生態大環境，但由於各自的立場和著眼點不同，只有在儒家人生哲學中，「中庸」才居於核心地位。這一點我們還將在後面有關的內容中進行深入討論。

---

[6]　李澤厚《中國古代思想史論》，人民出版社 1986 年版，頁 310。

從容中道：儒家的人生理想

　　儒家以「中庸」為基元的人生哲學，不僅滲透到中國人日常生活的方方面面，成為人們處世為人的文化無意識，更重要的是，它以顯意識的形式而成為指導人們生活行動的最高原則。從容中道作為儒家的人生理想，同樣成為中華民族人生追求的主流，成為中華民族嚮往的最高人生目標和人生境界。

一、從情感體驗到道德理性

　　在中國傳統文化中，理想的對等詞是「志」，即志向。人生理想的樹立叫「立志」，也就是確立自己人生奮鬥的最高目標。孟子講：「夫志，氣之帥也」（《孟子·公孫丑上》），意即「志」是心身之總統帥，是人的行動的總趨向。南宋哲學家陳淳說得更明白：「志者，心之所之。之猶向也，謂心之正面全面向那裏去。」（《北溪字義》）

　　志向有高遠低下之分，有鴻鵠之志，也有燕雀之志。遠大志

向的確立不是一蹴而就的，而是有一個「立」的過程。

立志的基礎是對人之為人的體認。在儒家看來，人之為人的最根本點在於人的心性，人和動物的區別，最重要的就是人有道德而動物無道德：「人之有道也，飽食暖衣，逸居而無教，則近於禽獸。」（《孟子・滕文公上》）只有通過道德的修養，人類才能同動物界劃清界限，因而道德需要便是人的一種最為迫切的需要。孔子說：「民之於仁也，甚於水火。水火吾見蹈而死者矣，未見蹈仁而死者也。」（《論語・衛靈公》）意思是說，「仁」的需要如同水火，是人類生活所必不可少的，但是，水火有時還給人帶來危害，而道德則對人有百利而無一害。儒家的這種比喻是生動而具有說服力的，因為他們把道德的根須直接紮植於人類的社會關係中。「仁」是什麼？「仁者，人也」，仁就是人，是「二人」，即人與人的相互關係。

在所有的人倫關係中，君臣、父子、夫婦、兄弟、朋友這「五倫」是最為基本的，是「天下之達道」（《中庸》）。我們在前面已經講過，五倫是以家庭血緣關係為基礎和發端，並在家庭之中涵育培化的。臺灣學者朱岑樓認為，這種以家族為核心的個人生活圈，養成一種相對的宇宙觀，即通常所謂的中庸態度。[1]很顯然，這種中庸態度中浸透著情感關係，儒家人生理想也正是在這種充滿親情的土壤上自然生長起來的，這就是我們熟知的修身、齊家、治國、平天下的過程。

修身是樹立人生理想的必要準備，齊家、治國、平天下是人生理想現實化的不同層級，修──齊──治──平，展現的是情感

---

[1]　見劉志琴編《文化危機與展望》（上），中國青年出版社 1989 年版，頁320。

體驗昇華為道德理性的過程。修身養性，關鍵在於達到孝敬父母、親愛兄弟以及忠君信友的情感自覺，同時為了人生理想的實現，可以拋頭顱、灑熱血，即以身殉道，這正是表現了一種理性的自覺。這種道德理想的自覺把似乎渺遠崇高不可企及的理想溶化在切實可行的情感體驗中，落實在日用常行的具體操作中，使人生理想既不顯得虛無縹緲，也不顯得瑣碎低下。血緣親情、人生理想、人生行動形成了一個情感與理性共生共存共振的有機整體。要想平天下，必先能治國；要想治國，必先能齊家；要想齊家，必先修身。其身正，孝敬之心與親愛之情自然昭彰，家庭倫理自然肅整。家國同構，家為一國之縮影，齊家有方，治國自然有道。一國政治清明，人民安居樂業，其德育風教便如雨露般化及天下，世界因此和平安定，這也就是儒家理想治世的最後實現。這不免使人想到漢代「舉孝廉」的人才制度。「孝」就是孝悌，「廉」就是廉潔，孝悌則忠君，廉潔則愛民。所以一個人倘若孝敬父母、親愛兄弟出了名，即齊家有方，便會得到各級官吏的舉薦，從而得以居廟堂之高，施行仁政，富民強國。

　　總之，由自然的情感體驗到自覺的道德理性昇華的過程，確立了儒家人生理想的總體趨勢。由於它根植於中國社會的實際，最容易得到人們的體認，因而成為歷代有志者所追求的最高目標。

二、內聖與外王

　　立足於親情情感基礎的心性修養所要達到的理想是「內聖」，治國平天下的理想的實現是「外王」。「內聖」與「外王」這內外兩極的完美結合，正是儒家所設計和追求的「從容中道」

的人生理想。

（一）內聖

所謂內聖，是對人完美的內在學識修養的指稱。《尚書・洪範》謂：「聰作謀，睿作聖。」「聖」即聰明睿智、無所不曉。我們常在古書中見到說某人上知天文、下曉地理、中通人事，看來這樣的品學修養夠得上稱「聖」了。不過，人之內在心性要臻於完境，是要全身心地「修」才有可能的，因為「內聖」包含兩方面的要素：其一是「內」的天性，其二是「聖」的功夫。

「內」的天性指的是人先天所具的心智能力。孔子認為人們認識能力的差別具有先天性，但除了「困而不學」、冥頑不化的「下愚」之人外，一般人是可以通過後天的學習而彌補先天不足，從而具備成聖基礎的。他本人也承認，「吾非生而知之者，好古敏以求之者也」（《論語・述而》），自己也不過是普通人，只不過胸懷理想，並且持之以恆地學習追求罷了。孟子從性善論出發，認為「人皆可以為堯舜」（《孟子・告子下》）。荀子從性惡論出發，也明確提出通過對人性的改造和教化，「塗之人可以為禹」（《荀子・性惡》），即人人都具備成聖的條件和基礎。

具備了成聖的條件，只是個開始，要成就「內聖」的理想，還得有一番切磋琢磨的精神修養過程，即下一番成「聖」的苦功夫。孔子把這種功夫叫做「學」，孟子叫「養心」，《大學》叫「正心」，荀子叫「化性起偽」。

孔子認為，一個人能否具備仁德，關鍵在於自己是否努力修養，「學而時習之」，這是實現「內聖」理想的立足點。通過學習，可以知禮、知仁，懂得成就自我人格、樹立和實現人生理想

的道理。所以他要求人們「篤信好學，死守善道」（《論語‧泰
伯》），並把「好學」在道德修養中的地位看得很高：

> 子曰：「由也！女聞六言六蔽矣乎？」對曰：「未也」。
> 「居！吾語女。好仁不好學，其蔽也愚；好知不好學，其
> 蔽也蕩；好信不好學，其蔽也賊；好直不好學，其蔽也絞；
> 好勇不好學，其蔽也亂；好剛不好學，其蔽也狂。」（《論
> 語‧陽貨》）

「六言六蔽」指的是六種品德和六種弊端。在孔子看來，無
論你的主觀願望如何嚮往理想品德，如果你不好學，就會流於
愚、蕩、賊、絞、亂、狂等弊端。孔子以自己的親身體驗說：「十
室之邑，必有忠信如丘者也，不如丘之好學也。」（《論語‧公
冶長》）因而他十分強調道德修養的自覺性，提出「為仁由己」
（《論語‧顏淵》），「我欲仁，斯仁至矣」（《論語‧述而》）。
同時，孔子的「內聖」功夫還強調學人之長，補己之短，認為「三
人行，必有我師焉」，學無常師，重要的在於「擇其善者而從之，
其不善者而改之」（同上），做到「見賢思齊焉，見不賢而內自
省也」（《論語‧里仁》），這樣，「內聖」的境界就不愁達不
到了。

孟子在繼承孔子思想的基礎上，從性善論出發，給為仁成聖
的自覺性提供了哲學基礎。孟子認為，人性本善，仁義禮智等美
德不是外加的，而是人心本來就有的，就像寶藏埋在地下。但地
下寶藏要經過開採才能為人所用，善端也同樣需要擴充發展，即
「養心」，否則會向惡的方向發展，即「求則得之，舍則失之」
（《孟子‧告子上》）。聖與凡的分野只在後天的修為。舜居在
山洞中和豕鹿共處，從外在的生活形式看，跟野人沒什麼分別，

但舜有向善的主觀願望，通過養心而不斷擴充發展自己的本然善性，故為聖人。而一般人卻「自暴自棄」，不能「居仁由義」，使善性陷溺湮滅了。為此，孟子提出「求放心」，號召人們把失落了的本心找回來：「學問之道無他，求其放心而已矣！」（《孟子‧告子上》）孟子的心性論在後世得到陸王學派的大力發揮，他們提出「內聖」的「簡易功夫」就是「發明本心」，「存心，養心，求放心」，「致良知」，通過內求，體悟「人胸中各有個聖人」（王陽明《傳習錄》下），自可建樹為聖的理想人格。

　　與孟子相似，《大學》把修身歸結為「正心」，即把迷失了方向的「心」重新引導到正道上來。《大學》中說：

> 所謂修身在正其心者：身有所忿懥，則不得其正；有所恐懼，則不得其正；有所好樂，則不得其正；有所憂患，則不得其正。心不在焉，視而不見，聽而不聞，食而不知其味。此謂修身在正其心。

　　心胸偏狹，用心不專一，都是使「心」遠離正道的原因。內心激動憤怒，容易感情用事；內心恐懼，不敢直面人生世事，思想行為必然受到限制；內心有先入之好樂，看問題就不能公正客觀；患得患失，礙於庸人之見而不知正道大局。「正心」，就是要克制情感，直面人生，心懷大道，用志專一，力行中道而不偏倚。心歸正途，身自然得修。

　　孔、孟、《大學》立論的出發點都是人性本善，志學、求放心、正心，講的都是對本善之心的啟發和擴充。荀子則明確地把自己立論的出發點放在性惡論上。他認為「惡」是人生而具有、聖凡皆同的本性，「堯舜之與桀、蹠，其性一也，君子之與小人，其性一也」（《荀子‧性惡》）。仁義禮智是人通過後天學習得

到的,是「偽」,聖人之「所以異而過眾者,偽也」(同上)。「偽」是對「惡」的改造,即通過「強學」、「思慮」來扼制人心之惡,使人「求禮義」、「知禮義」,一心向善。這就是他提出的「化性起偽」的命題,也是他所宣導的內聖功夫。他說:「今人之性固無禮義,故強學而求有之也」(同上),「不聞不若聞之,聞之不若見之,見之不若知之,知之不若行之,學至於行而止矣。行之明也,明之為聖人」(《荀子‧儒效》)。「學至於行」,就是在行動上把仁義禮智體現出來,做到了這一點,就達到了「德之極」(《荀子‧勸學》),離內聖的境界也就不遠了。

可以看出,無論是以性善論還是以性惡論作為其理論的邏輯起點,他們都強調為「內聖」的修養功夫,即後天的學習和實踐。這一點,可以看作是儒家「內聖」之學的傳統。到了後世,有董仲舒的性無善惡論,揚雄的善惡混雜論,王充的有善有惡論,李翱的性善情惡論,以至宋明理學的理欲論等等,其理論形態雖千差萬別,各有特色,但在強調道德的後天修養這一點上是相同的。儒家的「內聖」功夫之要,簡單地可以概括為三條:一心向善,自覺修養,持之以恆。做到了這三點,也就臻於「內聖」之境了。

(二)外王

「內聖」是道德主體內在心性的完滿自足,是理想人格的「內」(個體)的方面。「內」的方面只有通過「外」(社會)的方面表現出來,得到社會的認可,才能說是完滿人格的最終實現,才能說是儒家人生理想的最終實現。這「外」的方面的表現,謂之「外王」。

應當指出的是，「外王」不僅是最高統治者即君王人格理想實現的途徑，它同時也是古代仁人志士實現自我理想的必由之路。有些論者把「外王」解釋成君主政治權威的樹立和政治權力的施行，顯然有點望文生義。「外王」是對應於「內聖」而言的，指在內在的理想人格實現的基礎上，把聖人的王道理想在社會生活和國家政治中體現出來，實現治國、平天下的聖王理想。在踐履這一社會政治理想的實踐中，君王雖然有不可忽視的作用，但其主體還是眾多的良臣猛將、文才武士等經邦濟世之人。

　　儒家不僅注重人生理想之精神境界的提高，而且同樣注意事功，「兼善天下」是以「獨善其身」為基礎的，又包括「獨善其身」在內，對於積極入世的儒家來說，「兼善天下」即「外王」是更高的理想。「外王」原是儒家學說題中之意，所以儒家的經典，我們既可視為安身立命的人生修養論，亦可看作經世致用的政治學說，因而有「半部《論語》治天下」之說。孔子一生身體力行了自己的學說。他為了推行仁政的主張，實現治國平天下的政治理想，東奔西走，顛沛流離，曾被拘留在匡，遭困於宋，絕糧於陳蔡之野，多次身陷厄境，甚至被隱者戲為「累累若喪家之犬」（《史記・孔子世家》），可見其處境狼狽至極。他之所以能經受住如此的磨難而不氣餒，就是為了施展自己的抱負，實現自己的理想。但是遺憾的是，除了短時期的直接從政外，孔子一生都沒有真正找到一個適意的政治舞臺。他曾不止一次地喟歎：「苟有用我者，期月而已可也，三年有成。」（《論語・子路》）「吾豈匏瓜也哉？焉能繫而不食？」（《論語・陽貨》）「如有用我者，吾其為東周乎？」（同上）倒是孔子的幾位弟子比乃師幸運。以勇敢著稱的子路做過季氏宰、蒲大夫等，能言善辯的宰予做過臨淄大夫，另一位辯才子貢受吳王之命使於越、魯、晉等

國，更是對當時的政治形勢產生了很大影響，《史記・仲尼弟子列傳》中載：「子貢一生，存魯，亂齊，破吳，強晉而霸越。子貢一使，使勢相破，十年之中，五國各有變。」後來，子貢做了魯國和衛國的相國，家累千金，十分富有。

孟子的經歷與孔子有許多相似之處。他為了推行王道的政治理想，懷著「如欲治平天下，當今之世，舍我其誰」（《孟子・公孫丑下》）的強烈的歷史使命感，奔走列國，遊說諸侯，也曾在齊魯任過為時很短的卿，但在那個「攻伐為賢」的年代，孟子要推行以仁政、王道為核心的「外王」理想，顯得「迂遠而闊於事情」（《史記・孟子荀卿列傳），過於理想化而不合時宜，所以終於也沒找到一片施展抱負的天地。

儒家「外王」論真正顯示威力，是在漢武帝採納董仲舒的建議「罷黜百家，獨尊儒術」之後。董仲舒是具有劃時代意義的思想家，他生當天下一統，社會政治、經濟、文化發展全盛的西漢景帝、武帝時。政治上，自漢景帝時期平定吳楚七國之亂後，中央集權進一步加強；經濟上，經過漢初七十餘年的休養生息，社會經濟發生了根本變化。漢武帝繼位之後，廣攬人才，擢拔名士，董仲舒的《舉賢良對策》得到賞識和採納，從此開創了兩千多年儒學為正統的先聲。此後兩千多年的封建社會，社會治亂交相更替，道佛之學時盛時微，而儒學作為國家政治學的獨尊地位從未動搖。

儒家「外王」理想之所以在孔孟之時不得見用，而在漢武之際獲得獨尊，是與其理論的特殊性分不開的。

首先，儒家外王理想的核心和理論基礎是其「仁政」學說。孔子提倡禮治和德政，認為「為政以德，譬如北辰，居其所而眾星共之」（《論語・為政》），「如有王者，必世而後仁。」（《論

語‧子路》）「仁」即愛人，為王之道就在於以德施政，仁愛人民。孟子進一步闡發了孔子的「仁政」學說，認為仁政是王者的仁義之心推及天下的結果，「有不忍人之心，斯有不忍人之政矣」（《孟子‧公孫丑上》）。仁政的具體內容包括政治、經濟、文化各個方面，他說：「夫仁政，必自經界始」（《孟子‧滕文公上》），施行仁政的第一步是實行井田制，使人民有「恆產」，安居樂業，同時，「設為庠、序、學、校以教之。」（同上）孟子總結以往歷史興衰的經驗教訓，認為能否推行仁政是國家治亂、天下興亡的關鍵，得民心者得天下，失民心者失天下。因此他要求統治者與百姓同憂樂，並提出「民為貴，社稷次之，君為輕」（《孟子‧盡心下》）的傑出的民本思想。儒家推崇堯舜那樣以德行政的「王道」，鄙棄靠強力殘殺奪天下的「霸道」，「以力假人者霸」，「以力服人者，非心服也，力不贍也」（《孟子‧公孫丑上》），依靠暴力可以壓制民意，卻不能得到民心。荀子也認為，行王道者得天下，行霸道者只能強一國。顯然，這套號召仁政，推行王道，反對暴力的「外王」理想，是與諸侯紛爭、霸道盛行的亂世不相合的，因而儒家的外王之道被視為迂闊而不見用於當時，也就在情理之中了。

　　其次，儒家追求天下一統的聖王理想應合了漢代統治者治國的需要。孔子祖述堯舜，憲章文武，在他心目中，過去那種國家統一、人民安居樂業的太平盛世是真正的理想社會，而當時周王室衰微、天下分崩離析的局面是對這種理想的踐踏毀滅。他說：

　　　　天無二日，土無二王，家無二主，尊無二上。（《禮
　　　　記‧坊記》）

　　　　天下有道，則禮樂征伐自天子出；天下無道，則禮樂

征伐自諸侯出。（《論語‧季氏》）

孔子把三代聖王時期稱為「大同」之世，把禹、湯、文、武、成王、周公時期稱為「小康」時期。大同、小康正是他一生奔波追求的社會政治理想。孟子也對當時諸侯爭霸的局面深惡痛絕：

爭地以戰，殺人盈野；爭城以戰，殺人盈城；此所謂率土地而食人肉，罪不容於死。（《孟子‧離婁上》）

齊宣王讓孟子談談兩大霸主齊桓公、晉文公的事，孟子說，儒家學說裏沒有齊桓、晉文的故事，有的只是王天下之道。可以看出，儒家所追求的是國家天下的統一，所論述的也是國家天下的統一。古人云：在馬上得天下，卻不能在馬上守天下。得天下固然要借助武力、霸道，守天下治天下卻為王道理論提供了市場。秦始皇以霸道征服天下後，又企圖以霸道治理江山，結果是自取滅亡。漢初黃老之學適應了社會恢復休養時期的需要，卻不能適應一個積極發展的社會的需要。而儒家思想恰好順應了大一統社會歷史發展的潮流，從而受到統治者的青睞而躍居獨尊地位。

最後，儒家倫理政治學根植於民族文化的土壤，應和了民族文化心理，得到了中華民族的自覺認同。我們在前面已經談過，中國古代社會是脫胎於血緣宗法關係的農業社會，注重親情，嚮往和平是民族的共同心理。道家講物我齊一、返樸歸真，墨家講無差別的「兼愛」、尚苦行主義，法家推崇暴力、嚴刑峻法，顯然都缺乏民族文化心理的沃土。儒家則異於是。他們提倡「仁政」是以「親親」為源頭的，提倡「和」而摒棄絕對同一，提倡「使民以時」而反對暴政。特殊的文化土壤孕育了特殊的儒家倫理政

治學，特殊的儒家倫理政治學適應了特殊的文化土壤和民族心理，並陶冶和定型了民族文化心理結構。我們認為，這一點應該是儒家學說經數千年而不改其正宗地位的深層原因。

（三）「內聖」與「外王」的雙重變奏

嚴格地講，「內聖外王」之學不是儒家獨倡的，內有聖人之德，外施王者之政，這同樣是道家的人生理想。《老子》一書歷來被認為是兵書和治術，雖然《老子》有「絕聖棄智」之說，但其所欲絕棄者乃世俗之聖智，真正的聖人卻是老子心目中的理想人格，因為真正的聖人不爭、無執、無為，卻能夠達到天下無能與之爭的不敗地位，實現「無為而治」的目的。《莊子・天下》篇在評論各家優劣短長時明確地提出了「內聖外王之道」：

> 天下大亂，聖賢不明，道德不一，天下多得一察焉以自好。譬如耳目鼻口，皆有所明，不能相通。猶有家眾技也，皆有所長，時有所用。雖然，不該不偏一曲之士也。判天地之美，析萬物之理，察古今之全，寡能備於天地之美，稱神明之容。是故內聖外王之道，暗而不明，鬱而不發，天下之人各為其所欲焉以自為方。

莊子認為，百家之學各執一端，蒙蔽了內聖外王之道，造成了天下大亂。像老子一樣，他的理想國是童貞無邪的純自然世界。

然而，道家式的「內聖外王」只是一種美好的幻想，它缺乏堅實的社會根基。「無為而無不為」本身是玄而又玄的，返樸歸真更易導向喪失人類本性的盲目。事實上，道家往往分化為兩流，一流任跡自然，如玄學之「竹林七賢」輩，一味地修煉道家

式的「內聖」，這一派可以看作是真道家；另一流則是托道家之名、逐一己名利的偽道家，如方士之輩，混跡於世，鑽營取巧，不僅不能行外王之道，反而往往給社會帶來種種不良影響。所以，真正的老莊式的「內聖外王」的理想是很難實現的。

如果說在道家那裏「內聖」與「外王」呈現出缺乏現實基礎的兩極性的話，那麼在儒家那裏，「內聖」與「外王」則找到了現實的立足點。這一點，我們在上文已經探討過。在這裏，我們想針對一種比較有代表性的觀點來對我們的見解作點延展。

李澤厚先生在其《中國古代思想史論》之「經世觀念隨筆」一文中，討論了「內聖」與「外王」的問題。他認為，「在以儒學佔據主要統治地位的傳統思想中，由於從一開始就具有宗教性因素與政治性因素的交融合一，使『修身』與『治平』、『正心誠意』與『齊家治國』，亦即所謂『內聖』與『外王』，呈現出兩極性的歧異關係。」他提出，在孔子那裏，這種歧異不是非常明顯，兩者還相對地統一著，但到了孟子，離異就出現了，到了宋明理學，更是由離異走向了對立。這種觀點在學術界很有代表性，近代康有為也曾有過類似的論述，認為「孔子之學，有義理，有經世」，而宋學「多於義理」，漢學「近於經世」（《長興學記》）。今人持此看法者就更多了。

果真如此嗎？我們認為，結論下得似乎有些倉促。對於先儒孔孟荀的一些生平及理論，我們已簡單地作了討論。從討論中，我們還不能得出類似的結論。比如就孟子而言，他雖然為儒家的「內聖」功夫找到了心性論基礎，但其「內聖」之學的指向是「外王」，他的理想便是行仁政王道，所以他才會慷慨激昂地宣稱：「如欲治平天下，當今之世，舍我其誰也？」（《孟子·公孫丑下》）再看宋明理學，喜論兵法、不乏豪氣的張載自不待言，對

究心於象數的邵雍，我們可以看看時人的評論。《宋史·邵雍傳》曰：

> 河南程顥，初侍其父識雍，議論終日，退而歎曰：「堯夫（邵雍字—引者注）內聖外王之學也。」

可見，隱居百源、授官不赴的邵雍也不是一心只求內聖，從程顥的慨歎，可知其對「內聖外王」之學也十分心儀。程顥本人也曾做過郡縣、上元縣的主簿，宋神宗時做了太子中允，權監察御史裏行，曾向宋仁宗上書陳「治法十事」，提出一套改革主張。其弟程頤官授西京國子監職。二程的一貫主張是以窮經為舟筏，以經世為終鵠：「窮經，將以致用也」（《二程遺書》卷四），他們認為只知苦讀經書，不懂經世致用，乃是「學者之大患也」（同上）。理學集大成者朱熹也曾任泉州同安主簿、知南康軍、秘閣修撰等職，他發揮孔子下學上達之義，認為只有在「下學」方面卓有成效，才能在「上達」方面有所建樹。表面上朱熹似乎偏於內聖，其實他強調的是「修身」與「治平」的統一：「夫帝王之學，必先格物致知，以極夫事物之變，使義理所存，纖悉畢照則自然意誠心正，而可以應天下之務。」（《應孝宗詔上封事》）心學的代表王陽明更是功臣良將，做過兵部主事、南京兵部尚書等，時人贊他「事功道德，卓絕海內」。所有這些事實都說明，宋明理學家們在講「內聖」之學的同時，也身體力行著「外王」之道。「仕而優則學，學而優則仕」（《論語·子張》），這句話幾千年來被儒家奉為人生座右銘，「學」與「仕」的關係，正體現了「內聖」與「外王」和諧的雙重變奏。當學則學，當仕則仕，仕學相長，相得益彰。可見，儒家的聖人絕不是不過問日常的人倫世務，恰恰相反，「處理世務，正是他的人格完全發展的

實質所在。」[2]「他的哲學需要他生活於其中；他自己以身載道。……因此在認識上他永遠摸索著，在實踐上他永遠行動著。……對於他，哲學從來就不只是為人類認識擺設的觀念模式，而是內在於他的行動的箴言體系。」[3]

雖然「內聖」之人最適宜於作「王」，但在現實中，聖人倒不一定有機會成為實際的政治領袖。也就是說，並不是所有的儒者都能居於廟堂之高，也並不是所有的社會條件都有利於儒家「外王」抱負的施展。所以，傳道授業、獨善其身自然也就成為許多儒者現實的人生道路，其講習談論的內容也理所當然地多了一些內修的成分。但若由此出發去否認儒家主張的另一極──「外王」，就不免失之偏頗了。從儒家「修──齊──治──平」的人生設計不難看出，修身是本，事功是用，儒家強調「內聖」之本，旨在達到「外王」之用。只講「內聖」不講「外王」，不是真儒家；講「內聖」不忘「外王」，論「外王」不遺「內聖」，才是真儒家。「內聖」與「外王」是儒家人生理想不可分割的兩大主題，更確切地說，「內聖」與「外王」是一大主題內和諧統一的雙重變奏。也正是從這個意義上，馮友蘭先生才認為「內聖外王」是聖人的人格，「內聖外王」之道是中國哲學歷史的主流和中國哲學的精神。[4]

當然，不能否認，宋儒偏於發明內聖之學，在實際上誤導了俗儒庸士，他們「置四海窮困不言，而終日講危微精一之說」（《亭林全傳·與友論學書》），使外王之學一度失色。但一些卓識之

---

[2] 馮友蘭（中國哲學簡史），北京大學出版社 1985 年版，頁 13。

[3] 金嶽霖未刊稿，轉引自上書，頁 14~15。

[4] 馮友蘭《中國哲學簡史》，北京大學出版社 1985 年版，頁 9、12。

儒很快看到了空談之流弊，並奮起而匡正之。像陳亮、葉適、黃宗羲、顧炎武、龔自珍等人，轉而大講經世之學，以糾偏匡正，使內聖與外王之學再度統一起來。我們不能把理論形式的輕重等同於理論的精神實質，也不能只注意思想家的一面之詞而忽略他的另一面之詞，忘記他一生的實踐活動。而從宋儒的言論和生平實際兩方面進行客觀的分析，我們是沒有理由說在他們那裏「內聖」與「外王」發生了離異，呈現出兩極性的歧異關係的。

三、君子・仁人・聖人

人生理想有不同的層次、不同的境界，燕雀之志只求食可果腹，衣足蔽體；鴻鵠之志卻在衣食之外追求更為廣闊的精神世界。而不同層次、不同境界的人生理想終歸要落實在具體的個體身上，從而形成不同的人格。儒家把基本人格區分為兩種：「小人」和「君子」，儒家的理想人格則可分為君子、仁人、聖人這幾個不同的層次。

（一）君子

君子人格與小人人格是正相反對的。孔子訓誡弟子要「為君子儒，無為小人儒」（《論語・雍也》），可見，同樣是儒者，也有「君子」與「小人」之別。那麼，君子與小人的區別究竟何在呢？讓我們圍繞《論語》中的有關條目來看看這一問題。《論語・里仁》載：

> 子曰：「君子懷德，小人懷土。君子懷刑，小人懷惠。」
> 子曰：「君子喻於義，小人喻於利。」

　　這兩條講得很明白，「君子」與「小人」的區別，根本在於有德無德。「君子」與「小人」的分別，與其說是階級地位的差異，無寧說是道德層次的不同。「君子」之為「君子」，在於其「懷德」，「君子義以為上」（《論語‧陽貨》），即把道德修養看作第一位的，為人處事，以義為重；「小人」之為「小人」，在於其「懷土」，只追求體膚的安逸享樂，把私利看得高於一切。在儒家看來，人如果缺乏了仁德，便是喪失了人心、人性。孟子曰：「仁，人心也；義，人路也」（《孟子‧告子上》）。正因為義利的分野實質上表現了君子與小人的區別，所以我們就不難理解孔子何以「罕言利」而「與命與仁」了（《論語‧子罕》）。

　　君子是具有獨立人格的，而小人則毫無原則地盲從他人：

　　　　子曰：「君子和而不同，小人同而不和。」（《論語‧子路》）

　　　　子曰：「君子求諸己，小人求諸人。」（《論語‧衛靈公》）

　　為君子者，獨立不羈，自強不息，與人相處，親和卻不隨波逐流；為小人者，一個心眼放在「利」上，嘩眾取寵而沒有原則和立場。表現在立身修道上，君子著眼於自我人格的充實完善，不在乎外在的毀譽；小人的修養卻是繡花枕頭，刻意追求外在的東西以沽名釣譽，於自己精神境界的提高毫無益處。兩種不同的修養取向，造成了「君子上達，小人下達」的結果，即君子的人格境界不斷昇華提高，小人卻越來越陷於利欲的泥沼。

　　君子立志高遠，胸懷大道，貧賤不移，能勝大任。《論語‧衛靈公》載：

子曰：「君子固窮。小人窮斯濫矣。」

子曰：「君子謀道不謀食。……君子憂道不憂貧。」

子曰：「君子不可小知，而可大受也。小人不可大受，而可小知也。」

　　貧困是身外之物，君子的心思不在外在的物質利益上，不為外在的得失困頓而勞心費神。道德是內在的，君子殫精竭慮而「志於道」（《論語・述而》），為志行大道而不惜嘔心瀝血。因而，君子大處著眼，不像小人那樣在細枝末節上鑽營取巧，而是心繫天下，其才智表現於治國安邦的雄才大略上。路遙知馬力，君子的才氣在完成重大的歷史使命上可以得到體現，「君子易事而難說也，說之不以道，不說也；及其使人也，器之。小人難事而易說也，說之雖不以道，說也；及其使人也，求備焉。」（《論語・子路》）

　　君子胸懷博大，寬容仁厚，充滿愛心：

子曰：「君子周而不比，小人比而不周。」（《論語・為政》）

子曰：「君子成人之美，不成人之惡；小人反是。」（《論語・顏淵》）

子曰：「君子坦蕩蕩，小人長戚戚。」（《論語・述而》）

子曰：「君子泰而不驕，小人驕而不泰。」（《論語・子路》）

　　君子心無偏私，胸襟坦蕩磊落，情意安舒而不矜肆狂傲，助人為善而戒人作惡；小人偏黨營私，逞欲恣肆，慮得患失，為物

欲私利所驅，助人為惡而害人為善。君子和小人，作為人格的兩極，在其對比中顯示出截然相反的人格特徵。所以朱熹在注《論語·為政》篇時說：「君子小人所為不同，如陰陽晝夜，每每相反。然究其所以分，則在公私之際，毫釐之差耳。故聖人於周比、和同、驕泰之屬，常對舉而互言之，欲學者察乎兩間，而審其取捨之幾也。」

君子人格和小人人格的鮮明對照，我們還可以找出好多條，但歸納起來，我們認為集中表現在「君子中庸，小人反中庸」（《中庸》）這兩句話中。

君子的「中庸」，表現在精神生活和物質生活的各個方面，是理性自覺和道德自覺的表現。所謂理性的自覺，意即君子以自己對「道」的體認來指導自己的生活，即「君子謀道不謀食」，不管物質生活優劣，其精神生活是富足的，「君子博學於文，約之以禮」（《論語·雍也》），「不憂不懼」，「內省不疚」（《論語·顏淵》）。可以說，君子的生活是以行「道」為準則，是在理性原則指導下的生活。所謂道德的自覺，意即外在的道德要求內化為君子的自覺意識，所以無須外在的法度的強制約束，君子都會自覺地居仁由義，篤守中道。孔子說：「君子義以為質，禮以行之，孫以出之，信以成之」（《論語·衛靈公》），「君子惠而不費，勞而不怨，泰而不驕，威而不猛」（《論語·堯曰》）。真正達到了理性自覺和道德自覺的君子，「視思明，聽思聰，色思溫，貌思恭，言思忠，事思敬，疑思問，忿思道，見得思義」（《論語·季氏》），持守中道，無滯無礙。這樣的理想的人格境界，連孔子也常自歎沒能完全達到。

（二）仁人

比起君子人格，「仁人」的理想化程度更高。儒家認為，仁德的修養要具備良好的道德素質和通過艱苦卓絕的努力，不是所有的人都能成為「仁者」，即使是「君子」也不例外。孔子曾云：「君子而不仁者有矣夫！未有小人而仁者也。」（《論語・憲問》）對孔子這句話，我們可以作兩方面的理解。一方面，從人的道德層次來說，一如上述「君子」與「小人」是不同的，君子具有「成仁」的道德基礎，「小人」沒有。一般認為，孔子的「君子」與「小人」指的是「位在上」的統治者和「位在下」的被統治者，這是有一定合理性的。但在孔子及儒家倫理學說中，「君子」和「小人」更是兩個帶有濃厚的道德倫理色彩的範疇。《禮記・曲禮上》謂：「博聞強識而讓，敦善而不怠，謂之君子。」博聞強識是就才性而言，禮讓敦善是就德操而言，「君子」是德才並具之人的稱謂，故歷代儒者都稱「君子」是「成德之名」。但是，孔子講「君子」有不仁者，證明君子之德只是成德的起點，「仁人」要高於「君子」。另一方面，即使具備了「成仁」的道德質素，也不見得必然成為「仁人」。孔子的弟子之中，稱得上「君子」的大有人在，稱得上「仁人」的卻寥寥無幾。孔子評價其弟子道：「回也，其心三月不違仁。其餘，則日月至焉而已矣。」（《論語・雍也》）像顏回那樣能堅持三月不背離「仁」的準則，就已難能可貴了。其他的弟子，最多也只是堅持十天半個月而已。由此可知，為仁實在是太艱難了。曾參於此深有感慨：

> 士不可以不弘毅，任重而道遠。仁以為己任，不亦重乎？死而後已，不亦遠乎？（《論語・泰伯》）

　　那麼，「仁」為什麼這樣難以持守呢？「仁人」為什麼這樣難得呢？「仁人」的人格理想的內涵究竟是什麼？要回答這些問題，我們還是得從儒家經典的有關論述談起。

　　眾所周知，「仁」的核心是「愛人」，仁愛之心是人必須具備的。孔子講：「弟子入則孝，出則弟，謹而信，泛愛眾而親仁。行有餘力，則以學文。」（《論語·學而》）在家孝敬父母，出門敬愛尊長，與朋友交而有信義，以仁愛之心擁抱世界，就近乎對仁德的要求了。做到了這些再進一步，通過學文修德，使內在的好本質得到彰揚，則可謂仁人了。所以，孔子說：「苟志於仁，無惡也」（《論語·里仁》），一旦把「仁」作為人生理想並為之奮鬥，就不會有違反道德的行為了。

　　仁德的有無在很大程度上取決於後天的努力。首先，要充分注重道德環境的感染力。《論語·里仁》云：

　　　子曰：「里仁為美。擇不處仁，焉得知？」
　　　子曰：「不仁者不可以久處約，不可以長處樂。」

　　近朱者赤，近墨者黑，「性相近也，習相遠也」（《論語·陽貨》），所居住的地方有仁義之俗者為美。孟母三遷，就是為了找一個「仁里」，使孟子自幼受到仁義之風的沐染。與不仁之人不可以長相處、長相樂。不仁之人失卻了愛人的本心，久處必濫，久樂必淫。

　　其次，要有為人的責任心和為仁的自覺性。孔子指出，為仁由己，只要你有志於仁，仁就在你的俯仰呼吸之間，「我欲仁，斯仁至矣」（《論語·述而》）。為仁的自覺性表現在自我反省和對私心的克制上，「克己復禮為仁」（《論語·顏淵》），能夠克制自己的私心雜念，一切行為合乎禮義法度，是之謂「仁」。

第三，「為仁之方」是以己度人，推己及人。《論語・顏淵》中說：

> 仲弓問仁。子曰：「出門如見大賓，使民如承大祭，己所不欲，勿施於人，在邦無怨，在家無怨。」

　　「如見大賓」，「如承大祭」，講的是要人懷有誠敬仁愛之心，「己所不欲，勿施於人」就是「忠恕之道」。對此，我們可以通過《論語・雍也》中的一段話得到更深刻的理解：

> 子曰：「夫仁者，己欲立而立人，己欲達而達人，能近取譬，可為仁之方也矣。」

　　「近取譬」，從正面揭示了「忠恕之道」。孔子認為，行忠恕是求仁的方法，根據這一方法，持之以恆，就可以達到仁的境界。

　　仁者的氣象比起智者、勇者來，要高一個層級，或者說，仁者兼備了智者和勇者的品質，同時又超越了智者和勇者。

　　首先，「知」是成為仁人的重要條件之一。從仁者與智者的基本風貌來看，「知者樂水，仁者樂山；知者動，仁者靜。」（《論語・雍也》智者達於事理而周流不滯，有似於水，其性動，故樂水；仁者安於理義而厚重不遷，有似於山，其性靜，故樂山。不明理義，就不可能持守不移，無智而愚昧的人執經無權，不可能成為仁人，「博學而篤志，切問而近思，仁在其中矣」（《論語・子張》）。

　　其次，「勇」是成為仁者的另一重要條件，「仁者必有勇，勇者不必有仁」（《論語・憲問》）。勇者的特點是無所畏懼，做事果敢。像子路那樣好勇亢直之士，可謂「勇者」。勇者有君

子之勇與小人之勇的區別。只知好勇鬥狠，沒有理義的約束，縱君子之勇，也是不足取的，「君子好勇而無義則亂，小人好勇而無義則盜」（《論語‧陽貨》）。孔子不讚賞無義之勇，但卻認為仁者必有勇，把勇視為仁者必備的條件，推崇捨生取義、殺身成仁的「大勇」，批評「見義不為」的懦怯。「仁者不憂，知者不惑，勇者不懼」「論語‧憲問」），「仁者」作為孔子心目中的理想人格，是「大智」與「大勇」的統一。

言行合於中道，也是仁人必備的條件之一。《論語》中講：

> 剛毅木訥近仁。（《論語‧子路》）
> 巧言令色，鮮矣仁。（《論語‧學而》）

意志堅毅，做事果敢，不吹不擂，不肖浮華，就近於仁德了。反之，巧舌如簧，吹噓逢迎，華而不實，這樣的人身上很難找到仁的影子。不過，「剛毅木訥」還只是成為仁人的一個條件，做到了「剛毅木訥」，可以稱為「君子」（《論語‧學而》有君子「敏於事而慎於言」之說），已經「近仁」了。《論語‧陽貨》中記載：

> 子張問仁於孔子。孔子曰：「能行五者於天下，為仁矣。」請問之，曰：「恭，寬，信，敏，惠。恭者不侮，寬則得眾，信則人任焉，敏則有功，惠則足以使人。」

真正的仁人，是兼德之人，兼才之人，是具有完全人格的人。

（三）聖人

　　儒家最為崇高的理想人格是「聖人」。在儒家的典籍中，聖人是指堯、舜、禹、湯、文、武、周公、孔子。同君子、仁人一樣，聖人人格理想也有多方面的規定性。

　　第一，「聖人」涵蓋了「君子」、「仁人」，是人格理想之極致。《論語・述而》中謂：

> 子曰：「聖人，吾不得而見之矣；得見君子者，斯可矣。」
> 子曰：「善人，吾不得而見之矣；得見有恆者，斯可矣。」

　　可以看出，「聖人」理想實在過於崇高偉大，以至於到了不可得而聞、不可得而見的地步。但這並不是說「聖人」理想是虛無縹緲、玄不可及的幻想。雖然聖人、善人見不到，但君子、有恆者是超凡入聖者必須具有的品格精神。換言之，首先是君子、有恆者，然後才可能成為善人，成為聖人。同樣，必先是仁人，然後才有可能成為聖人。「仁」的重點在主觀的理想人格的內在精神特質方面，「聖」則不僅包含了「仁」，而且強調了客觀的業績。相對於君子之於聖人，仁人與聖人之間的距離相對要近一些。《論語・雍也》云：

> 子貢曰：「如有博施於民而能濟眾，何如？可謂仁乎？」
> 子曰：「何事於仁？！必也聖乎！堯舜其猶病諸！」

　　衡之於「仁」，「博施於民而能濟眾」顯然屬於仁德的範疇。那麼孔子何以又稱此為超越了「仁」而達到了「聖」的品質呢？這就要牽涉以下的問題。

　　第二，「聖人」的人格理想是內聖與外王的統一。馮友蘭先

生說：「內聖，是就其修養的成就說；外王，是就其在社會上的功用說。」[5]從內在的修養上講，懷有「博施於民而濟眾」之心，可以說是具備了仁愛之德；從外在的社會效果而言，真正做到了「博施於民而濟眾」，就是達到「外王」了。聖人既是道德上的完人，亦是事功上的至人。《荀子‧解蔽》中有一段很明確的解釋：

> 聖也者，盡倫者也；王也者，盡制者也。兩盡者，足以為天下極也。

盡人倫是道德的極品，盡王制是事功的極品，兼盡人倫王制者，是內聖外王之人，是聖人。對照於我們曾述及的《大學》修齊治平理論的「三綱領」（明明德、親民、止於至善）和「八條目」（格物、致知、誠意、正心、修身、齊家、治國、平天下），就會對聖人內外統一的人格內涵有一個更明確的體會。

第三，聖人是仁與智的璧合。《孟子‧公孫丑上》）中記載：

> 昔者子貢問於孔子曰：「夫子聖矣乎？」孔子曰：「聖則吾不能。我學不厭，教不倦也。」子貢曰：「學不厭，智也；教不倦，仁也。仁且智，夫子既聖矣。」

孟子的這段話顯然是對《論語‧述而》中孔子的一段話的發揮。從《論語》中有關的幾處文字可知，時人和弟子都把孔子稱為「聖人」。但孔子謙遜地認為自己不敢隨便冠以聖人之名，「若聖與仁，則吾豈敢？抑為之不厭，誨人不倦，則可謂云爾已矣。」

---

[5] 馮友蘭，《中國哲學簡史》，塗又光譯，北京大學出版社 1985 年版，頁12。

（《論語・述而》）孔子的意思是，聖人（仁人在此與聖人是同義詞）之名我擔當不起，不過我要為聖人理想而奮鬥。奮鬥的途徑，一是修己，「為之不厭」，孟子解釋為「學不厭」；一是安人、利人，「誨人不倦」。孟子稱前者為「智」，後者為「仁」，孔子既學而不厭，又誨人不倦，所以是當之無愧的聖人。從本質上看，仁智合璧與內聖外王合一是互通的。

落筆至此，有一個問題必須交代。我們在論述儒家理想人格的三個層次時，都講到了中庸。那末又如何解釋人格理想的層次性呢？我們認為，君子走中庸之道，是通過思慮、選擇而達到的。仁人行中庸、行忠恕之道，也是努力於品德修養的結果，但比起君子來，仁人更具有自覺性和一貫性，因而也向「天之道」更近了一步。聖人之中庸，則純出乎本然而未加絲毫勉強，是聖人真情真性真知的自然流露。因此，通過中庸之道，我們也可以認識儒家理想人格的層次性。

還有一個應當提及的問題是，儒、道、墨三家都把聖人作為理想人格，他們之間有無不同之處？儒、道、墨三家聖人理想的不同是顯然的，如果要簡要地說明其間的差異，可以用三句話來概括，儒家的聖人理想內聖與外王並重，道家的聖人理想偏於內聖，墨家的聖人理想偏於外王。

道家的聖人是返樸歸真、率性自然的人。用老子的話說：「聖人欲不欲，不貴難得之貨；學不學，復眾人之所過。以輔萬物之自然而不敢為」（《老子》六十四章），「聖人為而不恃，功成而不處，其不欲見賢」（《老子》七十七章）。道家的無為與儒家的從容中道是不同的。儒家的從容中道，是經過君子、仁人式的思、勉而達到的超越、自覺與自然，是道德理性內化為本然情志的表現，是道德意義上的天人合一。道家的無為正好反過來

了，它是對「為」的徹底否定，對儒家式道德的否定，它所達到的是絕聖棄智、復歸於樸的天人合一。故其名雖一，其指殊異。在聖人之上，莊子又提出了天人、至人（真人）、神人等理想人格，「至人無己，神人無功，聖人無名」（《莊子・逍遙遊》），至人超越了生死，神人超越了事功，聖人超越了名利，「不離於宗，謂之天人；不離於精，謂之聖人；不離於真，謂之至人。以天為宗，以德為本，以道為門，兆於變化，謂之聖人；以仁為恩，以義為理，以禮為行，以樂為和，薰然慈仁，謂之君子」（《莊子・天下》），這是莊子對道家人格境界的不同層次的表述。應該指出的是，雖然儒道的人格境界內涵各異，但莊子的人格層次說，對於我們反觀儒家人格理想的不同層次，提供了十分有益的線索。

如果說道家的聖人以遠離儒家聖人的方式追求人格內宇宙的自我完善的話，墨家則明顯地表現出向儒家的靠近。墨子很明確地稱禹、湯、文、武等為聖人，同時也把聖人看作是德操最高的人。墨家的聖人說常帶有儒家的痕跡。所不同的是，墨家更偏重於外王的方面，在《墨子》中，聖人常稱為「聖王」。聖王一詞在《墨子》一書中共出現了一百零六次之多，足顯聖王理想在墨子心目中的地位。聖王是墨子人格理想的化身，是墨家外王理想的代言人。墨子說：

> 昔者三代之聖王，禹、湯、文、武，百里之侯也，說忠行義，取天下。（《墨子・魯問》）
> 上利於天，中利於鬼，下利於人，三利無所不利，故舉天下美名加之，謂之聖王。（《墨子・天志》）

從以上的簡單比較可以看出，道、墨兩家的聖人理想正好是

儒家聖人理想的兩極。如果把儒家聖人理想看成是中道的話，
道、墨則是「不及」與「過」的兩端。

極高明而道中庸：
儒家的人生修養論

　　在《新原道──一種中國哲學之精神》中，馮友蘭先生把哲學分為三種：一種是「極高明而不道中庸」的哲學，這是出世的哲學，它追求超脫塵羅世網的最高境界。一種是「道中庸而不極高明」的哲學，這種哲學只注重人倫日用，講政治、講道德，可是不講最高境界，是入世間的哲學。從入世間的哲學的眼光來看，出世間的哲學顯得太理想主義，於實際沒有用處，淪於空寂，是消極的哲學；從出世間的哲學的眼光看，入世哲學又太現實主義，是膚淺的哲學，「其所以自以為積極者，是如走錯了路的人快跑，越跑得快，越錯得狠。」還有一種哲學，它既不離開現實，又不離開理想界，所謂「不離日用常行外，直到先天未畫前」，既是理想主義的，又是現實主義的，既是入世間的，又是超世間的。馮先生稱之為「超世間」的哲學，「極高明而道中庸」的哲學。「極高明而道中庸」，內聖與外王並舉，是中國哲學的主要

傳統，是中國傳統思想的主流。[1]確實，既注重崇高理想，又注重現實的實踐活動，在「中庸」與「高明」之間尋找相互貫通的橋樑，是中國哲學對人類文明的獨特貢獻。這種貢獻的集中表現之一，就是儒家「極高明而道中庸」的人生修養論。

一、尊德性而道問學

「極高明而道中庸」出自《中庸》。「高明」是就理想而言，「中庸」是就現實而言。「極高明」即追求人生最高理想，「道中庸」即走中庸之道。也就是說，要實現人生最遠大最崇高的理想，就必須走中庸之道。對此，《中庸》中有一段比較明確的闡釋：

> 大哉聖人之道！洋洋乎發育萬物，峻極於天，優優大哉！
> 禮儀三百，威儀三千。待其人而後行。故曰：苟不至德、
> 至道，不凝焉。故君子尊德性而道問學，致廣大而盡精微，
> 極高明而道中庸。

這段話是對儒家人生修養原則的綱領性的說明。「聖人之道」是儒家人生理想的最高境界，「洋洋乎發育萬物，峻極於天，優優大哉」就是對這種崇高理想的禮贊。聖人之道必待至德至道之人方能實現（「凝」）。修身養性的根本目的，也就是要修得至德，徹悟至道，成為聖人。「聖人」就是目標。目標既定，如何保證修養不離目標，不誤入歧途，不南轅北轍，便與人生修養的具體途徑有關了。「尊德性而道問學，致廣大而盡精微，極高明

---

[1]　《馮友蘭學術精華錄》，北京師範學院出版社 1988 年版，頁 269－272。

而道中庸」，是儒家提出的保證修養不離正途的根本原則。這三句話實質上講的是同一個意思，「尊德性」是從虛處講，「道問學」是從實處講，「致廣大」是從大處講，「盡精微」是從小處講，「極高明」是從遠處講，「道中庸」是從近處講。三句話歸結起來，是講人生道德修養須從虛處、大處、遠處著眼，從實處、小處、近處著手。

「尊德性」是從虛處、遠處、大處著眼。《中庸》指出：「天命之謂性」。「德性」是「峻極於天」的道德理性，是聖人具備的偉大品格。從本體論的角度，儒家給人生理想確立了至高無上的地位。同時又把人生理想與人的道德自覺性結合起來，認為「自誠明之謂性」（《中庸》）。「自誠明」意味著主體若達到了「誠」，便能達到對世界的洞明，便能形成參天地贊化育的巨大人格潛能：

> 唯天下之至誠，為能盡其性；能盡其性，則能盡人之性；能盡人之性，則能盡物之性；能盡物之性，則可以贊天地之化育；可以贊天地之化育，則可以與天地參矣。（《中庸》）

這裏包蘊了一個由內而外、由外而內的兩極衍攝過程：「至誠」即至德、至道。「至誠」的外衍，意味著人的完滿品格的完成（「盡其性」），並進而推己及人，推人及物，與天地化育同節律；反過來說，「與天地參」即達到了天人之境，進入了「明」的境界，「明」的內攝，則表現為物一人一己一誠的逆向回歸。外衍與內攝的過程，把理想人格與道德本體膠合在一起，其目的就在於從本體上激發人的道德自覺性與自律性，如朱熹所解釋的：「尊德性，所以存心而極乎道體之大也。」（《四書集注·

中庸章句》）

　　千里之行，始於足下。再偉大、再動人的理想，如果不去身體力行，則如畫餅充饑，與幻想、空想無異。所以，從大處著眼，尚需從小處著手，從實處用功，從近處起步，這就是「道問學」、「盡精微」、「道中庸」。

　　「道問學」是儒家修養理論的重要方法論。孔子在總結自己一生的精神修養的發展過程時說：

> 吾十有五而志於學，三十而立，四十而不惑，五十而知天命，六十而耳順，七十而從心所欲不逾矩。（《論語・為政》）

　　我們可以把孔子以「學」為發端的修養過程稱為人生修養的六階段。「志於學」是第一個階段，學的內容主要是「禮」。「三十而立」是第二階段，「立」即自立，其根本還在於「立於禮」，「不學禮，無以立」（《論語・季氏》）。「四十而不惑」是第三階段，「智者不惑」，進於不惑的境界可謂智者。心智的提高同樣離不開「學」，通過學，消除了「六蔽」，自然也就不惑了。「五十而知天命」是第四階段，「天命之謂性」，知天命也就是窮理盡性。孔子曾說：「加我數年，五十以學《易》，可以無大過矣。」（《論語・述而》）孔子的這段話也是就知天命而言的。關於這段話，歷來有很多爭議，焦點都集中在「五十」之說準確與否的問題上。有人認為，「五十」是「卒」字之誤，因為從古文書寫的格式看，「五十」與「卒」很相像；《史記・孔子世家》就乾脆沒提「五十」；朱熹認為，孔子說這話時已近 70 歲了，所以「五十」肯定是錯文了。我們認為，「五十」既不是「卒」之誤，也不是「七十」之誤。《周易》在儒家的心目中，是範圍

天地、曲成萬物、通達天命的寶典，學《易》就是窮理盡性以知天命。孔子說「五十以學易」，正好與「五十而知天命」的說法相呼應。「六十而耳順」是第五個階段。所謂「耳順」，是心志與情感知覺合一的境界，這是在知天命之後達到的「毋意、毋必、毋固、毋我」（《論語・子罕》）的「四毋」之境。「從心所欲不逾矩」是修養所達到的最高的境界。臻於此境界，人與天算是達到了真正的和諧，人的一切行為都發自人心之自然、天理之本然，恰如行雲流水，言動視聽出乎法度、入乎法度，本身即是法度，雖汪洋恣肆，終不離規矩。

孔子人生修養六階段說雖然表現了人生修養所臻的不向境界，但其中始終貫穿著一個字：學——志學、學禮、學易……，學是其最根本的修養方法。對孔子而言，學的範圍是十分廣泛的，詩、書、禮、易、樂、射，無所不學，因為學本身意味著通過外攝廣博的立身之道，豐富內在的仁道精神的養料，把一個純自我的人轉化為一個宇宙的公民。孔子認為自己修養成就的取得是「好學」的結果，「篤信好學，守死善道」（《論語・泰伯》），是他堅持的人生原則。

《中庸》把「道問學」的途徑具體化為五個方面，即「博學之，審問之，慎思之，明辨之，篤行之」。具體而言，就是：

> 有弗學，學之弗能，弗措也；有弗問，問之弗知，弗措也；
> 有弗思，思之弗得，弗措也；有弗辨，辨之弗明，弗措也；
> 有弗行，行之弗篤，弗措也。人一能之己百之，人十能之己千之。果能此道矣，雖愚必明，雖柔必強。

後來的宋明理學家把這一套功夫簡稱為學、問、思、辨、行。《中庸》的這一套理論是要人在「學」上狠下功夫，百倍努力，

以期陶冶情操，變易氣質。為學的勵行功夫，為理想人格的培育提供了切實可行的途徑，使虛幻的理想落在了實處。而且，按《中庸》的說法，世上無難事，只要有理想有恒心，鐵棒磨繡針，功到自然成。只要百倍其功，則愚必明，柔必強，這就大大鼓舞了人們用心於道德修養的信心。

　　與「道問學」相聯繫，「道中庸」則給人格修養提供了一個全方位的理論座標。「道中庸」即在日用常行中篤行中道，無過無不及，它反對一切懸設的修養方法，反對一切保守的或過激的修養態度，而把「誠」的觀念看作修養的基本觀念。「誠」把天道與人道聯為一體，它既是本體論意義上的天道，又是倫理價值觀意義上的人道。作為天道，「誠」的基本含義是本真；作為人道，「誠」的基本含義是應真。人道向天道的貼近，就是應真向本真的回歸。荀子講：「君子養心莫善於誠。……天地為大矣，不誠則不能化萬物；聖人為知矣，不誠則不能化萬民；父子為親矣，不誠則疏；君上為尊矣，不誠則卑。夫誠者，君子之所守也，而政事之本也」（《荀子・不苟》），這是從內聖外王的角度，說明「誠」的重要性。「道中庸」在天道與人道的融合過程中，建構了內聖與外王的融合，「誠者不勉而中，不思而得，從容中道，聖人也。」（《中庸》）

　　應該強調的是，「尊德性」和「道問學」是既相對立又相統一的，二者是一而二、二而一的關係。「尊德性」以「道問學」為修養途徑，「道問學」以「尊德性」為修養宗旨。道德理想和道德實踐應有機地統一起來，偏於理想或偏於實踐都會遠離中道，要麼流於空談，成為玄學；要麼闊於世俗，成為市井之學。在這一點上，我們可以看出儒家修養論的高明之處。

二、合內外之道：仁與禮的創造性張力

　　「仁」與「禮」這兩個概念，我們已多次討論過。這裏，我們從儒家人生修養論的角度，談談仁與禮在修養中的地位和作用。

　　許慎《說文解字》對「德」的解釋是：「外得於人，中得於心。」外得於人，是從人所處的社會約制而言；中得於心，是從個人內在的心性而言。外得於人，是成人、成物；中得於心，是成己。道德本身是兼賅內外的。一個有德操的人，是心境聖明的人，也是有益於社會的人。《中庸》曰：「誠者，非自成己而已也，所以成物也。成己，仁也；成物，知也。性之德也，合外內之道也，故時措之宜也。」前面說過，「誠」表現為一個內外衍攝的雙向過程，誠者成己而後成人，成人而後成物，反過來，成物強化了成人，成人強化了成己。成已、成人、成物，就可以舉措無不合於時宜，這就是「合內外之道」。「成己」是通過內在德性的擴充而完善自我，它是「仁」的內涵，這裏的「物」是廣義的，既指天地萬物，也包含他人，故「成物」實際上包含了兩方面的含義，由成己而成物（人），包蘊了由個體的完善走向群體的認同，由封閉的小我走向開放的、與社會視界融合的大我的過程，亦即由「仁」而「禮」的過程。「禮」在本質上代表了群體、社會認同的價值準則和倫理秩序。仁向內求，禮自外作，舉措出乎仁而合乎禮，便會無過無不及。

（一）仁向內求

　　作為儒家理想的人格精神，「仁」主要表現為一種發自內心的道德情智。不管儒家對「仁」有多少種規定，這一點是共同的。

「仁」作為發自本心的道德情智，其內核是「愛人」。「愛人」是儒家編織的由親親之愛輻射展開的族類之愛交織而成的大網路。小孩愛父母，不管父母是窮是富，是好是歹；父母愛子女，不管子女是醜是俊，是男是女，這些都是發乎人的本性、出乎人的本心本性。但是在現實生活中，親親之愛往往會發生畸變，原本愛敬父母的兒童長大後會變成忤逆不道的不孝之子，本應親愛子女的父母也可能天良泯滅，殘害骨肉。而一個喪失了親親之愛的人，對他人就更談不上有愛心了。一個缺少愛的社會，就像荒無人煙的沙漠。孔孟所處的時代，恰好是一個人世間劍拔弩張、互相殘殺、愛心淪喪的年代。孔孟希望重新點燃人們心中的愛之火，恢復堯舜之世那樣的社會安定、人人相愛的理想狀態。於是，他們提出以「愛人」為核心的仁德修養理論。他們認為，應該首先淨化親親之愛，弘揚、擴展親親之愛，「老吾老以及人之老，幼吾幼以及人之幼」（《孟子·梁惠王上》），「人人親其親，長其長，而天下平」（《孟子·離婁上》）。何以然？孔子的弟子有若說：

> 其為人也孝悌，而好犯上者，鮮矣。不好犯上，而好作亂者，未之有也。君子務本，本立而道生。孝悌也者，其為仁之本與！（《論語·學而》）

　　既然「孝悌」是仁之本，故務本就是在孝悌的修養方面下功夫了。愛心的培養全是主體自身的事，「為仁由己，而由人乎哉？」（《論語·顏淵》）一個人愛心的有無，全在於自身，他人是沒法強制的。「苟志於仁，無惡也」（《論語·里仁》），一旦專心於仁的品德的培養，惡的心理和行為也就自然消除了。「仁」也不是一時一事的心血來潮，或者炫耀於人的裝飾品，而是人在

任何時候任何環境都該具有的內在品質。所以，修養仁德應始終不渝，「君子無終食之間違仁，造次必於是，顛沛必於是」（《論語‧里仁》），就連一頓飯的功夫也不可偏離仁。生之以仁，死之以仁，為求仁可以拋家棄舍，犧牲生命，「士不可以不弘毅，任重而道遠。仁以為己任，不亦重乎？死而後已，不亦遠乎？」（《論語‧泰伯》）

有句成語「麻木不仁」，非常形象。麻木者，人的感覺神經出了問題，感覺失靈之謂也。身體知覺器官的麻木使人對外界的感知能力衰減喪失，心智意志的麻木則會使人對人際之間的情意不能覺察。「不仁」即「不人」，對「仁」的麻木使人異化為非人。程顥說：「醫書言手足痿痺為『不仁』，此言最善名狀。仁者以天地萬物為一體，莫非己也，何所不至？若不有諸己，自不與己相干，如手足不仁，氣已不貫，皆不屬己。」（《二程遺書》卷二上）道德修養的目的就在於防止人的德性的麻痺症發生。因此，儒家特別強調內省的修養方法，通過自我省察，明心知性，使自我的道德情智始終保持清醒明晰的狀態。

內省是向內求索，其內容主要是對處於社會中的自我道德情智的反觀，故而就涉及到「仁」的多方面的外在表現問題。曾參有句名言：「吾日三省吾身：為人謀而不忠乎？與朋友交而不信乎？傳不習乎？」（《論語‧學而》）通過自覺地自我反省，有則改之，無則加勉。曾參所謂的「三省」，是對「仁」的全面反思，這是與孔子對「仁」的基本精神的界定一致的：

樊遲問仁。子曰：「居處恭，執事敬，與人忠，雖之夷狄，不可棄也。」（《論語‧子路》）

子曰：「夫仁者，己欲立而立人，己欲達而達人。能

近取譬，可謂仁之方也已。」（《論語・雍也》）

上述孔子對「仁」的內涵的規定，基本上是從人我關係出發的。有沒有仁德，單憑自我感覺還不足以完全說明問題。透過他人這面大鏡子，看看自己的形象，頭髮亂了梳梳，衣服亂了整整，禮義不足趕快規正。這樣，借助於由外而內的反觀，「仁」就不僅僅是一種理念性的東西，而同時也是一種實實在在的可感可知的道德精神了。

然而，我們也並不能因之就把「仁」歸結為只講人際相與的道德範疇。儘管人際相與是使仁落到實處的重要途徑，但仁在本質上還是一種內在精神狀態，是道德情智。一切外在的努力都應以增益仁心仁性為宗旨。因為仁的立足點本在「成己」，在於把「仁」作為一種理想的道德品質。所以，我們認為，仁的修養是一個自我完善、自我發展的積極的內向過程。

（二）禮自外作

《說文》云：「禮，履也，所以事神致福也。」就是說，「禮」的本意是祭祀神靈以祈求福佑的典章制度，行為範式。《春秋左氏傳・昭公二十五年》記述了子太叔論禮的一段話，很能說明問題：

夫禮，天之經也；地之義也，民之行也。天地之經，而民實則之。則天之明，因地之性，生其六氣，用其五行。氣為五味，發為五色，章為五聲。淫則昏亂，民失其性。是故為禮以奉之。為六畜五牲三犧以奉五味，為九文六采五章以奉五色，為九歌八風七音六律以奉五聲，為君臣上下

以則地義，為夫婦外內以經二物，為父於兄弟姑姊甥舅婚
媾姻亞以象天明，為政事庸力行務以從四時，為刑罰威獄
使民畏忌以類其震曜殺戮，為溫慈惠和以效天之生殖長
育。民有好惡喜怒哀樂，生於六氣，是故審則宜類，以制
六志。哀有哭泣，樂有歌舞，喜有施捨，怒有戰鬥。喜生
於好，怒生於惡。是故審行信令，禍福賞罰，以制死生。
生好物也，死惡物也；好物樂也，惡物哀也。哀樂不失，
乃能協於天地之性，是長久。

　　子太叔的這通長論，實在夠玄乎的。他認為人的一切禮儀典
章及人與人之間的禮節法度都是天經地義的。五味、五聲、五色，
君臣父子夫婦兄弟，政事刑罰信令，無不出之於天地，統統都是
禮的範圍。玄則玄矣，但從中我們還是可以捕捉到關於禮的許多
重要資訊。首先，禮是出於對天地的敬畏，為了防止淫亂而進行
的祭典。其二，禮是一整套完整的規範制度。如文采裝飾是奉五
色，九歌八風七音六律歌舞音樂是奉五聲，等等。其三，禮同時
也指國家的法律制度，因為政令法度以天地為準則。其四，人的
情感的表達方式也有禮的約束。其五，人倫關係有一套天經地義
的原則。很顯然，作為道德規範的禮的精神，是與仁完全不同的。
如果說仁是內在的道德精神的話，禮則是外在於人的社會道德強
制力量。

　　從道德修養的角度看，修禮意味著對外在社會強制力的認
同。孟子把「禮」比作人生修養的大門，仁義道德，非禮不成。
因為在儒家人生哲學中，禮是做人的行為標準，「非禮無行也」
（《孟子・離婁下》），行必依禮。跨越了禮的樊籬，等於放棄
了做人的權利和義務，放棄了做人的責任心，蛻變為非道德的缺

乏「良知」的人。孔子就反復強調禮對「立人」的重要性，指出：
「不知禮，無以立也」（《論語・堯曰》），「無禮，則手足無
所措，耳目無所知，進退揖讓無所制」（《孔子家語・論禮》）。
《禮記・曲禮上》亦云：「夫禮，所以定親疏、決嫌疑、別同異、
明是非也。」學禮、知禮，意在培養人的分定親疏秩序、決斷嫌
疑、判別同異、明辨是非的道德能力，「人有禮則安，無禮則危，
故曰禮者不可不學也。」荀子也持有類似的見解，認為「禮恭而
後可與之言道之方」（《荀子・勸學》）。

　　正因為禮的認同有如此巨大的人類學意義，所以儒家把「禮」
看得比人的物質需求遠為重要。「今人而無禮，雖能言，不亦禽
獸之心乎？……是故聖人作，為禮以教人，使人以有禮，知自別
於禽獸。」（同上）有人問孟子的弟子屋廬子道：「禮和食色比
較起來，何者更為重要？」屋廬子認為禮顯然要重要得多。這人
又進一步問：「若按禮取得食物，人就會因得不到食物而餓死；
而不按禮取得食物，就能得到食物。在這種情況下還要不要謹守
於禮呢？若親自迎親則娶不到妻子，不親自迎娶雖不合禮，卻可
以娶到妻子，在這種情況下還要不要守禮親迎呢？」屋廬子被問
得啞口無言，只好回去問孟子。孟子一聽就說：「這有什麼難回
答的呢？他這是拿食色的重要方面同禮的次要方面作比較，哪裏
能說明食色重於禮呢？」屋廬子得到孟子的啟發，就回去反問那
人說：「抱住兄弟的胳膊搶奪食物能得到食物，不抱則得不到，
是不是還要搶奪呢？翻過東鄰的牆頭霸佔人家的少女則得妻，反
之則不得，是不是還要越牆霸女呢？」（見《孟子・告子下》）
屋廬子以其人之道還治其人之身，把同樣兩難的選擇推回到發問
者面前。不過，對於儒家來說，在食色與禮之間作出抉擇是不難
的。

儒家修禮的宗旨，是通過對禮的認同達到對禮的自覺，讓你覺得禮並不是外界強加給你的條條框框，而是你不得不遵循的人生需要。孟子說：「君子所以異於人者，以其存心也。君子以仁存心，以禮存心。」（《孟子‧離婁下》）「存心」即存仁、禮於心，自覺於仁、禮。以禮存心，可以保證道德修養的正確方向。孔子說：

> 恭而無禮則勞，慎而無禮則葸，勇而無禮則亂，直而無禮則絞。（《論語‧泰伯》）

恭敬而無禮，活得太累；謹小慎微而無禮，為人便畏畏縮縮，沒有氣度；勇猛而無禮，則容易惹亂子；直魯而無禮，則心急意躁。看來，缺少了禮，對道德修養的危害大矣。

禮的自覺最突出的表現，莫過於「正名」。「正名」是對發生錯位的「名」的重新糾正。孔子認為，社會混亂，禮樂不興，一個重要的原因就是「名」的錯亂，亦即社會角色認同發生了危機。他說：

> 名不正，則言不順；言不順，則事不成；事不成，則禮樂不興；禮樂不興，則刑罰不中；刑罰不中，則民無所措手足。故君子名之必可言也，言之必可行也。（《論語‧子路》）

那末，怎樣才能消除社會角色認同的危機，從而恢復名正、言順、事成、刑罰及人民各盡其守的良好的社會秩序呢？孔子說，那就是「君君、臣臣、父父、子子」（《論語‧顏淵》），即君盡君之職，臣盡臣之守，父盡父之責，子盡子之事，君臣父子之「名」各自與其「實」相符，構建一個和諧安定、秩序分明

的社會。君臣父子要名符其實，還在於他們對自我角色的自覺，即君自覺地盡君之職，臣自覺地盡臣之守，是父自然要像父的樣子，是子也必須有子的孝悌。「君君、臣臣、父父、子子」，因之便是對家族、民族、社會、國家，對「社會良知」和「群體意志」的確證。有了這種確證，個人才能完全獲得其道德的內在完滿自足，以實現人生的終極價值，「君子博學於文，約之以禮，亦可以弗畔矣。」（《論語‧雍也》）

同仁一樣，禮並不是玄之又玄的。比起仁來，禮更具有現實的可操作性。儒家強調禮，正是要人從一點一滴做起，從最切近日常生活的事做起。禮不是深不可測的玄理秘義，而是平平常常、具有十分普遍的可接受性和付諸實踐的有效性。同仁相似，禮也是源於親情，發於本心的。祭禮主要是對祖先親族的崇祀，它導源於民族固有的血緣意識。禮的血緣實質，也以孝悌為基元，以侍親敬長的孝悌之誠為核心。「林放問禮之本。子曰：大哉問！禮，與其奢也，寧儉；喪，與其易也，寧戚」（《論語‧八佾》），孔子這裏把「禮」與「喪」對舉，視為「禮之本」的共同內涵，把「儉」與「戚」視為行禮致喪的行為原則。范仲淹說：「儉者物之質，戚者心之誠，故為禮之本。」（朱熹《四書集注‧論語》引）正因如是，儒家特別重視「三年之喪」，認為「三年之喪，齊、疏之服，　粥之食，自天子達於庶人，三代共之」（《孟子‧滕文公上》），三年之喪的禮制是報答父母養育之恩，表達自己孝親之情的「孝」的體現。一個人若能守三年之喪禮而不移，充分說明其孝心之深沉。所以，禮的自覺也表現在執禮的持恒性上：

孟懿子問孝。子曰：「無違。」樊遲禦，子告之曰：

「孟孫問孝於我，我對曰『無違』。」樊遲曰：「何謂也？」
子曰：「生，事之以禮；死，葬之以禮，祭之以禮。」（《論
語‧為政》）

　　子曰：「三年無改於父之道，可謂孝矣。」（《論語‧
里仁》）

　　無違於禮是謂孝，敬於親是謂禮，這就化外在的社會約制為
人心的內在要求，把原來有心理抵觸的條條框框提升為生命行為
的自覺理念，把本是宗教般的畏懼化解為人性情感的自然流露。
孟子的「四端」之說又進而把倫理規範與心理欲求統二為一，使
禮的修養更加人性化、人情化。荀子雖然偏重於把禮看作制欲懲
忿的強制機制，但他的理論可以認為是從另一側面對孟子的理論
作了補充。他認為，「禮有三本：天地者，生之本也；先祖者，
類之本也；君師者，治之本也。無天地，惡生？無先祖，惡出？
無君師，惡治？……故禮，上事天，下事地，尊先祖，而隆君師，
是禮之三本也。」（《荀子‧禮論》）可以說，孟子之說是動人
以情，荀子之說是曉人以理，二者都是要把外在的強制機制內化
為人性的自覺力量，可謂異曲而同工。

（三）克己復禮為仁

　　禮自外作，仁向內求。那麼，仁與禮是不是相互衝突而沒有
通道呢？從前面的有關論述，我們應已對此有所認識。儒家認
為，沒有禮，仁就失去了行為準則和外在依託；沒有仁，禮就失
去了內在的本質，成為無靈魂的軀殼。禮是仁在一定社會條件下
的外在表現，仁是禮在實際運作中的內在要求。用孔子的話說，
「克己復禮為仁」：

> 顏淵問仁。子曰：「克己復禮為仁，一日克己復禮，天下
> 歸仁焉。為仁由己，而由人乎哉？」顏淵曰：「請問其目？」
> 子曰：「非禮勿視，非禮勿聽，非禮勿言，非禮勿動。」
> （《論語·顏淵》）

「克己」是向內求索，「復禮」是向外拓展，仁就是靠能動的道德修養在禮的範圍內行事，具體而言，就是不合乎禮度的事堅決不幹，視聽言動都自覺地與禮相符合。可見，仁與禮本質上是融為一體的。

仁與禮之所以是一體的，在於其有共同的心理根源——「孝悌」。「孝悌」之仁心要通過禮來實現。主觀的願望再好，不表現出來，說明不了任何問題。「孝悌」之禮必須以仁為內容。表面文章做得再動人，沒有仁心，則只能說是虛偽。禮是最完善的道德規範，仁是最完善的道德觀念和品質。合內外之道，才能發揮積極的創造性的張力。否則，要麼在禮的僵硬的外在箝制中把人壓縮為蟲，要麼在仁的極度心理膨脹中使人淹沒在心理主義的理念中。在這一點上，我們同意美籍華裔學者杜維明的意見：「沒有『禮』的人就不能自立。但當『禮』成為一個完全被限定的東西時，他就不是一個真實的人了。因此，從更深一層的意義上說，『仁』和『禮』之間的創造性張力意味著它的互相依賴。這樣，儒家認識到，社會的強制性不只是在一個既定的環境中的被動的東西，而且作為一個創造性的手段（工具）它又是積極主動的。如用牟宗三的話來說，就是『仁』需要向外界展示自身的『窗戶』，否則它就將被窒息。」[2]我們在這裏的立意，也正是受到了杜先

---

[2]　杜維明《人性與自我修養》，中國和平出版社 1988 年版，頁 12。

生的啟示。

在我們看來，「仁」與「禮」的創造性張力，實質上體現了儒家的中庸精神，即既不把「禮」建築為一座密不透氣的黑房子，也不讓「仁」無所遮蔽地暴露在無邊無際的荒野之上或緊縮在孤獨的自我之殼中，而是通過仁與禮、內與外之間的動態穩衡，趨向一種更為深邃緻密的人生境界。這種人生境界就是孔子所講的「從心所欲不逾矩」。無規矩無以成方圓，無禮儀不能諧社會，在禮所設定的方圓之內，從心所欲，遊刃有餘，這是內與外最完善協調所臻的「至德」之境——「中庸」。

「仁」與「禮」相互制衡的機制，我們稱之為「仁——禮」機制。「禮」是道德的操作規範，「仁」是道德的內在屬性，「仁——禮」機制是一個以仁為內核、以禮為保護帶的在動態之中求穩衡的和諧機制。作為內核的「仁」相對於「禮」而言，具有較大的恒定性、慣常性；作為保護帶的「禮」則在一定的條件下是可以甚至必須有所「損益」的，隨著社會歷史條件的變易，禮的內容勢必發生相應的變化。「仁——禮」機制的正常運作中，禮有效地保護了仁的內在穩定性、一貫性。即使由於社會歷史條件的巨大變革使禮不得不發生形態和內容的局部損益，但禮很快就會依照仁的價值目標確定適應新情況的自我新形態。直至有一天整個週邊全部瓦解，內核才會發生最後的裂變、重構。不過，這也並不是說仁的內容是僵死的、不變的，而只是說相對於禮而言的穩定性。事實上，「仁——禮」機制的組織效應必然驅動仁的隨時易變，只不過這種易變往往是以一種解釋系統的轉換得到緩解的。同時，仁作為禮的本質屬性，確定了禮的價值方向，也要求禮保持相對的穩定性。

明白了「仁——禮」機制的動態穩衡功能，對於我們進一步

認識傳統人格模式的穩定性有很大幫助，也因此為我們深入認識傳統社會的穩定性和延續性提供了一把鑰匙。我們知道，在修齊治平的理論序列中，「修身」是基元，「自天子以至於庶人，壹是皆以修身為本」（《大學》）。儒家所謂的修身，就是通過道德訓練和修養，提升人的道德境界，培養自覺地執行禮的「仁人」。仁的內容的穩定性決定了儒家道德追求的穩定性和傳承性，禮的形式的損益性決定了儒家道德規範的變易性和時代性。這樣，就使得儒家能在不斷損益的社會秩序中，始終追求孔顏樂處的精神境界。儒家的禮治和仁政論，便是這種人生修養哲學在政治觀上的表現形態。以「仁──禮」機制為主幹的倫理政治，是儒家實現內聖外王的政治信念和理想的集結，也是中華民族政治信念和理想的凝結。

三、周而不比，和而不同

　　「禮」在日常生活中主要是指向人倫關係的範疇。人我相互關係的準則，是禮的表層結構，也是禮發揮作用的地方。不過，儒家並不把「禮」看做是僵硬呆板的清規戒律。禮的實際運作是活潑潑的，是原則性與靈活性的有機結合。用孔子的話來概括，是「周而不比」、「和而不同」。

（一）周而不比

　　孔子云：

　　　　君子周而不比，小人比而不周。（《論語・為政》）
　　　　君子矜而不爭，群而不黨。（《論語・衛靈公》）

儒家理想中的君子，心胸闊達，為人處世以仁義為重，對生命執著認真，無乖戾貪欲暴亂之心，持己莊重，不為雞毛蒜皮、無關道旨的事爭強逞勝。君子泛愛眾而親仁，故愛眾處眾而不結黨營私。小人則相反，謀食不謀道，圖利而犧牲仁義。為了一己之私，逞強鬥狠，爭名逐譽，故小人之愛純出於私心利欲，圍繞著個人利益，小人拉幫結派，狼狽為奸。如果說周與比、矜與爭、群與黨等是判定君子與小人的形態標準的話，那麼我們可以說，在數千年的人類文明史中，這兩類人是始終存在的。而且，他們從兩個極端對歷史車輪的前行起了極大的作用。朋黨之爭、宦官擅權、奸相當朝等等，往往是造成中國古代社會動盪不安的禍亂之源。

作為儒家極力倡揚的君子之德，「周而不比」並非天生而具的。人之初，性本善，人在來到這個世界的那一刻本來是站在同一條起跑線上的。然而，性相近，習相遠，後天的知識儲備和道德修養使人與人之間的距離拉開了。孟子曰：「人之所以異於禽獸者幾希，庶民去之，君子存之。」（《孟子‧離婁下》）修己以仁義，「義以為質，禮以行之，孫以出之，信以成之」（《論語‧衛靈公》），以仁義為修養根本，以禮為行動準則，執禮涵仁，態度從容謙遜，成事誠信篤實，這就是君子的品格。正是由於君子致力於自我道德境界的提高，「以仁存心，以禮存心」，所以他自然能愛敬他人，度量寬宏。「君子執仁立志，先行後言，千里之外，皆為兄弟」（《大戴禮記‧曾子立事》），君子的愛是人類之愛，宇宙之愛，全人類為其朋黨而沒有私黨，故君子周而不比，群而不黨。

「矜而不爭」是「周而不比」之心胸的自然顯現。「君子喻於義，小人喻於利」（《論語‧里仁》），君子的價值目標在於

「義」，義以行事；小人的價值目標在於「利」，唯利是圖。「人之有道也，飽食、暖衣，逸居而無教，則近於禽獸」（《孟子・滕文公上》），錙銖必較，為蠅頭私利，爭得死去活來，是禽獸的行為，為君子不齒，「富與貴，是人之所欲也，不以其道得之，不處也；貧與賤，是人之所惡也，不以其道得之，不去也」（《論語・里仁》）。所以，「君子不假貴而取寵，不比譽而取食。直行而取禮，比說而取友，有說我則願也，莫我說，苟吾自說也。故君子無悒悒於貧，無勿勿於賤，無憚憚於不聞，布衣不完，蔬食不飽，蓬戶穴牖，日孜孜上仁，知我吾無欣欣，不知我吾無悒，是以君子直言直行，不宛言而取富，不屈行而取食。詘身而為不仁，宛言而為不智，則君子弗為也。」（《大戴禮記・曾子制言》）「不宛言」、「不屈行」是「矜」，「取富」、「取食」是「爭」。君子謀道不謀食，名利富貴視如浮雲，即使衣衫襤褸，食不果腹，茅屋蓬舍，也不改其樂。

毫無疑問，「周而不比」、「矜而不爭」是需要高深的修養才能做到的，因為它所展示的是無比豁達的胸襟，所謂「有容乃大」，是之謂也。我們認為，這種人格情操在今天顯得尤為重要。市場經濟是以利益為驅動力的人際場，人與人之間為了各自的利益也就免不了「比」而「爭」。如果是為了小利而「比」而「爭」，往往會因小失大。倘若每個市場活動的主體都能有「周而不比」的修養，大家都通過符合市場經濟道德原則的行為展開公平競爭，而不是靠結黨營私、採取不正當的競爭手段的話，許多無謂的利益之爭也就不存在了，市場經濟的運行機制在這種情況下也才能真正顯示其公正的效能。

（二）和而不同

君子泛愛眾，以人類為其黨，這並不是說君子之愛是濫愛，無原則的愛，君子就是好好先生。君子謙遜辭讓，可「當仁不讓於師」；君子行仁，必以禮為原則；君子不爭，絕不是要以犧牲仁義為代價，相反，君子捨身取義，殺生成仁。所以，孔子提出：

> 「君子和而不同，小人同而不和。」（《論語·子路》）

何晏《論語集解》釋云：「君子心和，然其所見各異，故曰不同；小人所嗜好者則同，然各爭利，故曰不和。」君子與人相處，心胸博大，意氣和平，所以能與人「和」。但「和」是有原則的，「和而不同」，道不同不相為謀，見解相左絕不隨波逐流。而且，「和」也不是附和，「知和而和，不以禮節之，亦不可行也」（《論語·學而》）。小人與人相處，心中常沒有一個主心骨，人云亦云，隨聲贊同，可一旦有蠅頭小利之衝突，立刻視人如敵，各不相讓，其本心是不和的，故曰「同而不和」。

「和而不同」是儒家宣導的中庸精神的表現。儒家稱「同而不和」的小人行徑為「德之賊」的「鄉愿」，即同而不和是對中道的踐踏侵害。《孟子·盡心下》記載了一段萬章與孟子關於「鄉愿」的討論：

> 萬子曰：「一鄉皆稱原人焉，無所往而不為原人，孔子以為德之賊，何哉？」（孟子）曰：「非之無舉也，刺之無刺也。同乎流俗，合乎污世。居之似忠信，行之似廉潔。眾皆悅之，自以為是，而不可與入堯舜之道，故曰德之賊也。」

看來，所謂「鄉愿」者，即貌似忠信廉潔，實則不可與入堯舜之道，同流合污，媚俗惑世，反乎中道，擾亂中德。儒家稱之為道德的「賊」，足顯深惡而痛絕之。儒家所主張的「和而不同」的修養途徑，旨在培養人的理想抱負，培養人對道的執著信念。《中庸》說：

> 子路問強。子曰：「南方之強與？北方之強與？抑而強與？寬柔以教，不報無道，南方之強也，君子居之。衽金革，死而不厭，北方之強也，而強者居之。故君子和而不流，強哉矯！中立而不倚，強哉矯！國有道，不變塞焉，強哉矯！國無道，至死不變，強哉矯！」

在孔子弟子中，子路以勇猛著稱。孔子善於因材施教，常常訓之以柔。子路的問題就是：如何才算是真正的強者的修養途徑呢？孔子比方說，南方之強不及於中，北方之強過於中，過猶不及，二者都不可取。只有君子之強，和而不流，中立不倚，至死不變，其強出乎義理，超越流俗，依於中庸之道。

「和而不同」或「和而不流」，關鍵在於持中，找准「中」，持守「中」，以「中」為標準。如何找「中」？孔子的看法是：「三人行，必有我師焉。擇其善者而從之，其不善者而改之。」（《論語‧述而》「擇善而從」是「執中」的本質。孔子不僅是這樣講的，也是這樣做的。據《論語‧述而》記載，「子與人歌而善，必使反之，而後和之」，孔子與人同歌，必先讓歌者反復唱上幾遍，待審明其所歌而取其善之後，方才和之。孔子的音樂鑒賞品位是極高的，「子謂《韶》：『盡美矣，又盡善也。』謂《武》：『盡美矣，未盡善也。』」可見，光有華美的樂章還不是樂之極品，真正的極品是盡美而且盡善的。在孔子的眼中，「鄭

聲淫」（《論語‧衛靈公》），鄭國充斥著使人意志消沉的靡靡
之音，這樣的音樂，不要說「和」，聞都不聞。故孔子要求「放
鄭聲，遠佞人」（同上），禁絕淫聲，遠離奸佞。然而當他在齊
國聽到演奏的《韶》樂時心醉神迷，竟然「三月不知肉味」，慨
歎「不圖為樂之至於斯也！」（《論語‧述而》）想不到竟然有
這樣美妙絕倫的音樂啊！

　　對音樂是這樣，對人同樣是這樣，其理相通。「君子成人之
美，不成人之惡」（《論語‧顏淵》），「成人之美」是「和」，
「不成人之惡」是不同，「和」與「不同」的判別標準是「善」。
正因如此，孟子提出「與人為善」的交友原則：

> 　　一鄉之善士，斯友一鄉之善士。一國之善士，斯友一
> 國之善士。天下之善士，斯友天下之善士。以友天下之善
> 士為未足，又尚論古之人。（《孟子‧萬章下》）
>
> 　　大舜有大焉：善與人同，舍己從人，樂取人以為善。
> 自耕稼、陶、漁以至為帝，無非取於人者。取諸人以為善，
> 是與人為善者也，故君子莫大乎與人為善。（《孟子‧公
> 孫丑上》）

　　與人為善，擇善而友，是儒家的交友原則。倘若是取人之善，
那這時的「和」就是「同」。取人之惡，與人為惡，是與這一原
則格格不入的。孟子反對「挾貴」、「挾長」、「挾兄弟」而友，
認為「友也者，友其德也」，所以「不可以有挾也」（《孟子‧
離婁上》）。如果倚仗名利地位為友，則是小人之「同」，是諂
媚逢迎、結黨營私了。孟子視伯夷為聖人，其中一個重要的原因，
就是伯夷「非其君不事，非其友不友，不立於惡人之朝，與惡人
言，如以朝衣朝冠坐於塗炭」（《孟子‧公孫丑上》）。

在現實生活中，要修養到「和而不同」，實際上是相當不容易的。修養不到家，「和」的初衷往往會滑向「同」的行為。所以，關鍵還在於充分體認「和」與「同」的本質差別，時時刻刻與道同一，在「和」之中貫徹持守中道的堅定原則。「和而不同」的這種精神實質，對於建構新型的現代人際關係和修養理論，都是有十分重要的現實意義的。

四、我善養吾浩然之氣

「浩然之氣」是孟子修養理論的獨特貢獻，是指通過氣的涵養生髮的一種主觀精神狀態。孟子說：「我善養吾浩然之氣。」那麼，什麼是浩然之氣呢？

馮友蘭先生說：「《孟子》中論『浩然之氣』章是孟軻言論中的重要部分。它不是講道德教條，而是概括一種精神境界。它不僅是概括地描述了這種精神境界，而且比較詳細地闡述了達到這種境界的方法。我們首先要注意的就是他所說的『浩然之氣』的那個『氣』並不是一種物質，像空氣、霧氣那種氣，而是一種精神境界或精神狀態，像勇氣，或氣概的那種氣。那是一種主觀的精神境界，但是可以轉化為客觀的物質力量。」[3]正因如是，孟子覺得對「浩然之氣」要做一個理論上的分析、概括，實在是「難言也」。因為它純粹是一種人心獨得的主觀精神力量，可以意會，倘非要言傳，那就是：

> 其為氣也，至大至剛，以直養而無害，則塞於天地之間；

[3] 《中國哲學史新編》第二冊，人民出版社 1984 年第 2 版，頁 92。

其為氣也，配義與道，無是，餒也。是集義所生者，非義
襲而取之也。（《孟子・公孫丑上》）

「浩然之氣」是一種最博大最剛強的、充盈乾坤的、神聖不
可侵犯的高風亮節和天地正氣，是與道義同一的、積極的生命精
神所不可缺的道德風貌，是由內心執著於道義而逐漸擴充起來
的，而不是由於一時心血來潮而拉過來做門面的。

孟子認為，這樣一種人生氣節不是隨隨便便就有的，而是通
過「養」而得到的。朱子曾言：「仲尼只說一個『志』，孟子便
說許多『養氣』出來。只此二字，其功甚多。」（朱熹《四書集
注・孟子序說》）孔子曾經提出：「三軍可奪帥也，匹夫不可奪
志也。」（《論語・子罕》）孟子進一步發揮了孔子的思想，把
「志」與「氣」聯結起來，提出：「夫志，氣之帥也；氣，體之
充也。夫志，至焉；氣，次焉。故曰：『持其志，無暴其氣。』」
「志壹則動氣，氣壹則動志也。」（《孟子・公孫丑上》）志向
是氣節的主帥，氣節是充盈體內的精神力量。志向堅定，氣節也
就堅定。孟子把那種志氣不一的人稱為「自暴自棄」者，認為「言
非禮義，謂之自暴也」，「身不能居仁由義，謂之自棄也」（《孟
子・離婁上》）。人之所以要養氣，就是為了防止喪志失氣、自
暴自棄，通過氣的培養使自己的行為自覺地與仁義相符合。放棄
自己身心的修養，「氣」不專一，就像一個饑腸轆轆的人那樣，
沒有一點英氣豪氣，「人」的一撇一捺便立不起來。這樣的人，
是不配談有意義的義理，不能做有價值的事業的。孟子有一個十
分著名的比喻：揠苗助長。他說，養氣就像種莊稼一樣，禾苗的
茁壯成長需要持之以恆的辛勤耕耘，要想靠拔苗來助長，不徒無
益，而且有害。氣的修養也是一個道理，浩然之氣的生髮是通過

日積月累的艱苦修養得來的，想像揠苗助長一樣一蹴而就，乃是「義襲而取之」，貽禍無窮。

北宋哲學家繼承了孟子的浩然之氣論，認為「天人一也，更不分別，浩然之氣，乃吾氣也。養而無害，則塞乎天地，一為私意所蔽，則欿然而餒，卻甚小也。」（朱熹《四書集注·孟子集注》引）浩然之氣被看作是「塞於天地之間」的天人合一的最高精神狀態。二程認為，浩然之氣的涵養可以借助「物」體現出來：「《孟子》養氣一篇，諸君宜潛心玩索。須是實識得方可。勿忘勿助長，只是養氣之法，如不識，怎生養？有物始言養，無物又養個甚麼？浩然之氣，須見是一個物。」（《程氏遺書》卷十八）浩然之氣雖是一種精神境界，但必須借「物」外化出來。二程的思想顯然是對孟子思想的發揮。因為孟子也把外在的事功和磨練作為養氣的根本途徑，他說：

> 天將降大任於斯人也，必先苦其心志，勞其筋骨，餓其體膚，空乏其身，行拂亂其所為，所以動心忍性，增益其所不能。（《孟子·告子下》）

這就是說，要培養剛健中正、能當大任的人，首先要經受艱苦的物質生活的磨練，造就出不為物喜，不為物悲，篤行仁義的人格精神來，正所謂「千錘萬鑿出深山，烈火焚燒若等閒；粉身碎骨渾不怕，要留清白在人間」（于謙《石灰吟》）。具備了這樣一種人生氣節的人，孟子稱為「大丈夫」：

> 居天下之廣居，立天下之正位，行天下之大道。得志，與民由之；不得志，獨行其道。富貴不能淫，貧賤不能移，威武不能屈，此之謂大丈夫。（《孟子·滕文公下》）

「天下之廣居」即「仁」，「天下之正位」即「禮」，「天下之大道」即「義」。大丈夫或兼濟天下，或獨善其身，都能配義與道，走中庸之道，「不淫」、「不移」、「不屈」，這是一種何等恢宏闊大剛正崇高的人生氣節！

正是這種至大至剛的人生精神武裝了一代又一代仁人志士，譜寫了一曲又一曲壯麗的人生讚歌。孟子本人就堪為楷模。他敢於抨擊梁惠王，說他「望之不似人君」（《孟子·梁惠王上》），譏笑齊宣王「見牛而不見羊」的假仁假義（同上）。有一回，齊宣王派人來請孟子，說：寡人本來要親自來請您，但是受寒感冒了，不能吹風。但是您要是來朝見的話，我也將帶病臨朝，不知您能不能讓寡人在朝堂上見到您？孟子斷然推辭道：不巧得很，這兩天我也有病在身，不能去朝堂上拜見您了。可是第二天孟子卻「出弔於東郭氏」，參加友人的追悼會去了。後來齊宣王派來醫生並數次派人邀請孟子，孟子還是沒去見齊宣王。齊國大夫景醜勸孟子說：齊王召見你，你卻不應召，是不是與禮不合呢？孟子回答曰：「彼以其富，我以吾仁；彼以其爵，我以吾義。吾何慊乎哉？……天下有達尊三：爵一，齒一，德一。朝廷莫如爵，鄉黨莫如齒，輔世長民莫如德。惡得有其一以慢其二哉？」（《孟子·公孫丑下》）他齊宣王有財富和權威，可我有仁義。天下之所尊者，無非是爵位、年齡、德行，怎麼能因有爵位而輕慢其他二者呢？過去商湯親請伊尹、齊桓公親請管仲，所以能「王」能「霸」，更何況齊宣王對我呢？孟子此舉，真可稱得上是大丈夫之舉了。難怪二程要說「孟子有些英氣」呢。

南宋民族英雄文天祥赴元營談判，斥奸賊，辱敵酋，九死一生，卻毫不退卻，「但令身未死，隨力報乾坤」（文天祥《即事》），只要一息尚存，就要為救亡圖存奔走。最後兵敗被俘，他報定了

殉國盡忠的決死之心，高唱「人生自古誰無死，留取丹心照汗青」，任憑元軍威逼利誘，幾次絕食自殺，表現了寧折不彎的民族氣節，譜寫了一曲浩氣直干雲霄的《正氣歌》：

> 天地有正氣，雜然賦流形。下則為河嶽，上則為日星。於人曰浩然，沛乎塞蒼冥。皇路當清夷，含和吐明庭。時窮節乃見，一一垂丹青：在齊太史簡，在晉董狐筆；在秦張良椎，在漢蘇武節；為嚴將軍頭，為嵇侍中血；為張睢陽齒，為顏常山舌。或為遼東帽，清操厲冰雪；或為《出師表》，鬼神泣壯烈；或為渡江揖，慷慨吞胡羯；或為擊賊笏，逆豎頭破裂。是氣所磅礡，凜烈萬古存。當其貫日月，生死安足論？！

齊太史、晉董狐、秦張良、漢蘇武、嚴將軍、嵇侍中、張睢陽、顏常山、文天祥……他們不惜身家性命，飽受萬般磨難，或秉筆直書，或刺殺暴君，或痛斥奸佞，或大義凜然不辱使命，或傲視敵頑不畏強暴，或慷慨激昂反抗侵略……這一位位用自己的鮮血和生命譜寫了人生正氣歌的錚錚鐵漢，不正是中華民族浩然壯氣的精神雕塑嗎？！不正是他們鑄成了民族文化和民族精神的脊樑嗎？！正如馮友蘭先生所講的，懂得了「浩然之氣」這個辭彙，才可以懂得中國文化和中華民族的精神。

五、逝者如斯：靜觀平寧中的超越

面對著奔流不息的大河，孔子仿佛看到了宇宙生命的湧動，發出了「逝者如斯夫，不舍晝夜」的深沉淒壯的慨歎。這一聲富有詩意、飽醮情感而又深蘊哲理的慨歎，不啻為振聾發聵的驚

雷，它牽動了中國人的生命之弦，啟迪了一代代哲人對生命真諦的探索。

如何體察宇宙生命本體的脈博，使主體生命與之一起脈動，這是中國傳統人生哲學的一大主題。在中國人的心目中，宇宙生命的本體就是「天」。「天何言哉？四時行焉，百物生焉，天何言哉！」（《論語・陽貨》）「天」就是四時變易、百物化育的生命秩序。翁一瓢有句詩「數點梅花天地心」，是中國古人觀照宇宙真意的典型寫照。梅花是生命復蘇的號角，「爆竹聲聲辭舊歲，梅花點點迎新春」，梅花怒放，昭示著自然界冬去春來、萬物復蘇的生命節奏。《周易・繫辭下》云「天地之大德曰生」，宇宙乃是一個生生不已的大化流行過程。在對這個變動不居的過程的大徹大悟中，古人濃縮出一個「時」的觀念。「時」的觀念在中國古代人心目中印得很深，它體現了中國傳統哲學對生命蘊理的獨特認識。

《中庸》借孔子的名義提出：「君子之中庸也，君子而時中。」孔穎達疏云：「言君子之為中庸容貌，為君子心行而時節其中，謂喜怒不過節也。」朱熹注云：「君子之所以為中庸者，以其有君子之德，而又能隨時以處中也。」君子能夠做到無過無不及，能行中庸之道，是因為君子對「時」的把握恰到好處，隨時而不離乎中。「時中」一詞最早出自《周易・蒙・彖》：「蒙亨，以亨行時中也。」孔穎達疏：「言居蒙之時，人皆願亨，若以亨道行之，於時則得中也，故云時中。」在前面我們已經講過，《周易》把「時」看成一個十分重要的範疇，並在多處作過表述。把這些表述歸納一下，大致有這樣幾種意思：

（一）四時變化：自然之「時」

天地生命的節律最明顯的表現即是春夏秋冬四時的變化。對一個農業社會而言，「春種一粒粟，秋收萬顆籽」，四時的意義是異乎尋常的重要。故人們對「時」的認識及自覺程度也非常高。《周易·繫辭上》之「變通莫大乎四時」，就是這種天時觀的集中體現。《周易》觀物取象的來源就是天地四時，「易有太極，是生兩儀，兩儀生四象，四象生八卦」（《周易·繫辭上》）。「太極」指宇宙本體，「兩儀」指天地，「四象」指四時，四時各有其所象，故曰「四象」，即「少陽」象春之時，「老陽」象夏之時，「少陰」象秋之時，「老陰」象冬之時。《周易大傳》認為，四時的變化有其不可逆轉的規律：

> 觀天之神道，而四時不忒。（《觀·彖》）
> 日月得天而能久照，四時變化而能久成。（《恆·彖》）

「不忒」，即毫釐不爽。天地運動有一個自然節序，依照這一節序，日月運行而無過誤，四時流轉而無差遲，日月交易、四時迴圈有永恆不變的自然規律。這一規律一旦打破，天地不以「順動」而以逆動，則日月不能久照；四時不能久成。

（二）承天時行：人文之「時」

人類是自然之子，「有天地，然後有萬物；有萬物，然後有男女；有男女，然後有夫婦；有夫婦，然後有父子；有父子，然後有君臣；有君臣，然後有上下；有上下，然後禮義有所錯。」（《周易·序卦》）所以，人類與天地有著相同的節律。「天地之性人為貴」，人類的可貴之處就在於在本體上與自然同律，而

且更在於人類主體意識能運用心智感覺，自覺地順應自然的節律，「承天而時行」（《周易·坤·文言》）。人類生命源於天地大生命，人類文明源於人類對天地大生命的自覺，「剛柔交錯，天文也；文明以止，人文也。觀乎天文，以察時變；觀乎人文，以化成天下」（《周易·賁·彖》）。一部《周易》，儘管神秘，但其宗旨不外是窺測天機，使人們能自覺地按照自然規律行事：

> 夫大人者，與天地合其德，與日月合其明，與四時合其序，與鬼神合其吉凶，先天地而天弗違，後天而奉天時。（《乾·文言》）

> 其德剛健而文明，應乎天而時行，是以元亨。（《大有·彖》）

> 日中則昃，月盈則食，天地盈虛，與時消息，而況於人乎？！況於鬼神乎？！（《豐·彖》）

太陽到中午自然西斜，月兒圓了自然複缺，天地間的萬事萬物皆一盈一虛，隨時消長，人世間的事也概莫能外，人有剛健文明之德，順天隨時，則其事業大而美矣。能夠與天地合德，日月合明，四時合序的人，叫做「大人」，即有大德大才之人。《周易》認為，商湯討伐夏桀，周武討伐殷紂，這是「順乎天而應乎人」（《革·彖》）的革命行動；「君子以治曆明時」（同上），天地四時的變革直接支配著萬物榮枯及人類變革，治曆明時，就是要掌握時令變革的規律，適時安排人類的生產和生活。

天文既是人文化成的生命源泉，也是人文存在的價值源泉，「天生神物，聖人則之；天地變化，聖人效之」（《周易·繫辭上》）。所謂天人合一的思想，實質上就是人與天合一，向天靠近，《繫辭上》說作為儒家人生最高理想的聖人，「與天地相似，

故不違；知周乎萬物而道濟天下，故不過；旁行而不流；樂天知命，故不憂；安土敦乎仁，故能愛」。「不違」、「不過」、「不流」、「不憂」等，都是中庸之道的具體內容。聖人之所以有中庸之至德，其根源就在於奉天承時，不違天時。正是在聖人的引導下，人類社會向著天道靠近。否則的話，人類就像迷途的羔羊，離天道愈來愈遠，人類文明也便不復存在。

（三）參天地，贊化育：應天用「時」

觀乎天時，應乎天時，最終的目的在於用乎天時。只有通過用「時」方能體現「應乎天而時行」的真精神。「時」的變化本身自有其不依人的意志為轉移的客觀規律，譬如日往月來，四季往復，這些都是不待人而自然運行的客觀存在。從這個意義上，天時對主體來說是外在的。那麼，如何使外在的「時」轉化為內在於主體的「時」呢？除了「參天地，贊化育」，「制天命而用之」，恐怕別無他途了。「天下雷行，物與」（《周易‧無妄‧象》），雷行雨施，萬物生長。春天第一聲雷響，便揭開了一年中農業生產的序幕，「千紅萬紫安排著，只待春雷第一聲。」（張維屏《新雷》）耕耘收穫就是對「時」的最深刻的感受和最偉大的運用，「時」也從而成為與人類命運休戚相關的內在觀念了。不僅如此，儒家對「時」的認識還在不斷延展深化，他們在人類社會本身也看到了「時」的廣泛性和深刻性、認為歷史本身就是時間之流。王夫之曾說：「時者，方弱而可以強，方強而必有弱者也。」「知時者，可與謀國矣。」（《讀通鑒論》卷二十五）

但是，儒家用「時」更強調「時」對人生修養的作用。北宋哲學家周敦頤自云「綠滿階前草不除，以觀萬物生意」，格物致

知正是儒家人生修養的一條根本途徑：通過外在世界的觀照，體悟生命之真諦，並內化為主體的生命意識。隨手翻開《易傳》，就可以看到這種例子。如《升》卦象「地中生木」，勃勃向上，看到這種景象，「君子以順德，積小以高大」（《周易·升·象》）；《蹇》卦是「山上有水」之象，古人比山做賢人，比水做人之美德，觀高山流水，「君子以反身修德」（《周易·蹇·象》）；《大畜》卦是「天在山中」之象，觀此象，「君子以多識前言往行，以畜其德」（《周易·大畜·象》）；等等。儘管這種聯類比附的方法看起來有點神秘，而且並不是所有人都能隨處參禪悟道，但這卻恰好反映了中國人特有的有機整體的宇宙觀。所以孔子從大河東流不返看到韶華易逝，蘇東坡從竹子身上看到了人生氣節，周敦頤從蓮花出污泥而不染看到了理想情操，而梅蘭竹菊也被古人稱為「歲寒四君子」。

不只是儒家，道家也把觀照自然放在修養的重要位置，提出「人法地，地法天，天法道，道法自然」（《老子》二十五章），人與自然應當保持和諧，力求達到天人合一的境界。不過，道家的修養理論對自然的重視，是一種退卻和回歸。他們的修養目的是要人「複歸於嬰兒」，「複歸於樸」（《老子》二十八章），認定自然拙樸是人性的最完滿狀態。所以，他們反對像儒家那樣把仁義禮智信的培養作為人性修養的目標，提出要「絕仁棄義」、「絕聖棄智」、「絕巧棄利」（《老子》十九章）、「絕學無憂」（《老子》二十章），從而返樸歸真，回歸到那「使民復結繩而用之，甘其食，美其服，安其居，樂其俗，鄰國相望，雞犬之聲相聞，民至老死不相往來」的「小國寡民」狀態（《老子》八十章）。莊子說，如果說像儒家那樣進行修養，就像是要給渾沌鑿開七竅，七竅鑿成之日，便是混沌死之時。（《莊子·應帝王》）

可見，道家走的是與儒家完全相反的修身之道。如果說道家的修養方法是放棄式的、退卻的、消極的，那麼儒家則不然，儒家的修養方法是獲得式的、進取的、積極的。所謂獲得式的、進取的、積極的，關鍵在於一個「養」字，養性、養心，使情發於時，性成於時，心通於時，「時止則止，時行則行，動靜不失其時，其道光明」（《周易・艮・彖》）。顯而易見，修養所達的境界是無滯無礙、從容自得的中庸境界。當然，要達到中庸，還得在「時」的修養上下功夫，通過艱苦的修養，洞見不及於「時」和過於「時」的失誤，使自己始終能「與時偕行」（《周易・損・彖》）。《周易》認為，認識這一點，其意義非常之大：

　　　天地以順動，故日月不過，而四時不忒。聖人以順動，則刑罰清而民服。豫之時，義大矣哉！（《豫・彖》）

　　《爾雅・釋詁》謂：「豫，樂也。」儒家認為，樂能陶冶性情，淨化人心，促人向善，完善人格，「興於詩，立於禮，成於樂」（《論語・泰伯》），故樂能順天地之動，循四時之變，樂得其時，其意義是十分巨大的：

　　　大亨，貞無咎，而天下隨時。隨之時，義大矣哉！（《周易・隨・彖》）
　　　天地養萬物，聖人養賢以及萬民。頤之時，大矣哉！（《周易・頤・彖》）

　　「隨」即從，「頤」即養。《論語・顏淵》云：「君子之德風，小人之德草」，在上者具備元大、亨美、利物、貞正之德，以德養賢及萬民，則天下隨時，賢者盡其力，萬民樂其生。養以時，隨以時，必然要自覺地防止養不以時、隨不以時，「時不至

不可強生也，事不究不可強成也。」（劉向《說苑・談叢》）

　　大過之時，大矣哉！（《周易・大過・彖》）
　　君子以獨立不懼，遁世無悶。（《周易・大過・象》）
　　遁之時，義大矣哉！（《周易・遁・彖》）
　　天險，不可升也；地險，山川丘陵也；王公設險，以
守其國。險之時，用大矣哉！（《周易・坎・彖》）
　　蹇之時，用大矣哉！（《周易・蹇・彖》）

　　「遁」即退隱，「蹇」即困難。人有大過，就像蓋房子用了朽木為棟樑，埋下了房倒屋傾的巨大危機。君子認識到了「大過之時」的重要意義，守節不屈，因時勢而順息，合理適時地化險為夷，或見險而止，退隱出濁世，出污泥而不染，行亂世而德自高，「明者因時而變，知者隨世而制」（桓寬《鹽鐵論・憂邊》）。

　　真正要做到動靜不違時，必須培養寧靜超越的心胸，既不急功近利，亦不麻木不仁；既不醉心於仕，亦不潛心退隱；既是積極的參與者，同時又能做一個平心靜氣的旁觀者。古人云：「天地間真滋味，惟靜者能嘗得出；天地間真機括，惟靜者能看得透。」（金纓《格言聯璧・存養》）萬物靜觀皆自得，儒家強調修養以時，就在於通過對時與不時的把握，得以從容處理環境與命運所給予的各種遭遇和挑戰，不論窮達禍福，都能作出正確的反應，從而保持心理上的寧靜和平。孔子之所以被推崇為「聖之時者」，聖人之「集大成者」，就在於孔子能以安詳超邁的心態面對紛紜蕪雜的人生，仕隱合時，當仕則仕，當隱則隱，「時拙則拙，時伸則伸」（《荀子・仲尼》）。故《周易》說：「知進退存亡而不失其正者，其唯聖人乎！」（《乾・文言》）一個偉大的人就是一個能明察時變和把持自我、矢志不移的人。

既明且哲，以保其身：
儒家的處世之道

　　如果把人生哲學的理論結構作一分析的話，處於核心和內層的自然是價值觀念體系，處於外層的則應當是處世哲學。處世哲學是人生價值觀的外在表現形式，是人生哲學理論和世俗人生態度的結晶。人們日常的飲食起居、言動視聽、為人處事都或隱或顯地受到某種處世之道的左右。對於中國人來講，影響最大的便是儒家以「中庸」思想為核心的處世之道。

一、食無求飽，居無求安

　　衣食住行是人類生存的基本需要，這是盡人皆知的。但是，到底如何生存，如何對待人的基本的生活需要，卻是一個相當有趣又很有意義的問題。對於重視人的生命價值的儒家來說，衣食住行中更是大有學問和講究的。

（一）飲食之道

常言道：吃在中國。中國飲食文化在世界上可以說是首屈一指的，而飲食文化的發達，關鍵在於「烹調」的學問。「烹」就是講做飯時的火候要不過不差；「調」是講五味的調和要恰到好處，燒飯的大鐵鍋「鼎」被稱為「調和五味之寶器」（《說文解字》）。我們曾說過，這種重火候、講調和的烹調學，正和中庸之道有密切聯繫。儒家飲食之道對中國飲食文化的確產生了很大影響，這一點在孔夫子那裏就表現出來了。

前面我們提到孔子對飲食是很講究的，該吃什麼，不該吃什麼，何時吃，怎樣吃，孔子都有論述。我們不妨把孔子論飲食的一段較集中的話摘錄於下：

> 食不厭精，膾不厭細。食饐而餲，魚餒而肉敗，不食。色惡，不食。臭惡，不食。失飪，不食。不時，不食。割不正，不食。不得其醬，不食。肉雖多，不使勝食氣。惟酒無量，不及亂。沽酒市脯不食。不撤薑食，不多食。祭於公，不宿肉。祭肉不出三日，出三日，不食之矣。食不語，寢不言。雖疏食菜羹瓜祭，必齊如也。（《論語・鄉黨》）

飯舂得越精越好，肉切得越細越好。食精膾細，有利於營養充分吸收。變味變色的食物不能吃，烹飪得火候不佳的食物不要吃，肉切得不方正，醬加得過多或過少也不要吃。肉雖香，但不要吃得過多傷了食氣。酒不限量，以不喝醉為佳。從外邊買來的酒肉可能不衛生，不要亂吃。另外不要吃得過飽。祭肉也要及時吃掉。吃飯時少說話為佳（令人想起基督徒的教條），縱使粗茶淡飯，也要飲水思源，沐浴乾淨奉奠祖先。

可以看出，孔子很看重飲食的適度原則。飯菜酒肉，除了要合乎禮節外，還要衛生合理，色香味的搭配也要恰到好處。即使在今天看來，孔子的許多飲食之道也是符合科學飲食的要求的。

　　飲食之道也是傳統養生學的重要內容。方孝孺說：「養身莫先於飲食。」（《雜誠》）飲食適度得當，可以保持和促進身體健康，反之，則有損於身體。拿飲食的量來說，「食無過飽」，吃飯八分飽最好。長期過分少食不行，每頓吃十二分飽也沒好處。「凡食之道，大充，傷而形不臧；大攝，骨枯而血沍。充攝之間，謂之和成。精之所舍，而知之所生。饑飽之失度，乃為之圖。飽則疾動，饑則廣思。」（《管子‧內業》）「大充」就是過飽，「大攝」就是過饑，過飽過饑都有傷身體，饑飽適度，才是最好的狀態，即「和成」。這段出自《管子》的話和儒家的中庸原則如出一轍。飲食除適度外，還要有「時」。如春秋氣候溫和，宜吃溫和的食物；夏季炎熱，多吃些清涼的食物；冬天寒冷，則宜多吃點熱性食物。另外，酸甜苦辣鹹淡都不能過火，色香味的搭配、調和也要恰到好處。

　　傳統醫學也很重視飲食療法。我們常說，藥補不如食補。許多中醫典籍對各種食物的藥理功效都有論述，像百合可以潤肺，山藥可以補脾，豬腎可以補腎，綠豆清熱解毒，而感冒畏寒，一碗薑湯即可奏效。《內經》中說：「五穀為養，五果為助，五畜為益，五菜為充。」充分地利用自然之物，是中醫最大的特色。而中醫注重飲食結構的目的，是為了使人體內陰陽諧和、寒熱適度。陽過則濟之以陰，陰過則假之以陽，如此取長補短，使陰陽寒熱無過無不及，保持人體的「中和」狀態。這與儒家的中庸精神又是完全一致的。

　　現代醫學的科學分析則表明，人體內的酸堿度要保持平衡調

和，而酸鹼的適度又是與飲食密切相關的。食物根據其化學成分，可分為酸鹼兩類，酸類包括肉、蛋、豆類等，鹼類包括蔬菜、水果等等。因而，雞鴨魚肉青菜蘿蔔都是人體所必需的，切不可偏食。否則，肉蛋奶攝入過多會導致體內酸性物質增多，而素食主義者也會導致體內堿性物質增多，酸鹼失調，身體就會出現種種不適。看來，所謂「膿肥辛甘非真味，真味只是淡」、「爽口之味，皆爛腸腐骨之藥，只五分便無殃」（《菜根譚》）並非庸人的說教。

從傳統醫學和現代醫學以及許許多多的經驗事實中，我們不難發現儒家以「中庸」為原則的飲食之道的現代意義。如果能夠依乎「中庸」的原則，飯量適度，既不過饑也不過飽，一日三頓按時進餐，不暴飲暴食，一年四季因時而異地調整各類食物的搭配比例，同時不要為求「爽口」而偏食，使體內的陰陽寒熱酸鹼保持諧和，那麼你自然不會再與苗條霜、減肥茶或形形色色的所謂滋補藥品打交道了。可見，在日常飲食生活中堅持中庸之道，確實是養生健體的最佳選擇。

（二）衣飾之道

飲食是為了健體，衣飾則是為了「文」體。儒家認為，為人在世，不僅要重視體格的強健，而且要注重儀錶儀態。他們認為，衣飾對人起著「文飾」的作用，屬於「禮」的範疇，「禮有以文為貴者」（《禮記·禮器》），所以，像《禮記》中的《檀弓》、《玉藻》、《表記》、《禮器》、《禮運》等許多篇章中都對服飾之禮有所論述。服飾事實上成了倫理秩序和人格情操的文化符號。

儒家的衣飾之道也是很有講究的，什麼人該穿什麼衣服，什麼時候穿什麼衣服，都有章法。像魏晉玄學家們那樣放浪形骸、衣衫不整甚至裸體赤身，萬萬使不得，因為那太有失彬彬君子風度。「君子服其服，則文以君子之容……是故君子恥服其服而無其容」（《禮·表記》），君子就應該穿符合君子身份、顯示君子風貌的衣服，否則君子是以之為恥的。按人的身份地位來說，「君衣狐白裘……士不衣狐白。君子狐青裘……錦衣狐裘，諸侯之服也」（《禮記·玉藻》），「天子尤哀，諸侯黼，大夫黻，士玄衣繡裳」（《禮記·禮器》），君王、諸侯、士人各服其服，才能顯示美的風範，否則便是僭越禮教，大逆不道。

　　穿衣也有「時」的講究。「莫春者，春服既成。」（《論語·先進》）「當暑，袗絺綌，必表而出之。……必有寢衣……羔裘玄冠不以弔。吉月，必朝服而朝。」（《論語·鄉黨》）「弔則裘，不盡飾也。」（《禮記·玉藻》）春有春服，夏有暑衣，秋冬有秋冬之裝，上朝有朝服，睡覺有寢衣，憑弔穿裘，服喪著孝，既合乎禮儀也合乎情理。換過來，夏穿棉襖冬穿紗，上班著睡衣，弔喪披紅戴綠，不僅自己不舒服，也有違禮度，有礙觀瞻，不合美的標準。

　　另外，穿著顏色及佩飾也要搭配協調、合規符度。「君子不以紺緅飾。紅紫不以褻服。」（《論語·鄉黨》）君子一般不用青絳色為領飾，家居時也不穿紅紫色的衣服。「緇衣羔裘，素衣麑裘，黃衣狐裘」（同上），黑羔羊皮袍子配黑面子，白羊皮袍子配白面子，而狐皮則配黃面子，即使用現代的眼光來看，我們也不能不承認孔子對衣裳顏色的和諧搭配很內行。「君子無故玉不離身，君子於玉比德焉」（禮記·玉藻），君子佩戴玉器，行走動靜之間，玉器相撞，發出悅耳動聽的聲音。所以，君子通常

是玉器不離身，中規中矩，以表明自己玉潔冰清的品德。

由上可知，儒家服飾之道既有美的要求，也有德的要求。比較而言，後者更重要，能夠表現君子品格精神的服飾，才是盡美盡善的。因此，《周易》把文飾看成是「人文」的表現。請看《周易‧賁卦》的卦辭：

初九：賁其趾，舍車而徒。

六二：賁其須。

九三：賁如濡如，永貞吉。

六四：賁如皤如，白馬翰如，匪寇，婚媾。

六五：賁於丘園，束帛戔戔，吝，終吉。

上九：白賁，無咎。

「賁」是「文飾」的意思，這裏描繪了一個盛大婚嫁場面的裝飾。修飾足趾，意即穿上漂亮的鞋子。鬍鬚對古代男子來說，自然也是儀錶美的標誌，通過修飾要足以顯示出溫文爾雅的君子風範（「賁如濡如」）。婚嫁的文飾更是大事情，不僅要使新娘花枝招展，新郎氣宇軒昂，就是庭院車仗馬匹，也要顯出喜慶輝煌的氣氛，這樣整個場面才和諧。

但是，這一切都是有「度」的，即文質要相符，「質勝文則野，文勝質則史。文質彬彬，然後君子。」（《論語‧雍也》）反之，「中不勝貌，恥也；華而不實，恥也」（《國語‧晉語》）。由於對德行的重視，儒家並不鼓勵刻意地去追求過分的外在裝飾，中國人最瞧不起的就是「繡花枕頭」式的人物，「衣錦尚絅，惡其文太著也。」（《中庸》）衣服不論質地如何，整齊乾淨、合乎禮節就可以顯示你的風采。子路不以穿著不好而在衣飾華貴者面前自慚形穢，孔子就十分讚賞：「衣敝縕袍，與衣狐貉者立，

而不恥者，其由也與？」（《論語・子罕》）孔子自己也表示：「麻冕，禮也；今也純，儉。吾從眾。」（同上）

　　正是在儒家獨具中庸特色的服飾之道影響下，形成了以追求中和、重視文質相符為特色的傳統服飾文化。如前所述，儒家把服飾的功能稱為「文」，「文」就在於遮蔽打扮人體。中國人向來不欣賞西方那樣的赤身裸體，也不喜歡服飾太直露，有傷風雅，或者奢華炫媚，刺人眼神。而是主張端莊素雅，含蓄恬淡。從古代人物畫中的衣服形制我們看到，傳統服飾寬鬆可意，線條柔美明暢，色彩諧和宜人，清麗雅致，灑脫自如。穿在身上，使人覺得既超凡飄逸，又很具有生活情趣，可謂嚴整清雅形於外，瀟灑風流得於中，充分展現了中華民族崇尚典雅平和、含蓄自然、德形相得的美感情懷。

（三）生活起居之道

　　生活起居之道是指人們的日常生活行為方式。

　　儒家認為，生活起居務必合乎禮儀。一個人應該站有站相，坐有坐相，吃飯睡覺也要有吃飯睡覺的樣子。孔子本人就是在生活起居中守禮守節的典範，他「席不正，不坐」；「寢不屍，居不容」。登車馬時，「必正立執綏」，保持心體的中正。進入車中，「不內顧，不疾言，不親指」，不環顧左右，大聲喧嘩或指手劃腳。（均見《論語・鄉黨》）《禮記》也要求坐在車中時「顧不過轂」，這就是「禮」所規定的「度」。日常生活起居中要做到守禮合度，關鍵還在於「居處恭」（《論語・子路》），時刻懷著恭敬之心。否則，心狂氣傲，表現在行為上便是不顧禮節，對人簡慢，頤指氣使；而自卑怯弱的人又過分謹小慎微，卑微有

餘，亢尊不足，行動同樣沒有君子風度。

儒家對服喪期間的起居生活之禮更為關注。他們主張實行三年期的守喪制度，以報答父母對自己的養育之恩。居喪期間，生活起居一切從儉，「齊衰，苴杖，居廬，食粥，席薪，枕塊，是君子之所以為悼詭其所哀痛之文也。」（《荀子·禮論》）身穿喪服，手持柴杖，住茅草搭的便棚，喝稀粥，睡在草鋪上，枕著石塊，以表示自己的哀痛、追悼之情。

儒家把生活起居也看作是修身養性的一條途徑。朱柏廬《治家格言》云：「黎明即起，灑掃庭除，要內外整潔。即昏便息，關鎖門戶，必親自檢點。一粥一飯，當思來處不易；半絲半縷，恆念物力維艱」，就是教誨子女在再普通不過的日常起居生活中培養恪己、肅整、儉約、正直、和睦的生活態度。生活起居，往往是純個人的生活。在這個時候，由於缺少了社會的約束，人們往往懈怠隨便，禮節規矩被置之腦後。所以，儒家提醒人們一定要「慎獨」，即在獨處的情況要更加謹慎，經常省察自己。

儒家還主張生活起居應當合理，別過分追求奢侈豪華的生活方式。「士而懷居，不足以為士矣。」（《論語·憲問》）腦滿腸肥，食甘饜足，縱情於聲色犬馬之中而無所用心，是儒家最戒的。孔子說：「奢則不遜」（《論語·述而》），以奢侈豪華為榮，必然狂傲不遜，而「以約失之者鮮矣」（《論語·里仁》），因儉樸、約制而犯過失的就不多見。「士志於道，而恥惡衣惡食者，未足與議也」（同上），志與道是人生的正確道路，以衣衫破舊食物粗疏為恥辱的人，是不值得推心置腹的。然而，儒家也並不贊同墨家那樣的苦行僧式的生活，「若一味斂束清苦，是有秋殺無春生，何以發育萬物」（《菜根譚》），如果一味地克制自己，像墨家那樣吃不飽，睡不穩，整天勞作不休，「以自苦為

極」（《莊子・天下》），就令人感到暮氣沉沉毫無生氣，如同大自然只有肅殺的秋天而沒有和煦的春季，萬物如何生長呢？儒家執中而行，追求一種「淡而不厭，簡而文，溫而理」（《中庸》）的合理洽人適意的生活方式，「故君子居常嗜好，不可太濃豔，亦不宜太枯寂」（《菜根譚》），日常生活喜好，不可過分奢侈鋪張，也不必過分枯燥寂寞，簡樸、溫和中帶著幾分情趣，適中宜人是最妙的。清代張英明確提出，生活起居要按《中庸》去行事，「人之居家立身，最不可好奇。一部《中庸》，本是極平淡，卻是極神奇。人能於倫常無缺，起居動作，治家節用，待人接物，事事合於矩度，無有乖張，便是聖賢路上人，豈不奇哉？！」（張英《聰訓齋語》卷二）

二、訥於言而敏於行

　　人生在世，與他人交往、表達自己所思所想都離不開語言即「說話」。「說話」，看似一件再簡單不過的事情，然而現實生活中因言語過多過少或不恰當，卻往往造成許多尷尬乃至亂子，因而人們認識到語言是一門藝術。同時，人生理想與價值的實現，光靠說是不行的，更重要的是付諸行動，行為既不能莽撞冒失也不能畏首畏尾，行為也有行為的藝術。那麼，究竟該如何說？如何做？如何把握言行之間的分寸呢？先師至聖孔子對人的語言、行為藝術的獨到論述，歷代儒家都奉為圭臬。下面，我們就依據孔子的有關論述，來談談儒家具有中庸特色的語言行為藝術理論。

（一）言動視聽，依禮而行

「禮」是君子行為的規矩。作為君子，不論舉手投足，都得看合不合禮：「非禮勿視，非禮勿聽，非禮勿言，非禮勿動」（《論語・顏淵》），不合乎禮的事堅決不幹，合乎禮儀，則「執禮皆雅言也」（《論語・述而》）。

孔子本人很注意言行守禮。不同場合，禮的規範要求不同，「孔子於鄉黨，恂恂如也，似不能言者」，在鄉親尊長面前，謙遜恭敬，好像不善言談的人；「其在宗廟朝廷，便便言，唯謹爾」，宗廟朝廷，是禮法政事之所出，在這些地方，孔子一定是詳察細問，謹慎辯難；「朝，與下大夫言，侃侃如也；與上大夫言，誾誾如也。君在，踧踖如也」（上引均見《論語・鄉黨》），與下大夫剛正直言，與上大夫和悅諍言。由於謹守禮節，所以辯難諍言都能使人心悅誠服，而不會引起別人的反感和衝突。後世儒家有見於此，提出：「夫行也者，行禮之謂也。」（《大戴禮記・曾子制言》）

（二）言行德性，相得益彰

言為心聲，行為德表。一言一行，一舉一動，都可以表現一個人的道德水準、精神面貌。君子仁人以言行主德，不以言行害德。《左傳》把立德、立功、立言稱為「三不朽」，「立德」是根本，「立功」、「立言」是「德」的實踐，德、功、言三者的充分展現，是成就自我人格的坦途正道。「德」立，「功」成，「言」行，是自我價值的完美實現，是儒家的人生理想。

但是，德性與言行並不總是能夠相得益彰的，「有德者必有言，有言者不必有德」（《論語・憲問》），道德品行高尚的人

的言行自然不會鄙賤庸俗，沒有分寸，而能說會道者卻並不一定品格高尚。在現實生活中，我們不是也經常碰到一些花言巧語掩蓋下的坑蒙拐騙之事嗎？孔子稱這些人為「佞」，即奸佞之人。大概孔子就曾吃過這些口蜜腹劍之輩的不少苦頭，所以他三番五次地對那些敗壞道德的巧舌小人大加鞭伐，「巧言令色，鮮矣仁！」（《論語・學而》）「巧言亂德」（《論語・衛靈公》），甜言巧語者不僅沒有仁德，反倒只會惑亂人心，淪喪道德，所以「巧言，令色，足恭，左丘明恥之，丘亦恥之」（《論語・公冶長》），正直之士當然都會「恥之」。

　　面對面的花言巧語已經夠惑迷人心的了，傳言風語就更得多加小心，不能不加分析地盲目聽信來歷不明的消息，因為許許多多的「小道消息」或因信源本假已不足為信，或因傳播中的添油加醋歪曲演繹而失真。所以，儒家對此深惡痛絕，認為「道聽而塗說，德之棄也」（《論語・陽貨》）。

（三）與人交往，聽其言而觀其行

　　既然言語的真實性要打折扣，那麼應該怎樣去和人交友呢？

　　結合自己的親身經歷，孔子說：「始吾與人也，聽其言而信其行；今吾於人也，聽其言而觀其行。」（《論語・公冶長》）與人打交道，別人說什麼便信什麼，只聽其言而不觀其行，往往會吃虧上當。世上言行一致、說到做到的君子固然不少，嘴上講仁義、肚裏藏禍心的小人也時常見到。正確的知人方法，在於言行並舉，既能聽其言，也能觀其行，即對事遇人，要冷眼觀人，冷耳聽語，冷心處事。性情浮躁，粗疏馬虎，將成事不足、敗事有餘。所以要切記：行是言的試金石。

自然，也不能因而就排斥語言，對一切人的話語都疑而不信。「不知言，無以知人」（《論語・堯曰》），語言畢竟是人們互相交往和瞭解的最重要的手段之一。關鍵在於能否做到「不以言舉人，不以人廢言」（《論語・衛靈公》）。

（四）多聞慎言，多見慎聞

如何洞察巧言令色，做到言行不失呢？孔子告誡大家：

> 多聞闕疑，慎言其餘，則寡尤；多見闕殆，慎行其餘，則寡悔。言寡尤，行寡悔，祿在其中矣。（《論語，為政》）

博聽廣聞，別人說錯的地方引以為戒，就可以減少不必要的擔憂；前車之覆，後車之鑒，多多觀察，免得重蹈覆轍。通過多聞多見，言行就會減少過失，得利的自然是自己。有人說，老天給我們一張嘴、兩隻眼睛、兩隻耳朵，就是要讓我們少說、多聽、多看，可別辜負了上天的一番美意！子貢說：「君子一言以為知，一言以為不知，言不可不慎也！」（《論語・子張》）孔子更上升一步：「仁者其言也訒！（《論語・顏淵》）君子應該「訥於言而敏於行」（《論語・里仁》）。

可以說，慎言慎行之要在於發揮理性精神，不盲目衝動，不感情用事。為此，孔子提出了君子言行應防止「三愆」，遵守「九思」：

> 子曰：「待於君子有三愆：言未及之而言，謂之躁；言及之而不言，謂之隱；未見顏色而言，謂之瞽。」
> 子曰：「君子有九思：視思明，聽思聰，色思溫，貌思恭，言思忠，事思敬，疑思問，忿思難，見得思義。」

（《論語・季氏》）

不該說的時候喋喋不休，顯得過於急躁；該說的時候卻又抱著葫蘆不開瓢，便顯得優柔畏縮；不能根據具體情況察言觀色，那就是盲目了，這都是不符合中庸之道的。君子做事一定要九思而後行：觀察要徹底明瞭，聽人說話要一清二楚，與人相交要溫和寬厚，儀錶要端莊恭敬，說話要誠實無欺，辦事要嚴肅認真，有了疑問要及時請教，衝動時要想想後果，有利可圖要考慮取之是否合理義。倘能防「三愆」，遵「九思」，那麼說話辦事就不會有多少過失了。《周易》中也有「中行無咎」、「得尚於中行」、「中以行願」之類的說法，都說明多加分析思考、權衡利弊以執中而行的重要。

不過，我們也不能把「慎言」理解為「不言」。「子入太廟，每事問」（《論語・八佾》），孔子也是事事都要追根究底而不嫌過，「可與言而不與之言，失人；不可與言而與之言，失言」（《論語・衛靈公》），失人失言都是愚者所為。同樣，我們也不應該把「慎行」理解為保守不行、固步自封。「慎言」、「慎行」都是強調人們在言行之前要博聞多識，以保證言行無失。為了確保言行的一致性，最好是「先行其言而後從之」（《論語・為政》），君子是反對眼高手低，誇誇其談的，「君子恥其言而過其行（《論語・憲問》），少說多做，做完了再說，免得說到做不到，「古者言之不出，恥躬之不逮也」（《論語・里仁》）。君子應該「訥於言而敏於行」，即謹慎少言，抓住時機，果敢行動，以期事舉功成。

儒家這種言行並重、得中而行的哲學到後世得到進一步發揮，並深深影響著中國人的言行處事。古人認為做事前一定要深

思熟慮，「審而後發，發無不中」（《國朝文類》卷一三許衡《時務五事‧慎微》），主張「凡遇事，須安詳和緩以處之，若一慌忙，便恐有錯，蓋天下何事不從忙中錯了」，所以把「從容安祥」稱為「處事第一法」（張伯行《困學錄集粹》卷一）。清代雍正皇帝於「中庸」處事更是心有獨到：「凡事貴協於中，不宜偏執。遇有事，惟圖安靜，則誤於因循；無事時，銳意振作，則失之孟浪。」（《大清世宗憲皇帝實錄》卷二八）

三、送往迎來，嘉善而矜不能

上面曾說，在人際交往中，既要注重自己的言行一致，也要特別小心花言巧語的人。這並不是要人與他人為敵，相反，儒家認為，在社會交往中始終要以與人為善為原則，嚴於律己，寬以待人。

追求人際和諧，是傳統文化的一大特色，中和情結產生了中國人特有的寬容精神。孔子認為，一個人要是待人處世做到了「恭、寬、信、敏、惠」五個方面，可以算是具備了仁德，「寬」是仁德之一，是推己及人。子貢認為孔子集「溫、良、恭、儉、讓」五種美德於一身（《論語‧學而》），指的就是孔子具有儉樸肅整、眾愛人民、虛懷若谷的博大胸懷。

「禮尚往來。往而不來，非禮也；來而不往，亦非禮也」（《禮記‧曲禮上》），而「禮」最顯著的含義之一就是禮敬他人。《孝經‧廣要道章》謂：「禮者，敬而已矣！」人際交往中應以禮敬他人為前提。所以，從根本上講，「禮」和「仁」是一致的，二者所要達到的目的，從人際關係上來說，都是人與人的和睦相處。

「讓」是和「禮」密切相關的概念之一。一個充滿仁愛之心、

禮敬他人的人是能夠做到謙遜、禮讓的，這也是推己及人的表現。子貢所講的孔子的五德之中，「讓」是其一。孔子也曾稱讚泰伯「三以天下讓，民無得而稱焉」，「可謂至德也矣」（《論語·泰伯》）。泰伯是周朝始祖公亶父的長子，天經地義的皇位繼承者。但他看到侄子姬昌德才兼備，就再三地把皇位讓給了自己的弟弟、姬昌的父親，以便讓姬昌繼承皇位。姬昌就是儒家稱頌嚮往的聖人周文王。《左傳》中也載有許多讓賢的故事，如范武子、範文子、范宣子一家幾次讓賢，為人稱道。《左傳》作者由此得出「讓，禮之主也」（《左傳·襄公十三年》）的結論。賢士仁人，在功名利祿面前都能尊賢謙讓，在一般的日常事務中就更自不待言了。

　　把「讓」看作「禮」的重要內容，並不是要人們凡事都謙讓，「讓」是有原則的、有限度的。所讓的，是名利地位之類的事，關係到道德修養、家國前途的大事就不能盲目謙讓。孔子說：「當仁，不讓於師」（《論語·衛靈公》），當仁不讓體現了一種人生責任感。我們知道，儒家的人生價值取向之一，就是人己並重，其人生責任感也因而體現在「成己」和「成人」兩個方面。首先，儒家以修身為本，對自我的人生責任感表現為對自我生命、尤其是自我道德價值的關注，殺身成仁、捨生取義便是這種人生責任感的極端表現。禮讓也應該是成就自我人格的一種方式，而不能妨害自我道德修養。其次，人生責任感還表現在對他人價值的肯定，對他人的人生責任感，即「成人」。君子成人之美，不成人之惡。若果然有利於成就他人的價值，謙讓就是一種美德。若有損於他人道德的完善，謙讓便是落井下石了。只有具備了真正的禮讓精神，才能肯定、尊重自我和他人的人格、權利、價值，才能成己又成人。

　　謙遜禮讓、寬以待人還要有容人之氣量。「宰相肚裏能撐船」、「大肚能容，容天下難容之事」等古訓，都是要人心胸開闊，不斤斤計較，特別是一些不關涉原則性的事，須得有寬容精神。儒家主張以誠心、善心推己及人，而不贊成在無關緊要的問題上錙銖必較，心胸寬廣豁達、能容人之過的人被稱為有「容德」之人。我們知道，任何主體也免不了有情智閾限，免不了以己度人的偏見，這可能產生和表現為情感投射的親此疏彼、認知導向的是此非彼等誤區。中庸人生哲學的一個關鍵就在於要人們洞察各種因素，從而抓住「中」這個要害環節。從這一點上講，寬容是理性精神的反映。寬容有利於消解誤區，免卻人際交往中由於冒失、輕率等造成的衝突。再者，現實生活是複雜的，尤其是一些新人新事新觀念初出現時，往往顯得與社會現實不相協調，但它往往體現了社會發展的方向。在這種情況下，寬容精神就顯得尤為重要。否則，一切新的東西都將被戕害於繈褓之中。沒有寬容精神的社會，文化是沒有生命力的。哲人說過，人的一半是天使，一半是野獸。這話固然有些危言聳聽，但金無足赤，人無完人，日常交往中的人是活生生的個體，是優點和缺點的綜合體，求全責備是不現實的。在人際交往中，切不可以瑕掩玉，以小訾掩大德，要厚責於己，薄責於人，「責人者，原無過於有過之中」（《菜根譚》），在別人的過失中，看到其優點、長處，便可以平心和氣地對待他人之過。要是反過來，一葉障目而不見泰山，甚至雞蛋裏頭挑骨頭，於己則心氣難平，於人的改過遷善也有害無益。

　　但是，寬厚容人並不是是非不分、毫無原則地做老好人。「嘉善」他人的同時，還應做到「矜不能」，誠心誠意地指出他人的不足之處。「嘉善而矜不能」（《中庸》）是有教養的與人為善，

「唯仁人能好人，能惡人」（《論語・里仁》）。孔子就是能夠中肯地指出他人缺陷的師表，對他的許多得意門生的過與不及，孔子都有評述。如他講子路過於剛勇，申棖貪欲而不剛，曾參太魯，仲由過粗等等。對自己，孔子則是「聞過則喜」。有一次，陳國的司寇問孔子：「魯昭公算不算知禮？」孔子認為昭公算知禮。孔子走後，這位司冠對孔子的弟子巫馬期說：「我聽說君子無所偏倚，不一定吧？魯國和吳國是同姓，同姓不結親是禮制，而昭公卻娶了吳孟子。要說昭公知禮，還有誰不知禮呢？」巫馬期後來把這話告訴了孔子。孔子高興地說：「我真是太幸運了，一有過失，別人便指了出來。」（見《論語・述而》）

　　良藥苦口利於病，忠言逆耳利於行。別人指出自己的過錯，就應該虛懷若谷，從諫如流，改過遷善，「過則勿憚改」（《論語・子罕》），「過而不改，是謂過矣」（《論語・衛靈公》），明明有錯，卻死要面子，將錯就錯，那才是真正的過錯。

　　由上可知，儒家在「送往迎來」的人際交往中，是主張以「仁」為本，以「禮」為用的。這種精神體現出來，就是禮敬他人，寬容大度。仁禮一體，「嘉善而矜不能」，表現了道德的自律性、寬容性、自覺性。儒家崇尚中和、善待他人的交往原則，注意到了人生環境的獨特性，把尊重他人人格、意志、情感作為交往的前提，這在今天仍然是有積極意義的。互相猜忌、怨恨、爾虞我詐，只能帶來人性的扭曲、人際關係的緊張和社會的混亂，這不該是一個文明社會的面目。尊重他人，嚴於律己，寬以待人，仍是我們應當發揚光大的人際精神。

四、在上不驕，在下不背

「送往迎來，嘉善而矜不能」，是一般社會關係的交往原則。作為特殊歷史條件下的產物，儒家人生哲學還有一個十分重要和特殊的方面，即君臣關係。

君是一國之主，臣是君的手足。國家的穩定、繁榮和富強，在很大程度上取決於君臣在這一機體內的運作關係。縱觀歷史，大凡太平盛世，都是君主仁明，大臣忠貞，君臣合和的時期。而一朝一代的敗亡，往往表現出君暗臣欺，權奸臣佞公行於朝的亂政。君臣關係是古代政治關係的一個重要方面，也是儒家人生哲學的一個重要方面。

儒家認為，君有君道，臣有臣道，君臣各盡職守，則朝政清明；而「君不君，臣不臣」，朝綱混亂，則治國無道。「君君，臣臣」，禮制確定了君臣上下的當然秩序，但禮的要求並非單向的上對下，而是雙向的上下協作，即「在上不驕，在下不倍（背）」（《中庸》）。儒家主張臣子忠君，但反對無條件地服從君。只有當君上禮待臣下時，臣下才以忠心事奉君上。在禮的要求上，二者是對等的。「君之視臣如手足，則臣之視君如腹心」，這是和睦融洽的君臣關係；「君之視臣如土芥」，君輕視臣的人格價值，把臣看得一錢不值，則「臣視君如寇仇」（《孟子‧離婁下》）。像這樣無視臣的存在，為一己之私利而置百姓生死於不顧的君，就不能稱為「君」，而被稱為「獨夫民賊」。獨夫民賊，人人得而誅之。桀紂是歷史上有名的暴君，湯王放逐了桀，武王討伐了紂。齊宣王問孟子：「這是臣殺君，合理嗎？」孟子答道：「損害仁德者叫『賊』，損害義理者叫『殘』，殘賊之人叫『一夫』。我只聽說殺了一夫紂，沒聽過臣殺君的事。」（參見《孟子‧梁

惠王下》）荀子也說：「桀紂者，民之怨賊也」，「誅暴國之君，若誅獨夫。」（《荀子・正論》）

《荀子》一書中專辟《君道》和《臣道》兩篇，討論如何為君、如何做臣及君臣關係問題。上樑不正下樑歪，為人君者，正己而後能正人。荀子指出：「上好權謀，則臣下百吏誕詐之人乘是而後欺。……上好曲私，則臣下百吏乘是而後偏。……上好傾覆，則臣下百吏乘是而後險。……上好貪利，則臣下百吏乘是而後豐取刻與，以無度取於民。」（《荀子・君道》）賢明有為的君主思賢若渴，「以禮分施，均遍而不偏」（同上）；昏庸無能的君主則違禮而行，親小人遠賢臣。得賢臣良將，君臣和睦者國家昌盛，親小人佞臣，君驕臣背者國家衰敗，這是屢試不爽的真理。「伊尹去夏入殷，殷王而夏亡；管仲去魯入齊，魯弱而齊強。」（《戰國策・楚三》）姜太公佑文王而滅殷，諸葛亮輔劉備得天下三分；而奸臣擅權，外戚千政，宦官當道，則往往亂自內起，禍國殃民。君以禮待臣，臣也應「以禮待君」（同上）。荀子把臣分為四種類型：態臣、篡臣、功臣、聖臣。任用尊君愛民的聖臣，則稱王天下；任用保家衛國的功臣，則國力強大；任用結黨營私的篡臣，則國家危亂；任用媚上侮下的態臣，則國家敗亡。所以，臣道也是很重要的。

良禽擇木而棲，良臣擇主而事。儒家認為，臣並非君的附庸，臣有完全的意志自由，可以擇君而仕。君有仁德，禮待、信任和重用功臣、聖臣，有德有才之士自然湧聚朝廷；君行不義，親近佞臣，疏遠乃至殘害忠良，有識之人則投奔他邦或隱居山林。儒家事君的最高原則是「從道不從君」（同上），事君的目的是推行儒家的理想政治，踐履大道，實現治國平天下的抱負，而不是為了君主一己的私利。「君子之事君也，務引其君以當道，志於

仁而已」（《孟子‧告子下》），當「道」與「君」之間出現矛
盾時，「道」是第一位的，「以道事君，不可則止」（《論語‧
先進》），絕不能為媚君邀寵而犧牲大道。所謂「三軍可奪帥也，
匹夫不可奪志也」（《論語‧子罕》），君子寧可為實踐大道、
成就自我人格而拋頭顱、灑熱血，也不能從屬無道之君苟且偷
生，政治家和知識份子都應該具有富貴不淫、貧賤不移、威武不
屈的氣節。那些剛直不阿、傲骨錚錚、寧為玉碎不為瓦全的人，
歷來為儒家所褒揚。

　　由此也可看到，儒家中庸之道有著極強的原則性，能仕則
仕，不能仕則退，絕不是什麼不分是非地折衷妥協。這和道家完
全不同，道家只主張退卻而不積極抗爭，只強調全生而不主張舍
生。但是，儒家的抗爭是靈活的，他們看重個體的價值，包括生
命價值，因此，在德身能夠兩全的情況下，儒家並不主張做無謂
的犧牲。屈原不見用於楚懷王，投身汨羅江成千古大恨。賈誼扼
腕嘆惜之餘，也批評屈原為懷王自盡雖死不值，「曆九州而覽其
君兮，何必懷此都也！」（《弔屈原賦》）條條大道通羅馬，懷
王昏庸，你可以棄暗投明，又何必吊死在懷王這一棵樹上呢？君
與臣本是共事合作的關係，君不仁無道，臣可以遠走他邦，像屈
原那樣屈死汨羅，只能留給後人無盡的惋惜。孔子不也是率弟子
們不辭辛苦，奔走列國，尋求實現自己抱負的用武之地嗎？即使
到了中華民族大一統的歷史時期，在忠君和愛國往往等同的情況
下，清醒的政治家和士人也不主張棄道屈君。後世黃宗羲在《原
臣》一文中就專門討論了君子的政治任務是「為君」還是「為天
下」的問題。在他看來，從政入仕的目的乃是「為天下，非為君
也；為萬民，非為一姓也」，「天下之治亂，不在一姓之興亡，
而在萬民之憂樂」。（《明夷待訪錄‧原臣》）為臣之道在於以

天下興亡為己任，必繫人民苦樂，胸懷平天下大志。

　　當然，傳統的君臣關係隨著歲月的流逝已經成為歷史的回憶。而且，雖然儒家歷來主張從道不從君，歷史上宣揚無條件無原則地忠君的理論卻比比皆是，流弊甚巨，這都是需要批判的。但是，儒家所宣導的「在上不驕，在下不倍（背）」的上下級關係卻並不因此而完全失去意義。相互尊重、相互信任、同舟共濟、和諧健康的新型的上下級關係，在現代社會中仍有其積極意義。

五、遠慮近憂

　　不管對儒家思想瞭解與否，孔子的「人無遠慮，必有近憂」（《論語・衛靈公》）這句話早已深入人心，甚至成為日常語言了。這也許便是儒家文化積澱於民族文化──心理結構底層，潛移默化為民族心理無意識的一種表現。

　　「遠慮」是對人與事未來發展可能性的展望和籌畫，似乎與眼前當下的事無關。但其實，任何未來的發展趨勢都是當前人事發展變化的結果。所以，沒有對未來的正確認識，不認真考慮今後的發展道路，勢必使當下的行動迷失方向，舉措無方，所謂不謀全局者不是以謀一域，不謀長遠者不是以謀當前。任何見識偏狹、目光短淺的行為，即使能取得瞬間的功效，最終都不免禍亂及身。平時不燒香，急時抱佛腳是無濟於事的。宋代袁采告誡子女平日要與鄰里和睦相處，一旦自己有難才會得到鄰里相助：「居宅不可無鄰家，慮有火燭，無人救應」（袁采《袁氏世範》），同時他還提出了一套消防措施，「宅之四周，如無溪流，當為池井，慮有火燭，無水救應。」（同上）

　　當然，袁采這裏主要是針對「火燭」這種意外事件來強調預

先防範的重要性，但其中反映的卻是儒家慎危慮患的心態，它從一個側面說明了遠慮與近憂的辯證關係。為了更好地說明儒家慮前想後、居安思危的處世方式，我們對這一問題從下面幾個方面展開論述。

（一）抓本帶末，欲速則不達

《大學》中說：「物有本末，事有始終。知所先後，則近道矣。」觀物處事，首先要弄清本末，搞明始終。行動起來，就可以由本而末，善始善終。所謂抓本，即抓住關鍵，要害、根本，認清事物發展的主導趨向，考慮到事情發展的前途和所要達到的結果。抓住了根本、要害，本立末自然生，問題的解決亦便順理而成章，否則，抓了芝麻，丟了西瓜，舍本求末，遠離中道，只能事半而功未必倍。明代浮白齋主人編的《笑林》中有一則笑話：「車胤囊蟲讀書，孫康映雪讀書。一日，康往拜胤，不遇，問何往，門者曰：『外出捉螢火蟲去了。』已而胤答拜康，見康閑立庭中，問：『何不讀書？』康曰：『我看今日這天不像個下雪的。』」這則笑話實在是對舍本求末的極端行為深入骨髓的諷刺。

瞭解了本末始終，還應當掌握行事的輕重緩急。當行之時，要敏於行。不當行時，切不可操之過急。孔子云：「無欲速，無見小利。欲速，則不達；見小利則大事不成。」（《論語·子路》）《鬱離子》中有則寓言，說從前鄭國有一位性情急躁的人，射箭中不了靶子，氣得把箭靶劈個稀巴爛；下棋輸了，氣得抓起棋子就咬。別人勸他：「這不是箭靶和棋子的罪過呀。你怎麼不從反面想想自身的問題呢？」然而他最終還是沒明白問題的癥結所在，箭法和棋藝也沒有絲毫的長進，人卻因過分急躁而病亡，豈

不悲哉！這雖是一個寓言，但其中包含的哲理是深刻的，它說明任何有違中道的行為，最終只會導致自食其果。

（二）凡事豫則立，不豫則廢

《中庸》中說：「凡事豫則立，不豫則廢。言前定則不跲，事前定則不困，行前定則不疚，道前定則不窮。」這就是說，無論做什麼事，事前都得有一個詳盡周密的籌畫，才能保證順利成功，毫無計畫的盲目蠻幹是要吃虧受挫的。「先憂事者後樂事，先樂事者後憂事。」（《大戴禮記・曾於立事》）

科學地籌畫絕非一件簡單的事情，要求詳盡地考察天時、地利、人和三方面的要素。上得天時，下得地利，中得人和，成功的把握就很大。同時，螳螂捕蟬，黃雀在後。現實的環境是複雜的，你必須充分考慮到各種可能遇到的困難，居安思危，制定出周密的行動方案，所謂「明者防禍於未萌，智者圖患於將來」（《三國志・吳書・呂蒙傳》），所謂「君子有終生之憂，無一朝之患也」（《孟子・離婁下》）。只有早豫早慮，憂先於事，才能不困不窮，從從容容。運籌帷幄之中，決勝千里之外，其要即在於能很好地利用天、地、人的因素，「慮而後能得。」（《大學》）

中國古代卜筮文化和兵家謀略之所以如此發達，應該說與中國人特有的憂患意識分不開。《孫子兵法》的奇謀宏略自不待言，單說以《周易》為根源和核心的占算卜筮，即可窺其一斑。毫無疑問，《周易》是一本卜筮之書，《左傳》、《國語》中就有大量例子記錄了當時人們在戰爭、政治等活動中卜筮吉凶以指導行動的事。時至今日，還有人打著《周易》的幌子，拋售所謂的「周易預測學」。卜法筮理不在我們關心的範圍，其科學與否亦是不

證自明的。問題在於，《周易》為什麼有如此大的「魔力」？其「魔力」為何經數千年而不衰？

這恐怕主要有兩方面的原因。一方面，《周易》本身是一個博大精深的寶藏。在古人眼中，《周易》上括天文，下囊地理，中涵人事，容攝萬有，總攬宇宙，是修齊治平的大法典。它濃縮了先哲的智慧，並在幾千年的疏注闡發中不斷豐富且神秘。因神秘且豐富而引人人勝，因引人人勝而越發神秘豐富。另一方面，這也是與關注未來、求穩求勝的社會心理相關的。《周易》直接反映了周人日乾夕惕、居安思危的社會心態。《繫辭傳》的作者曾提出：「作《易》者，其有憂患乎？」《周易》闡發了居安思危的思想：「是故君子安而不忘危，存而不忘亡，治而不忘亂，是以身安而家國可保也！」（《繫辭下》）通過《周易》，你可以預測吉凶禍福，從而做到「與天地相似，故不違；知周乎萬物，而道濟天下，故不過；旁行而不流，樂天知命，故不憂；安土敦乎仁，故能愛。」（《繫辭上》）因而孔子說：「加我數年，五十以學《易》，可以無大過矣。」（《論語·述而》）可見，《周易》乃是由憂患意識而產生的占卜吉凶、慮豫人事的法則，這種非理性的神秘文化背後，隱藏的恰是慮前患後的人類理性意識。「善為《易》者不占」，也正是抓住了《周易》本質的至理名言。在《周易》的基礎上，經過歷代思想家的闡幽發微，析理剖判，逐漸形成了獨具特色的「易學文化」，它深刻地影響了民族的思維方式和文化進程。

（三）前車之覆，後車之鑒

重視經驗知識也是儒家慮患心態的表現。經驗的來源有兩方

面，一是直接的經驗，即自己的親身曆驗，二是間接的經驗，是他人的親身曆驗。我們常講，一個人不能被一塊石頭絆倒兩次，就是說人必須從自己以往的失敗中吸取教訓。儒家要人經常進行自我反省，以期從中發現過失和不足，從而能及時改過補不足。不過，人的直接經驗畢竟是很有限的，個人經驗的獲得，大多還是來自他人的經驗。孔子說：「三人行，必有我師焉」（《論語‧述而》），任何人都有值得學習借鑒的地方，故應當「擇其善者而從之，其不善者而改之」，「多見而識之」（同上）。

經驗的獲得和運用還要能做到舉一反三。任何經驗都是具體的、個別的，這就要求人們活用而不是套搬現成的經驗模式，鸚鵡學舌，照貓畫虎，可能畫虎不成反類犬。浮白齋主人《雅謔》中有一則笑話云：

> 有客語：「馬肝大毒，能殺人。故漢武帝云：『文成食馬肝而死。』」
> 迂公適聞之，發笑曰：「客誑語耳，肝故在馬腹中，馬何以不死？」
> 客戲曰：「馬無百年之壽，以有肝故也。」
> 公大悟，家有畜馬，使刳其肝，馬立斃。公擲刀歎曰：「信哉！毒也。去之尚不可活，況留肝乎？」

可見，吸取經驗時必要三思而後行，擇善而從，不善者應鑒而識之，舍而去之，像迂公這等盲信盲從，只會豫之不成反而廢，免不了重蹈覆轍的厄運。

（四）智能之事，不學不成

　　日常的小事，有一般的經驗常識就可以應付自如了。關係到前途、禍福、安危的大事，則需要較高明的洞察力和遠見卓識。「動則三思，慮而後行」（《三國志・魏書・楊阜傳》），這思慮之間還必須有一定的知識素養。諸葛亮之所以成為千古稱頌的智慧的化身，除了傳說演繹使之神化外，還與他運籌帷幄之時顯示出的博學多識、遠見奇謀有關。古之人講某某學富五車，上知天文，下知地理，未免誇張，但也並非毫無蹤影。諸葛亮借東風火燒曹操水軍，憑大雨巧退司馬懿大兵，等等，靠的就是他豐富的天文學知識。

　　因此，我們說，深廣的理論知識，是審近知遠、探往察來走中庸之道的保證，沒有理論指導的實踐是盲目的實踐。在現實生活中，那種由於缺少必要的知識修養引起的胡思亂慮、庸人自擾的事並不鮮見。明代劉元卿《賢奕編》中就有一位名叫沈屯子的自憂者。一次，他和友人一起聽說書，當聽到說書人講：「楊文廣被圍困在柳州城內，內乏糧餉，外阻援兵」之時，沈屯子眉頭緊蹙，跌足捶胸，歎息不已，自此日夜發愁楊文廣如何突圍以致抑鬱成疾。家人只好勸他去郊外散心去，在路上他看到有人背著尖竹子去集市上賣，又擔心竹尖鋒利刺傷行人。舊的心病沒去，反而雪上加霜，又添新愁，鬱疾愈甚。家人無計可施，只好請來了巫婆，巫婆告訴他道：「你來世將變作女人，嫁給一個姓麻哈的回族醜八怪。」沈屯子聽後更是憂心如焚，親朋好友千方百計勸他也不頂事，他說：「要想叫我放寬心，除非讓楊文廣解圍，背尖竹者回家，麻哈子寫封休書給我。」像沈屯子之類的杞人憂天一樣的「遠慮」，顯然是缺少必要的常識和知識的瞎慮。像他

們這樣「遠慮」是有了，「近憂」卻不僅沒少反而憂更憂，豈不是無知之誤哉！所以，要走中庸之道還必須以堅實的知識基礎作保障，否則，只會走向過與不及的極端。

六、窮達之際

　　儒家以道自任的精神不僅表現在棄暗趨明的政治選擇，而且也在於仕與不仕的人格選擇。「居天下之廣居，立天下之正位，行天下之大道，得志與民由之，不得志獨行其道。」（《孟子・滕文公下》）在諸侯割據稱雄的春秋戰國時期，君不正則投身他邦是明智之舉。但在國家統一的狀況下，這種選擇的自由度就很有限了。況且縱使在諸侯國林立的情況下，自己的政治主張也並不總能見行於世。所以，大丈夫待時而動，隨時進退，「天下有道則見，無道則隱」（《論語・泰伯》），天下有道，積極投身於時代洪流中，「以身殉道」；天下無道，則不失時機地退隱，致力於自我人格的完善，「以道殉身」。「窮則獨善其身，達則兼善天下」（《孟子・盡心上》），這就是儒家窮達之際的中庸處世之道。

　　「窮」，既是指「憂道不憂貧」的「貧」，即生活的困頓，也是指理想、抱負無從施展的社會際遇的困頓；「達」，既是指仕途暢通，宏圖大略得以實現，也是指達德、達道。「達則兼善天下」，即是在德至、道達的同時，推行自己的仁道，教化天下。「學而優則仕」，這是儒家設計的、為中國古代知識份子實踐的人生道路。秀才、舉人、進士，一級級的臺階，就是知識份子現實的「出身」和登堂人廟的必由之路，也是他們建功立業、縱橫捭闔、叱吒風雲、名垂青史的必由之路。儒家稱頌那些以天下為

己任、為生民謀幸福的大丈夫，認為「大丈夫生天地間，當為天下國家用」（黃震《黃氏日鈔》卷九十一）。天下興亡，匹夫有責。正是在這種神聖的使命感召喚下，有宏圖大略之士「逢時壯氣思經綸」（李白《梁甫吟》），或金戈鐵馬，馳騁於沙場；或論衡廟堂之上，運籌帷幄之中，治國興邦，強兵富民。治國平天下是儒家自我人格和人生價值的最高體現，儒者皓首窮經，目的就在於有朝一日得到賢明君上的垂青，顯達於世，以自己的道德學識經世致用，替天行道。生當作人傑，活著就要幹一番轟轟烈烈，驚天動地的偉業；死亦為鬼雄，即使死也要死得有價值，死得其所，「人生自古誰無死，留取丹心照汗青」。

但是，歷史卻總喜歡捉弄這些壯懷激烈的驕子英才。滿腹經綸、渾身韜略的精英們的光輝往往被黑暗遮蔽，英雄豪傑並不總有用武之地。雖然一顆赤子報國之心企求自己的文才武略得到賞識，但「白璧皆言賜近臣，布衣不得干明主」（高適《別韋參軍》）。縱使有幸為朝廷之臣，但君王並非個個都胸懷大志，希圖創建盛世偉績，於是乎免不了有「君恩如水向東流，得寵憂移失寵愁」（李商隱《宮辭》）的歎息。宦海沉浮，仕途波折，伴君如虎，生死無度以及「華鬢星星，驚壯志成虛」（陸遊《雙頭蓮‧呈範至能侍制》），理想未酬所產生的劇烈的價值失落感，迫使他們對惶惶不安的命運作出選擇。顯達的追求使自我價值泯滅於仰君鼻息之中，這種理想與現實的巨大反差使他們產生「長恨此身非我有，何時忘卻營營」（蘇軾《臨江仙‧夜歸臨皋》）的深沉反省，進而生髮出退卻和超越意識，「達亦不足貴，窮亦不足悲」（李白《答王十二寒夜獨酌有懷》）。既然不能以功名聞達於世，至少也得以至潔品行、高尚人格而無愧於天地己心，這是儒家知識份子在命運的十字路口做出的明智、達觀的抉擇。於是，「皇

恩若許歸田去，晚歲當為鄰舍翁」（柳宗元《垂別夢得》），許許多多失意的知識份子們走上了歸隱之途。

歸隱並不是道家的專利。孔子當年就對世之隱者極為讚賞，並把寄情山水、娛身養志作為一種生活理想。他認為，真隱逸是一種很高的境界，很難做到，「隱居以求其志，行義以達其道。吾聞其語矣，未見其人也。」（《論語・季氏》）他稱譽「邦有道，則仕；邦無道，則可卷而懷之」的蘧伯玉為「君子」，而僅把「邦有道，如矢，邦無道，如矢」的史魚稱為「直」，即耿直而無盡君子道風之士。他把「天下有道，以道殉身；天下無道，以身殉道」作為進退原則，指出「邦有道，穀；邦無道，穀，恥也」（《論語・憲問》），即邦有道不能有為，邦無道不能獨善其身，只貪圖利祿享樂，是可恥的。到孟子那裏，儒家的窮達之際凝為一個經典闡述：

> 士窮不失義，達不離道。窮不失義，故士得己焉；達不離道，故民不失望焉。古之人得志，澤加於民；不得志，修身見於世。窮則獨善其身，達則兼善天下。（《孟子・盡心上》）

《大學》、《中庸》的精神與此一致，也都把修身作為人生之本，治國平天下作為人生之用，進則行仁義於天下，退則不忘潔身自好。

與道家不同的是，儒家的隱退不僅僅指逸情山林，而且也包括融身民眾，處陋巷，飯疏食，貧賤不移，窮且益艱。道家認為，「為學日益，為道日損」，所以，他們的隱逸是指不問世事，放跡山林，回歸自然，返樸歸真。儒家則認為學無止境，無論進退都不能放縱自己的人格修養，「獨善」既要不變氣節，亦要為學

日益，不能以功名顯赫於人，亦當立德、立言於世。玄學家們可以赤身裸體，飲酒作樂，醉眠美色之側，理學家們絕不可以置禮教於不顧。儒家的隱者人在江湖之野，仍不忘道德的制約，仁心的培養。概括地講，儒家的隱逸思想大致有三個特點：

其一，天下無道則隱。這是隱逸的前提和原則。天下有道，正是大丈夫施展才華、建功立業之際，胸懷天下，肩負治國平天下重任的才智之士不能逃避社會，推卸自己的人生責任。天下無道，政亂治敗，仁人志士立身無路，報國無門，又不願同流合污，苟且偷生，自當卷而懷之，獨善其身。顯然，這與道家是不同的。道家從一開始就反對求功逐名，認為功名道德是禍害之根源，所以他們隱跡山林以求遠高塵世，回歸自然。儒家則是在功不成、名不就之時，退而求其次，寄身江湖，逸情山水。而且即使歸鄉居裏，仍心繫天下，念念不忘替天行道。

其二，就隱逸的目的而言，儒家既有和道家相同的一面，即求得明哲保身，又有和道家不同的一面，即修身養性，完善自我人格。一方面，儒家提出「賢者辟世」（《論語·憲問》），希望能夠「邦有道，不廢；邦無道，免於刑戮」（《論語·公冶長》），「國有道，其言足以興；國無道，其默足以容」（《中庸》），即借助暫時隱退的方式達到求生存的目的。《中庸》認為《詩經·大雅·烝民》中的「既明且哲，以保其身」就是這個意思。孔穎達注疏「明哲」一詞時說：「既能明曉善惡，且又能是非辨知，以此明哲，擇安去危，而保全其身，不有禍敗。」另一方面，隱逸也是維護大道、成就人格的一種方式。隱居以求其志，即在隱逸時仍固守善道，不失氣節，「雖窮困凍餒，必不以邪道為貪；無置錐之地，而明於持社稷之大義」（《荀子·儒效》）。明代學者方孝孺說：

> 不以窮達易其守者君子也，不以治亂改其節者良臣也。屈
> 挫於困約者，必不能不驕於富貴；處衰世而亂者，豈能效
> 忠於平治之時。（《遜志齋集》卷五）

　　與「達」相比，「窮」更是人的意志道德的試金石。顯達富
貴時守志不移難，窮且益堅、不墜青雲之志更難。平常之人，往
往在貧賤患難之上難立住腳。蘇武出使匈奴，被流放北海牧羊數
十載，吞氈飲血而大節不變，其德操令人仰視。明代理學家吳與
弼認為，人身處逆境時不要怨天尤人，應「物我兩忘，惟知有理
而已」（《日錄》）。他本人就是一個守操節的典範。他一生絕
意於科舉，無心戀官場，好多次被舉薦，他認為宦官當朝，佛教
盛行，天下難以治平，都堅辭不應。惟在家鄉授徒講學，孜孜不
倦，並常與弟子一同耕田種地，認為能「安貧樂道，方為君子」，
「貧賤能樂，則富貴不淫矣」（同上）。即使困頓潦倒至舉債度
日，仍以「貧賤富貴，樂與不淫，宜常加警束，古今幾人臻於斯
境也」（同上）來勉勵自己。

　　其三，隱顯退進，因時而動。儒家把行道、守道看得高於一
切，你不必為一君而死，卻可以殺身成仁，捨生取義，以身殉道。
因此，隱退或進取都是為了守道。識時務者為俊傑。時宜不適，
激流勇退，是智者之舉；時機成熟，隱而復出，同樣是智者所為。
或「潛龍勿用」，或「見龍在田」，或「龍躍在淵」，或「飛龍
在天」，或「亢龍有悔」，達德之人能伸能屈，能剛能柔，「可
以速而速，可以久而久，可以處而處，可以仕而仕」（《孟子‧
盡心下》），隨時守中，進退自如。

　　相比較而言，道家的「隱」更多地是逃避現實，摒棄名教，
回歸自然，全生葆真，以至到後來演變分化出煉丹修道升仙的宗

教；儒家的「隱」卻是隱身濁世，是對現實政治的逃避，身在山野，心繫朝廷，其目的不在於求得肉體仙化永生，而在於成全精神上的大我，在於以「獨善其身」的方式守中道。對於儒家仕與隱的關係，用明代海瑞的話說，二者並不是截然對立之道，「孔子無道則隱，其隱也皇皇然有道則見之心。孔子舍之則藏，其藏也拳拳然用之則行之念」，「此正是有定仕無定隱之道，大中至正，通天下，合人己。」（《海瑞集》下《出處》）

從以上的意義來講，「千古隱逸之宗」、中國古代第一號大隱士陶淵明的隱遁與其說近於道家，無寧說更像是儒家式的隱退了。陶淵明本是一位出身望族，心高氣宏，「猛志逸四海，騫翮思遠翥」（《雜詩》）的人物。不幸卻生逢亂世，雖欲「奉上天之成命，師聖人之遺書，發忠孝於君親，申信義於鄉間」（《感士不遇賦》），又不願陷身濁世，「為五斗米折腰」，於是走上了歸隱田園之路，在大自然寧靜超越的懷抱中尋找心靈的歸宿。在鄉居生活中，他與農夫為伍，與山鳥相娛，「登東皋以舒嘯，臨清流而賦詩」（《歸去來辭》），達到與自然的完全和諧。他超脫了世俗的羈絆，但並不放浪形骸於山野。他可以在「夏日長抱饑，寒夜無被眠」（《怨詩楚調示龐主簿鄧治中》）的困頓中品鑒大自然的真意，但並不放棄自己的追求，保持著儒家獨善其身的氣節，「寧固窮以濟志，不委曲而累己，既軒冕之非榮，豈蘊袍之所恥，誠謬會以取拙，且欣然而歸止，擁孤襟以畢歲，謝良價於朝市」（《感士不遇賦》）。他心目中的「桃花源」既是道家小國寡民式的避世樂園，也是儒家天下和平、人民安居樂業的理想世界。所以，從本質上講，陶淵明的歸隱是外道內儒的歸隱，他那份「雲無心以出岫」的自然和諧的情懷，不是出自道家對生活的逃避，而是儒家積極樂觀、熱愛生活的寫照。

比起陶氏來，唐代大詩人李白、白居易在窮達之際更表現出儒家的風貌。李白身懷曠世之才，也曾為供奉翰林，伴於君側，倍受恩寵。但他不願「摧眉折腰事權貴」（《夢遊天姥吟留別》），旋即離開長安，飄泊流落，歷盡困苦。他悲歎「世人自棄我」的懷才不遇，而又不甘濁世沉淪，現實的失意激發和強化了他的孤獨和狂傲，也造成了李白窮達之思的矛盾心理。他想遊覽九州，寄情山水，「人生在世不稱意，明朝散髮弄扁舟」（《宣州謝朓樓餞別校書叔云》），同時又自恃「天生我材必有用」（《將進酒》）、「我輩豈是蓬蒿人」（《南陵別兒童入京》），滿懷「長風破浪會有時，直掛雲帆濟滄海」（《行路難三首》）的希望和信心，翼求實現自己建功立業的夢想：「東山高臥時起來，欲濟蒼生未應晚」（《梁園吟》），「願將腰下劍，直為斬樓蘭」（《塞下曲六首・其一》）。但無情的現實迫使他重溫「一往桃花源，千春隔水流」（《古風》其三十一）的陶潛夢，無可奈何地飲酒高歌：「人生得意須盡歡，莫使金樽空對月」（《將進酒》），在酒的幻境中寄託消解不得的無邊無岸的愁腸，在對古代風流人物的心慕神往中咀嚼自己才情空負的痛苦，也試圖由此達到「達也不足貴，窮亦不足悲」的超越。這種深沉的憂患和痛苦在酒液的浸泡發酵下，從李白的胸中筆下噴湧而出，使他的詩作成為唐代詩歌的巔峰。這也許便是許多知識份子獨善其身的價值補償吧！

　　白居易生當唐朝由盛而衰、藩鎮割據、民不聊生的時代，對社會現實的險惡認識和體會得更深。他看到「十室八九貧」（《村居苦寒》）、饑腸襤衣的農民不得不「典桑賣地納官租」（《杜陵叟》），他自己也有「舉杯未及飲，暴卒來入門」、「奪我席上酒，掣我盤中飧」（《宿紫閣山北村》）的經歷，因而對百姓

的苦痛深為同情，對時弊更是切齒痛恨。當他身居廟堂時，便屢屢上表，「箴時之疾，補政之缺」（《舊唐書‧本傳》），他激烈耿直的諫言刺痛了憲宗及當朝權貴，被貶為江州司馬。一腔熱血付之東流，那種痛苦、失落和無奈怎不使「江州司馬青衫濕」（《琵琶行》）呢？當是之時，以「樂天」為字的香山居士深刻地領悟了孟子「窮則獨善其身，達則兼善天下」的微言大義。在給好友元稹的信中，他表達了以孟子窮達論為處世原則的思想：「大丈夫所守者道，所待者時。時之來也，為雲龍，為鳳鵬，勃然突起，陳力而出；時之去也，為霧豹，為冥鴻，寂兮廖兮，奉身而退。進退出處，何往而不自得哉？！」（《與元九書》）閒置江州司馬後，他也曾一度心慕陶淵明式的隱逸，從容於山水詩酒歌妓之間，但他「志在兼濟，行在獨善」（同上），內心理想之火從未熄滅。只是他改變了以往的棱角畢露，代之以外圓內方的成熟，在流連田園的形式下，為時著文，為事著詩，從而為日後複出時作力所能及的局部「兼濟」創造了條件。

像陶淵明、李白、白居易這樣窮不失志、達不離道的知識份子，歷史上比比皆是。可以說，窮達觀所表現的是中國古代知識份子的整體文化心態。中國歷代知識份子最具歷史責任感，無論窮達，位卑未敢忘憂國，即使是隱退，也是以退為進，立功、立言、立德是他們實現自我價值、彪炳千秋的「三不朽」。貫穿在窮達始終的，仍然是自我的人格尊嚴和人生價值，「兼濟」和「獨善」是以完善和實現人格精神而展開的知識份子的人生道路。有些論者認為，樂天知命，獨善其身，是儒家倫理道德抑制下的人格萎縮，是狹隘的利己主義，這不能不說是一大誤解，對中國知識份子來說，這種評價是不公正的。以天下興亡為己任的道義感，「居廟堂之高，則憂其民；處江湖之遠：則憂其君。是進亦

憂，退亦憂」（范仲淹《岳陽樓記》）的憂患意識，「在本朝則
美政，在下位則美俗」（《荀子・儒效》）的價值取向，「天行
健，君子以自強不息」（《周易・乾象》）的進取之心，貧賤不
移、富貴不淫、達不離道、窮不失志的人格精神，寧折不屈、以
身殉道的浩然正氣，造就了一代又一代兼濟與獨善人格和諧統一
的仁人志士，他們是民族的精英和脊樑。

多棱鏡：
中庸人生學獨特性透視

　　前面六章，我們從多個方面對中庸之道這一儒家人生哲學的智慧和結晶作了介紹。我們強調過，中庸之道是儒家獨具特色的人生哲學的集中體現。有比較才能有鑒別，這裏就儒家中庸之道與道墨法釋人生哲學及西方「中庸」觀的異同作一比較，從而使讀者對這一立論有一個更明晰和更深刻的理解。

一、有為與無為：儒道人生哲學比較

　　儒家和道家是中國文化的兩大主流，如果把儒家文化比做中國傳統文化的脊樑，那麼我們可以說道家文化是中國文化的骨架。中國傳統文化是儒道互補的，這一點已是人們的共識。互補的意義就在於，道家充實了儒家所留下的空虛，使中國文化豐盈而有光輝。而這種互補，也正好說明了儒家和道家思想中存在著

各不相同甚至相對的東西。這裏，我們以中庸之道為軸心，圍繞人生哲學問題，來看看它們的不同究竟在哪里。

（一）道德與反道德

道家最初被稱為「道德家」，《老子》和《莊子》中都集中討論了「道」與「德」。然而，有趣的是，道家卻是一個反道德的學派。

在道家學說中，「道」和「德」都包含兩層意思：其一，「道」是宇宙萬物的本原、本質和規律，「德」是事物從「道」所得的特殊規律或特性。《老子》五十一章中說：「道生之，德畜之，物形之，勢成之，是以萬物莫不尊道而貴德。」本原的「道」生成萬物，又內在於萬物，成為畜養萬物的「德」，用莊子的話說，就是「德兼於道」（《莊子·天地》）。其二，「道」指人生的哲理，「德」指人的品德。《老子》三十八章有「失道而後德」，《莊子·天道》有「請問仁義人之性耶？……夫子亦放德而行，循道而趨，已至矣！」其「道」與「德」都是與仁義相提并論的。道家的「道德」，分而言之有這兩層含義，統而論之，兩層意思是同一的，後者是前者的進一步發揮。生成萬物的「道」，表現在萬物身上是萬物本性之「德」，表現在人身上就是人的品性之「德」。

與儒家的「道德」觀念相反，道家講的「道德」是摒棄了仁義禮智這些世俗社會所認可的內容的，是與仁義禮智不相容的：

> 大道廢，有仁義；智慧出，有大偽；六親不和，有孝慈；國家昏亂，有忠臣。（《老子》十八章）

　　老子表述得很清楚，仁義禮智使人喪失了本真本純，是與「道德」背道而馳的。因此，要想恢復「道德」的本來面目，就必須反其道而行之，「絕仁棄義」（《老子》十九章），「複歸於樸」（《老子》二十八章），即拋棄引人人歧途的仁義禮智，回歸到無仁無義的素樸狀態。

　　老子「絕仁棄義」的思想在莊子那裏被發揚光大。莊子認為，仁義禮智是人類罪惡的淵藪，他指責儒家標舉的「聖」是違反人類道德本性的。《莊子・外物》以詼諧之筆辛辣地諷刺儒家假借仁義謀取名利：儒家為了詩書去挖墳掘墓。大儒問：「天快亮了，事情進展得如何？」小儒回答：「裙子短褲還沒脫下來，我們發現死者口中含有一顆寶珠。」大儒說：「古詩早就說過：『青青的麥子，生長在陵陂上，生不佈施於人，死了何必含珠？』」於是吩咐小儒抓著他的頭髮，拽著他的鬍鬚，用大鐵錐撬開他的下巴，小心翼翼地把寶珠取出來。在這裏，莊子辛辣刻薄地諷刺儒家借仁義之名中飽私囊，謀取功名利祿。莊子在另一處攻擊儒家說：

> 竊鉤者誅，竊國者為諸侯。諸侯之門而仁義存焉，則是非竊仁義聖智耶？（《莊子・膚篋》）

　　偷竊了一隻鐵鉤的人被視為盜賊而判了死刑，而借仁義的幌子偷竊了國家的人卻搖身變為諸侯，仁義除了虛偽狡詐、禍亂人心之外還能幹什麼呢？於是莊子疾呼：

> 毀道德以為仁義，聖人之過也。（《莊子・馬蹄》）
> 攘棄仁義，而天下之德始玄同矣。（《莊子・膚篋》）

　　他號召人類毅然拋棄仁義禮智，複歸到少私寡欲、與禽獸同

樂、倚靠大樹吟唱、頭枕枯木而眠的純自然狀態。

　　不難看出，儒道兩家的道德觀是截然相反的。儒家認為，人類之所以能走出動物界，成為天地之間「最貴」者，就在於人有仁義禮智等道德觀念和道德秩序，人類社會的和諧和進步也只能在這些道德觀念和秩序的規範引導下實現。一旦喪失了仁義禮智等道德，人類也就同動物一般無二了。所以，符合儒家道德的行為是中庸的行為。從這個角度講，道家的道德觀走上了極端，是違反中庸之道的，提倡與禽獸為伍乃是放棄了人之為人的根本。荀子就說道家「縱情性，安恣睢，禽獸行，不足以合文通治」（《荀子·非十二子》）。到了魏晉時期，道家任跡自然，與鳥獸同遊的主張發展到了極點，許多人紛紛飲酒食丹、赤身裸體，甚至與豬同眠，到了令人作嘔的程度。本來，適當的任情娛性是符合人的本性的，「以樂和情」是儒家思想的重要內容。但是，儒家認為，凡事都有個限度，達不到這個限度不行，超過了同樣不行。道家極力否定和排斥道德，把人等同於動物，顯然是無視人類社會實際，缺乏現實基礎，是違反中道的。

（二）為學與反智

　　儒家把「為學」看作是人生修養的一條極其重要的途徑，「君子學以致道」（《論語·子張》）。儒家認為，通過博學審問勤思，「篤信好學，死守善道」（《論語·泰伯》），可以懂得立世為人的道理，完善人的道德、人格。《荀子》第一篇就是《勸學》，提出「君子博學而日參省乎己，則知明而行無過矣」，通過堅持不懈的勤勉學習，可以做到合乎中道而無過錯。

　　與反道德的傾向相一致，道家明確反對「為學」，認為「為

學」使人心滋長了私欲是非，是與人的本真之性相違背的，是道德的倒退。老子說：「智慧出，有大偽」（《老子》十八章），認為物質文明和精神文明都是人類的罪過，「夫天下多忌諱（即道德規範——筆者注），而民彌貧；民多利器，國家滋昏；人多伎巧，奇物滋起；法令滋彰，盜賊多有。」（《老子》五十七章）莊子也說：「德蕩乎名，知出乎爭。名也者相軋也，知也者爭之器也。」（《莊子·人間世》）道德的敗壞是由於人好名，智慧的橫出是由於人爭強好勝，「名」是人互相傾軋的根由，「知」是人互相爭鬥的工具。所以老莊極力反對「為學」，主張拋棄智慧，「絕聖棄智，民利百倍」，「絕巧棄利，盜賊無行」（《老子》十九章）。《莊子·應帝王》中有一則寓言，刻畫了為學求智的危害。這則寓言說，南海的帝儵和北海的帝忽常到中央的帝王渾沌那裏相會，渾沌待他們特別好。天長日久，二人心中感激，便商量著該如何報答渾沌的恩德：「人人都有七竅，可以看、聽、飲食、呼吸，唯獨渾沌沒有，乾脆咱們幫他鑿開七竅吧！」於是他們一天為渾沌鑿開一竅，到了第七天，七竅鑿成了，而渾沌也死了。莊子這則寓言的寓意很明顯，感覺認識只能把人引入死途。

　　為了糾正「為學」的謬誤，使人類迷途而返，重歸正規，道家提出了「為道」說。「為道」與「為學」是正相反對的：「為學日益，為道日損」（《老子》四十八章），「為學」使人的經驗知識日益增多，「為道」使人的情欲逐漸減少。在「為學」上用功越勤，偏離大道就越遠，而在「為道」上用心愈著，人的私欲妄見就愈少，就不會有智慧仁義技巧來戕害人的自然真樸，這是人類返樸歸真的坦途。

　　道家講「為道」，不僅是要聖人絕聖棄智，而且要使全人類都「愚」化。為此，道家提出了以愚治國的方略：

> 古之善為道者，非以明民，將以愚之。民之難治，以
> 其智。故以智治國，國之賊；以不智治國，國之德。（《老
> 子》六十五章）

> 是以聖人之治，虛其心，實其腹，弱其志，強其骨。
> 常使民無知無欲。（《老子》三章）

天下大亂的禍源不是「知」嗎？那麼我們就反其道而行之，
「以不智治國」，使民無知無欲，只管吃飽肚皮，強健體格，把
那些誘惑人的欲念的聖知珠玉符璽鬥衡等等全都一古腦地丟到
爪哇國裏去，這樣的話，盜賊自滅，爭鬥自消，天下始治。

應當承認，從思維水準講，道家要比儒家精細和高深。但是，
就理論本身講，道家卻要遠遜於儒家。儒家主張的「為學」是進
取式的，他們希望通過學問之途保證人不離中道；道家主張的「為
道」卻是退卻式的，他們希望通過閉目塞聽無知無欲，以恢復人
類素樸的「童貞」。儒家的出發點是把人看成人，通過「為學」
使人成為真正的人，而道家的出發點則是把人看成物，通過「為
道」使人蛻變為動物。顯而易見，與其反道德的道德觀一樣，道
家的蒙昧主義「為道」觀同樣是無視人類社會現實，違背人的本
質的。

（三）有為與無為

「無為」是道家思想中最顯著的特徵，儒道的差異有很多，
歸結起來，最根本的一點便是有為與無為的差別。《史記·老子
韓非列傳》說：「世之學老子者則絀儒學，儒學亦絀老子。『道
不同不相為謀』，豈謂是耶？李耳無為自化，清靜自正。」這直
接點明儒道是根本排斥的，排斥的原因是「道不同」，道家之「道」

是「無為自化，清靜自正」。

　　道家「無為」的思想是與其反道德反智慧傾向緊密聯繫、一脈相承的，「為道日損，損之又損，以至於無為」（《老子》四十八章），以無德無知治天下，就是道家的「無為而治」。後世王弼釋老子的「無為」是「順自然也」，可謂得其神髓。「道」永遠是順任自然，不造不設，「無為」而在的。「道之尊，德之貴，夫莫之命而常自然」（《老子》五十一章），要完全依照事物本來的生滅變化，「以輔萬物之自然而不敢為」（《老子》六十四章）。否則，一旦摻雜了人的欲念與作為，自然就不成其為自然而成人為了。

　　人不僅不能改變自然，人自身也必須順應自然，「人法地，地法天，天法道，道法自然」（《老子》二十五章）。莊子認為，人的生死存亡、窮達富貴、榮辱毀譽及賢與不肖都是命運，不要試圖去改變它，順應自然便萬事大吉。妻子去世，莊子卻鼓盆而歌，別人感到不解，莊子笑著說，人生自自然，死而複歸自然，這有什麼可悲哀的呢？（《莊子·至樂篇》）

　　自然變化的規律是「常」，老子說：「知常曰明，不知常，妄作凶。」（《老子》第十六章）遵循事物自然之「常」就是「明」，而不顧自然之「常」，妄自作為必然招來凶禍。因而，對儒家歌頌的實行禮樂、教民稼穡、發明器物、厘定曆法的聖人，道家嗤之以鼻。道家告誡人們不要逞強顯知，提倡以柔弱勝剛強：「天下之至柔，馳騁天下之至堅。無有入無間，吾是以知無為之有益。」（《老子》四十三章）譬如水乃是天下至柔的，然而卻無堅不摧；人活著時身體柔弱，死了則變得僵硬如木，「故堅強者死之徒，柔弱者生之徒」（《老子》七十六章）。

　　可以看出，道家講「自然」，關心的並不是自然的真理，而

是人生的真理。道家「貴柔」、無為的思想，與儒家強調「天行健，君子以自強不息」（《周易·乾·文言》）的進取精神，可謂涇渭分明。

　　道家「無為」哲學突出地表現在其「無為而治」的學說中。道家認為：「我無為，而民自化；我好靜，而民自正；我無事，故民自富；我無欲，故民自樸。」（《老於》五十七章）施行「無為」的治世之術，則返樸歸真的社會理想也就近在咫尺了。道家雖然對儒家的「聖人」來了個徹底否定，可他們又為「聖人」穿上了「無為」的衣衫，把「無為而治」同樣付諸於聖人的權威。《老子》中說：

> 聖人不行而知，不見而明，不為而成。（四十七章）
>
> 聖人處無為之事，行不言之教。（二章）
>
> 聖人之道，為而不爭。（八十一章）
>
> 以其不爭，故天下莫能與之爭。（六十六章）

　　顯然，道家是想借聖人的權威使其無為而治的哲學具有更強的說服力和更廣的接受面。他們強調逍遙於「無為之業」，為無為，事無事，「不以心捐道，不以人助天」（《莊子·大宗師》）。他們認為「無為」才是最適合人的本性的，「大成若缺，其用不弊；大盈若沖，其用不窮」（《老子》四十五章），無為而無不為。

　　有意思的是，主張「有為」的儒家也曾提出過「無為而治」的思想，諸如：

> 無為而治者，其舜也歟？夫何為哉？恭己正南面而已矣。（《論語·衛靈公》）

以佚道使民，雖勞不怨。（《孟子·盡心上》）

昔者舜之治天下也，不以事詔而萬物成。（《荀子·解蔽》）

表面上看來，這與道家幾乎沒什麼兩樣。細究之，它卻正好又一次表現了儒道的不同。

儒家極力主張德政仁治，希望在仁與禮的統攝下使人心、社會不偏離中道。如果人人的道德境界都昇華到理想的程度，人人都自覺地依禮行仁，篤守中道，那麼一切外在的人的因素就成為多餘的了。所以，儒家的「無為而治」是以其「有為而治」為前提的，「無為而治」是「有為而治」的最終結果。相反，道家強調「無為而無不為」，在他們那裏，「無為而治」是手段，「無不為」（有為）才是真正的目的。

應該指出的是，儒道兩家雖然有諸多的衝突和差異，但如同我們在第二個問題中講過的，在共同的文化生態背景下，「天下一致而百慮，殊途而同歸」（《周易·繫辭下》），儒道哲學的終極都走向了「和」，在崇尚「中和」這一點上表現出了類似的傾向：

萬物負陰而抱陽，沖氣以為和。（《老子》四十二章）

有無相生，難易相成，長短相形，高下相傾，音聲相和，前後相隨，恒也。（《老子》二章）

莊子笑曰：「周將處夫材與不材之間。似之而非也，故未免乎累。……一上一下，以和為量，浮游乎萬物之祖……。」（《莊子·山木》）

天地之氣，莫大於和。（《淮南子·氾論訓》）

儒道的「中和」觀確實給人一種形似的感覺，這是因為儒道兩家是「同一軸杆」的彼此不同的兩極，「兩者都表達了農的渴望和靈感」[31]，兩者都是「中和情結」的表現，形似而「神」卻不同。因為儒家所追求的是矛盾衝突後的平衡，是由仁義禮智信這些道德規範所達成的「中和」，是心靈動態的寧靜，是「不逾矩」的「從心所欲」；而道家心目中的「中和」事實上是一種「自然」的無波瀾，是沒有「矩」的隨心所欲，是無知無欲、「心如死灰」的平靜，是天（自然）與人的等同而不是和諧的交融合一。一句話，儒家所追求的「中和」是現實的、充滿活力的，而道家所追求的「中和」則是缺乏現實基礎、沒有生命力的。

　　從某種意義上，我們可以說儒家是「唯善」的，道家則是「唯美」的。儒家強調人類正常的道德秩序，為人類社會的禮俗辯護；道家則強調人類的自然秩序，呼喚人性的純真自由。儒道的殊異表現了人的兩面性。這一點，我們援引林語堂的觀點來說明。林語堂在其《老子的智慧》一書中說：

　　　　孔子學說依其嚴格的意義，是太投機，太近人情，又太正確。人具有隱藏的情愫，願得披發而行吟，可是這樣的行為非孔子學說所容許。於是那些喜歡蓬頭跣足的人走而歸於道教。

　　　　道家哲學乃所以說明中國民族性中孔子所不能滿足之一面。一個民族常有一種天然的浪漫思想，與天然的經典風尚；個人亦然。道家哲學為中國思想之浪漫派，孔教則為中國思想之經典派。

---

[31]　馮友蘭《中國哲學簡史》，北京大學出版社 1985 年版，頁 25。

如果每一個中國人都履行如儒者的責任，而每一步都按理性來走，則中國不能延長二千多年仍然存在。

中國有幸，中國有一半時間是屬於道家的。

儘管林博士稱儒學為孔教我們不敢苟同，但他的睿智洞察的確令人嘆服，要講儒道互補的契合點，也許正在於此。不過我們認為，所謂儒道互補，從主導傾向上來說，是以道補儒，比如儒家有「兼濟獨善」之說，道家正好為儒家的「獨善」作了更充分的論證，當然其旨趣會有所不同。正因如此，我們才有「儒家為脊樑，道家為骨骼」的中國傳統文化觀。

二、和與同：儒墨人生哲學論衡

先秦時期，墨家與儒家同居於顯學地位。稍晚於墨翟的孟軻曾感歎：「楊朱、墨翟之言盈天下，天下之言，不歸楊則歸墨。」（《孟子‧滕文公下》）《呂氏春秋‧當染》則說，孔墨之「從屬彌眾，弟子彌豐，充滿天下。」《韓非子‧顯學》亦稱：「世之顯學，儒墨也。」在百家爭鳴中，墨家是作為儒家最大的反對派而出現的。據說墨翟早年曾「學儒者之業，受孔子之術」，後逐漸對儒學不滿，「故背周道而用夏政」（《淮南子‧要略》）。墨子濡染儒學而又背棄儒學，所以他的學說多是針對他認為的儒家之弊而發起攻擊的。

（一）「愛」的衝突

「兼愛」是墨子倫理思想的一個核心觀念，也是墨子一切主張的出發點。所謂「兼」，即周遍、不偏、兼顧之意，「兼愛」

就是不分人我、不別親疏、無論貴賤的無差別的人類之愛。

墨子提倡「兼愛」，是針對儒家主張的「親親」之愛的。墨子認為，「凡天下禍篡怨恨，其所以起者，以不相愛生也。」（《墨子·兼愛中》）人際間愛心的喪失，是一切嫉恨仇怨禍亂的根源，表現在：

> 子自愛不愛父，故虧父而自利；弟自愛不愛兄，故虧兄而自利；臣自愛不愛君，故虧君而自利。此所謂亂也。雖父之不慈子，兄之不慈弟，君之不慈臣，此亦天下之所亂也。……是何也？皆起不相愛。（《墨子·兼愛上》）

由於人人自愛自利，以致君臣異心，父子不親，兄弟不睦。墨子對這種「愛」被陷溺的社會現實深為憂慮，認為「聖人以治天下為事者，不可以不察亂之所自起」（《墨子·兼愛上》）。

「亂」既然起自人心的「不相愛」，那麼對症下藥，便要重新喚起沉眠已久的人類愛心。對於「愛」，儒家也是十分強調的。但儒家主張的「愛」是有秩序的，是以「親親」之孝為圓心，由「孝」到「悌」到「忠」到「信」，推己而及人，愛己而愛人。這樣的「愛」是有輕重之異、親疏之別的，即是有「差等」的愛，是以「別」為基礎的「愛」。墨家所提倡的則是「無差等」的愛，「不辟親疏」（《墨子·尚賢上》），是與「別」相反的「兼愛」。墨子對「兼愛」進行描繪道：

> 諸侯相愛，則不野戰；家主相愛，則不相篡；人與人相愛，則不相賊；君臣相愛，則惠忠父子相愛，則慈孝；兄弟相愛，則和調。天下之人皆相愛，強不執弱，眾不劫寡，富不侮貧，貴不傲賤，詐不欺愚。（《墨子·兼愛中》）

　　無疑，墨家宣導的「天下人皆相愛」的局面是令人神往的。「不辟親疏」說的是人的「愛」並不因親疏遠近而有差別，愛的力度無論對何人都是均等的，「視人之國，若視其國；視人之家，若視其家；視人之身，若視其身」（同上）。道理很簡單，「夫愛人者，人亦從而愛之」，「惡人者，人亦從而惡之」（同上），如此便形成人人相愛的局面。墨家認為，像儒家那樣把「親親」作為愛的核心向外輻射，行忠恕之道，這種有差別的愛首先是出於自愛自利，先為自家利益而不是為他人利益著想，表現出來必然會「虧人」、傷人。但從儒家的角度看，這種「兼愛」未免太「過」，太不現實了。孟子就曾指責「墨氏兼愛，是無父也」，「禽獸也」（《孟子·滕文公下》），荀子也說墨子「僈差等，曾不足以容辨異，縣君臣」（《荀子·非十二子》）。

　　從「兼愛」的立場出發，墨家極力主張「非攻」，宣導用愛心來化解人際的矛盾，消除無端的戰爭。墨子的思想反映了身處社會下層的小生產者要求平等、反對戰爭的善良願望，有一定的合理性。但在當時的社會歷史條件下，墨家無視階級差別、等級秩序，強調超現實的博愛，希望用「愛」來消除人類非道德的行為，未免失之於幻想，過於天真了。

（二）「利」的異趣

　　與「兼相愛」密不可分的墨子的另一個觀念是「交相利」。墨子揭露了由於愛心喪失造成的人類社會的巨大危害，那麼怎樣改變這種情況呢？墨子提出，要「以兼相愛交相利之法易之」（《墨子·兼愛中》）。你投之以桃，他報之以李，人人都以愛心為他人服務，自己也會得到同樣的回報，這就是「交相利」。可以說，

「交相利」是「兼相愛」的必然趨勢和結果，是把「兼相愛」的理想轉化為現實的實踐原則。

與儒家以義取利的主張不同，墨家在義與利之間劃了等號，認為「利」就是「義」，「重利」就是「貴義」。墨子說：「仁者之事，必務求興天下之利，除天下之害，將以法乎天下，利人乎，即為；不利人乎，即止。」（《墨子‧非樂上》）他對那些王公大人只利其「骨肉之親」而不利他人大為不滿，認為這是一種不道德的行為。他認為評價人的行為的道德標準就是「利民」，為民謀利益的行為就是高尚的道德行為。墨子著名的「三表」法就明確表達了這一思想：

> 何謂三表？乃墨子言曰：有本之者，有原之者，有用之者。於何本之？上本於古者聖王之事。於何原之？下原察百姓耳目之實。於何用之？發以為刑政，觀其中國家百姓人民之利。（《墨子‧非命上》）

這「三表」是墨子提出的檢驗人的言行正確性的標準，也是他提出的明「是非利害」的道德標準。墨子講「利」，主要指「國家百姓人民之利」，強調「愛利萬民」，把老百姓作為「利」的主體，這是與儒家不同的。我們說過，儒家講「以義取利」，其「利」指「天下公利」，如果是為天下公利的行為，本身也就是義了，這一點是與墨家相同的。但儒家「利」的主體不是「小人」，而是國家、家族。儒家講先義而後利，墨家卻似乎在表明先利而後義。這也表現了儒墨立場的差異。

與其「重利」主張密不可分的是「節用」和「節葬」等觀點。墨子背棄儒學重創墨學的重要原因，便是「以為其禮煩擾而不悅，厚葬靡財而貧民，久服傷生而害事」（《淮南子‧要略》）。

墨子特別強調節用，認為所有的財物都要儘量發揮其作用，絕不能糟蹋浪費，而儒家厚葬久喪的禮儀過於勞民傷財，使人「出則無衣也，入則無食也」（《墨子‧節葬下》）。但是墨子學派在實踐中把「節用」主張推向了極端，強調禁欲主義式的苦行，食不果腹，衣不蔽寒，「摩頂放踵以利天下」。墨家集團的儉約清苦到了匪夷所思的地步，實在太不近人情。《淮南子‧要略》說：「墨子，儉而難遵，是以其事不可偏循。」墨家學派的驟衰，與此不無關係。

（三）「樂」的分歧

儒家對「樂」的突出強調與墨家對「樂」的極力否定形成了鮮明的對比。儒家認為，「樂統性情」，音樂可以教化人性，和諧人心，協調人際關係，具有巨大的道德影響力。墨家則指責儒家尚樂「足以喪天下」，認為音樂對人有害無益，應予廢除。

墨家「非樂」是與其利民、節用主張相一致的。墨子說，老百姓有「三患」，即：「饑者不得食，寒者不得衣，勞者不得息」，如果去「撞巨鐘，強琴瑟，吹竽笙」，那麼「民衣食之財將安可得乎？」（《墨子‧非樂上》）墨者禁欲節用，艱苦勞作，就是要追求一個「饑者得食，寒者得衣，亂者得治」（《墨子‧尚賢下》）的理想社會，一切活動的出發點都應放在利民之上，不能利民之事應該堅決取締，而音樂恰恰是對百姓有害而無利的：

> 夫仁者之為天下度也，非為其目之所美，耳之所樂，口之所甘，身體之所安，以此虧奪民衣食之財，仁者弗為也。……雖身知其安也，口知其甘也，目知所美也，耳知其樂也，然上考之不中聖王之事，下度之不中萬民之利。

> 是故子墨子曰：為非樂也。（《墨子・非樂上》）

墨子從廣大勞動者的切身利益出發，認為「繁飾禮樂以淫人」（《墨子・非儒下》），於「除天下之害無補」，反而「虧奪民之衣食之財」，所以「興天下之利，除天下之害，當在樂之為物，將不可不禁止也」（《墨子・非樂上》）。顯然，墨子「非樂」的初衷是值得同情的。

但是，墨子對音樂的看法卻是錯誤的，他只看到了人有衣食方面的物質需要，卻沒有看到人還應該有精神方面的需要。他只強調質，卻否定文，否定音樂及文采美飾在社會生活中的積極作用。荀子批評墨子「蔽於用而不知文」（《荀子・解蔽》）是切中要害的。今人林語堂則說：「我並不是要攻擊墨子的學說，只是，在應該唱歌的時候，他反對唱歌；應該哭泣的時候，他反對哭泣；應該快樂的時候，他反對快樂，難道這樣就和人情相合了嗎？」[32]

（四）尚同與尚和

無論是「愛」的衝突，「利」的異趣，還是「樂」的歧異，歸結為一點，儒墨最根本的不同便是「同」與「和」。

如前所說，墨子「兼相愛」、「交相利」的前提和出發點便是取消差別，取消現實中存在的親疏遠近等級之別，以同等的愛心擁抱人類、利及天下。而儒家則是以「親親」之孝作為愛的起點，進而推己及人，澤被天下，從而實現治世的理想。對於音樂等，墨家同樣以武斷的態度予以全盤否定，取締了事。換句話說，

---

[32] 《中國哲人的智慧》，中國廣播電視出版社 1991 年版，頁 207。

墨家是要以無差等、無矛盾的「同」來取代儒家有差等、有矛盾的「和」。

　　另外，墨子認為天下大亂的一個重要原因是沒有統一的「義」，「一人則一義，二人則二義，十人則十義。其人茲眾，其所謂義者茲眾。是以人是其義，以非人之義，故交相非也」（《墨子·尚同》）。矛盾的是，墨子雖然反對差等，卻把「同義」的目標交給了聖主。他講「一同天下之義」，「一同其國之義」（《墨子·尚同》），要求全社會都絕對服從天子的意志，「天下之百姓皆上同於天子」，「天子又總天下之義，以尚同於民」（同上），普天下的人都要以天子的是非作為標準：「上之所是，必皆是之，上之所非，必皆非之。」（同上）進而他把「尚同」上升到治國之本，「今天下之王公大人士君子，請（誠）將欲富其國家，眾其人民，治其刑政，定其社稷，當若尚同之不可不察，此之本也。」（同上）他認為把握了這一根本，則「治天下之國，若治一家；始使天下之民，若使一夫」（同上）。墨子幻想以「同（兼）」去「異（別）」，消異於同，最終陷入了形而上學。對此，後期墨家有所認識，提出「君、臣、萌（民），通約也」（《墨子·經上》），提高了民「義」的地位。應該說，後期墨家的修正是有進步意義的，但卻未能改變其理論實質。

　　墨家無差別的絕對同一論，顯然大大遜色於儒家綜合同異的「尚和」論。我們說過，儒家講的「和」是多種矛盾的同一體，是同中有異，異中有同，是各種相異乃至相對立的要素的和諧統一，它是「和」而不是「同」，是動態的過程而不是靜態的結果。這是儒家的高明之處，也是儒墨的根本歧異所在。

　　從理論風格上講，儒墨也是大異其彩的。馮友蘭先生在《原儒墨》一文曾說，儒家出文士（儒），墨家出武士（俠）。也許

正是由於其出身的不同，儒學比墨學顯得更溫潤、更合理。正如馮先生在《中國哲學簡史》中所說的：「孔子是古代文化的辯護者，辯護它是合理的、正當的，墨子則是它的批判者。孔子是文雅的君子，墨子是戰鬥的傳教士。」[33]

如果把儒道墨三家的人生哲學放在一起作一個比較的話，我們就會看到，道墨正好是以儒家為中的兩極。道家「不及」，他們過分強調率性自然，使人的本質從人降到動物，以至發展到放浪形骸；墨家又太「過」，他們過分強調窒欲苦行，過著極端清苦克己的生活，使本應活生生的人完全喪失了自我的個性，生活失去了樂趣。道墨兩家是從非儒出發而走向兩極的。儒家則正好是道墨兩家的中和，他們既強調個體的主體人格力量，也強調集體的社會道德力量，同時注重人的自然性和社會性兩方面都得到適度的發展，這或許就是林語堂所說的儒家的「太正確」、「太合理」吧。

三、禮與刑：儒法人生哲學的分野

法家是儒家的又一個反對派。與墨子相似，法家的最大代表人物韓非也是先學於儒家而後反對儒家的，他和李斯都是荀子的學生。韓非片面發展了荀子的性惡論，同時又吸取了道家和墨家的有關思想，發揮了早期法家商鞅、申不害和慎到關於「法」、「術」、「勢」的思想，成為戰國末法家思想的集大成者。在此，我們就以韓非的思想為主，來分析一下法家人生哲學與儒家中庸之道的不同之處。

---

[33] 馮友蘭《中國哲學簡史》，北京大學出版社 1985 年版，頁 62。

在先秦諸子中，要論直接攻擊儒學之最猛烈者，當推韓非。首先，韓非抨擊儒學乃是「愚污之學」。他說，孔子之後，儒分為八，各自對孔子思想的取捨不同甚至相左，可卻自命為「真孔」，這只能說明儒學不過是「無參驗而必之」，「弗能而據之」的「愚污之學」。其次，儒家講孝，主張厚葬，墨家講節用，主張薄葬，兩者如「冰炭不同器」、「寒暑不革時」，可是統治者都禮待之。韓非認為這種「雜反之行」說明了導致國家混亂的根源之所在，「雜反之學，不兩立而治，今兼聽雜學繆行同異之辭，安得無亂乎？」（以上引文均出自《韓非子·顯學》）再次，韓非反對儒家言必稱堯舜式的「法先王」的價值取向，提出「法後王」的主張。他指出，「上古競於道德，中世逐於智謀，當今爭於氣力」（《韓非子·五蠹》），歷史是前進的，道德已經過時了。在武力爭雄的時代奢談仁義，就如同「守株待兔」、「宋人買履」一樣，乃是「以寬緩之政，治急世之民」（同上）的愚腐之舉。第四，韓非視儒家為「五蠹」之一，要求統治者拋棄之。「五蠹」即五種禍亂國家的大蛀蟲，指的是「學者」（儒家）、「言談者」（縱橫家）、「帶劍者」（墨者、遊俠刺客）、「患禦者」（逃避耕戰的人）、「商工之民」（商業和手工業者）。他說：「國平則養儒俠，難至則用介士」，國家太平時養活那些儒生墨者，戰爭來了則要用武士，「所養者非所用，所用者非所養，此所以亂也」（《韓非子·顯學》）。他還指出，「儒以文亂法」，「法趣上下，四相反也，而無所定，雖有十黃帝不能治也」（《韓非子·五蠹》），儒家思想對社會的危害實在太大了。

法家思想的出發點是「人性自利」。慎到說：「人莫不自為也。」（《慎子·因循》）商鞅說：「夫治國者，能盡地力而致民死者，名與利交至。」（《商君書·算地》）韓非繼承了荀

子的「性惡論」和前期法家的這些思想，提出「好利惡害，夫人之所有也」，「喜利畏罪，人莫不然」（《韓非子·難二》），「人情皆喜貴而惡賤」（《韓非子·難三》），認為人性就是趨利避害，並以此來建構起他的法治思想。

韓非的人性論與現代西方社會學說的行為學派很相似。行為學派認為，人或動物的行為受到兩種原動力的驅使，一種是追求報酬，也就是趨利；一種是逃避懲罰，即避害。整個社會秩序就是建立在利用人的趨利避害的本性之上，依靠獎懲作用建立起來的。韓非則同樣指出：「夫賞罰之為道，利器也」（《韓非子·內儲說上》），他把賞罰稱為國君的「二柄」（《韓非子·二柄》）。為了證實自己的理論無謬，他讓越王把宮殿點著，結果沒人去救火。於是下令：「誰救火而死，像打仗陣亡一樣予以獎賞；救火不死的，像打了勝仗一樣獎賞；見火不救者，像打仗降敵一樣嚴懲不貸。」結果，人們身上塗上泥巴，穿上濕衣服，左三千人，右三千人，奮勇救火。所以，法家的「法」是建立在這樣一種對人性的基本認識之上的，「凡治天下者，必因人情。人情者，有好惡，故賞罰可用。賞罰可用，則禁令可立而治道具矣。」（《韓非子·八經》）

韓非認為，道德是虛偽的，人的一切社會關係都是利害聯結起來的關係。父母生了兒子大肆慶賀，生了女兒卻殺死，這是從養老的角度「計之長利也」，夫妻間的親疏則是以性的滿足為前提的。可見，父母與子女、丈夫與妻妾之間不過是「用計算之心以相待」的關係。君臣之間的關係也是一樣，不過是官爵利祿與「死力」的買賣關係，「臣盡死力以與君市，君垂爵祿以與臣市」（《韓非子·難一》）。所以，韓非根本否定道德的社會作用，反對君主懷「不忍」之心，認為「仁義喪國」，「慈惠亂政」，

主張嚴刑重罰，禁民「為非」。他說：

> 為治者用眾而合寡，故不務德而務法。（《韓非子·顯學》）

> 夫虎之所以能服狗者，爪牙也，使虎釋其爪牙而使狗用之，則虎反服於狗矣。人主者，以刑德制臣者，今君人者釋其刑德而使臣用之，則君反制於臣矣。（《韓非子·二柄》）

> 為人臣者，畏誅罰而利慶賞，故人主自用其刑德，則群臣畏其威而歸其利矣。（同上）

> 夫嚴刑者，民之所畏也；重罰者，民之所惡也。故聖人陳其所畏以禁其邪，設其所惡以防其奸，是以國安而暴亂不起。（《韓非子·奸劫弒臣》）

顯而易見，韓非在否定儒家德治論的同時，極力推崇暴力的威懾作用，已不自覺地在道德論上走向了極端利己主義，在政治觀上走向了冷酷的獨裁專制主義。如果說儒家是中道，那麼可以說道家顯得不及，法家則有點太過，走向了另一個極端。在比較儒法的分野之時，馮友蘭先生說：「儒家主張，治理百姓應當以禮以德，不應當以法以刑」，「儒家要求不僅治貴族以禮，而且治平民也應當以禮而不以刑，這實際上是要求以更高的行為標準用之於平民」；相反，「法家不是把平民的行為標準提高到用禮的水準，而是把貴族的行為標準降低到用刑的水準，以至將禮拋棄，只靠賞罰，一視同仁」，「儒家的觀點是理想主義的，法家的觀念是現實主義的。」[34]理想主義總是認為無過無不及的「中

---

[34] 《中國哲學簡史》，北京大學出版社 1985 年版，頁 198~196。

庸」是最好的，現實主義卻由於只注重眼前的利害得失而走向極端。儒家事實上也並不完全否定刑與法的作用，而是主張在禮的前提下或在合禮適度的範圍內用刑施法。在法家的理論支持下，秦王朝憑藉強大的軍事力量征服了六國，統一了天下，但暴力的發作就像浮腫一樣，其興也驟，其衰也速。漢以後的統治者又不得不回歸到儒家的路數上來。當然，儒家的思想也是不斷「損益」的，它也吸取了其他學派的合理思想。但是，正如我們曾經指出的，若據此說中國傳統文化的基調是陽儒陰法，則未免因抬高法家而失於偏頗了。

四、存在與虛無：儒釋人生哲學的異同

佛教從西漢末東漢初傳入中國，魏晉時向中國本土文化靠近，並逐漸站穩腳跟；南北朝時進一步與傳統文化融合；隋唐時期與儒道抗衡，十分興盛；宋明時期，三教合流。直到今天，佛教在藏、蒙、傣等少數民族地區幾乎是全民信仰，在漢族地區也有相當大的影響。可以說，佛教在不斷中國化的過程中，逐漸融為傳統文化中的一個重要組成部分。因此，比較一下中國化的佛教的人生哲學，對於我們認識儒家的中庸之道，認識傳統文化不無益處。

（一）即世間和出世間

馮友蘭先生把儒家的中庸之道稱為「即世間」的學問，那麼佛教自然是出世間的學問了。梁漱溟先生在《儒佛異同論》一文中，也表述過類似的觀點：「儒家從不離開人來說話，其立腳點

是人的立腳點。說來說去總還歸結到人身上，不在其外。佛家反
之，他站在遠高於人的立場，總是超開來說話，更不復歸結到人
身上──歸結到佛。前者屬世間法，後者則出世間法，其不同彰彰
也。」[35]梁先生之見，可謂入木三分地抓住了儒佛異同的精髓。
如果用馮先生的「即世間」說代替梁先生的「屬世間」之說，其
論說將更精當。儒家著述汗牛充棟，傳承源遠流長，但總其要，
核心在於講什麼樣的人格才是完善的人格，怎樣修養才能實現完
善的人格，其最終目標是使人成聖成賢。佛教則不同，其宗派林
林總總，有大乘小乘之分，有三論宗、瑜伽宗、天臺宗、華嚴宗、
禪宗、密宗等等宗派之分，其學也是針對人生的，但其人生哲學
的指向卻是超世間的，它討論的是人的佛性，如何修行成佛等，
最後的目標是進入「西方極樂世界」，脫卻人的凡胎俗骨而成佛。
所以，儒家把人的目光引向人自身的存在，佛教則把人的目光引
向「不生」、「無生」，引向虛無。

佛性論是佛學教義的中心問題。佛性的本義是指成佛的
「因」、「界」，即脫凡成佛的可能性。東晉僧人竺道生提出「一
闡提者」皆有佛性，即縱使是那些對佛法不生信心、斷了善根的
人也有佛性，因此「一切眾生，莫不是佛，亦皆泥洹。」（《妙
法蓮花經疏》）他的觀點曾引起佛學界巨大的爭論，本人也被「破
僧」（開除僧籍）。後來，北涼曇無讖譯的《大般涅槃經》證實，
道生之論是正確的。於是，「一切眾生皆有佛性」為佛界僧眾普
遍認同。佛性論闡明人人皆有佛性，並不是要肯定人生現世生活
的意義，而是要說明，世間萬象以及人生都是一種假相、幻影，

---

[35] 《中國文化與中國哲學》，深圳大學國學研究所主編，東方出版社 1986
年版，頁 429。

唯有「佛性」、「實相」是真實的。佛教有一個基本思想，即「四大皆空」，就是說宇宙萬物沒有一件不是「四大」（即地、水、火、風四種元素）暫時聚合生成的，四大合則生，散則滅，沒有真實不變的實體，人也不過是色、受、想、行、識「五蘊」假合而成的。學佛的目的，是體證佛性，返迷歸極，轉凡成聖，恢復了佛性也就進入了佛界，成就佛果了。所以，儒家主現實主義，佛家主出世主義，並由此引出一繫列的具體差異。

（二）善惡與「淨」、「染」

佛教的「四諦說」和「十二因緣說」，反映了佛教對人生的基本看法。「四諦」即「苦諦」、「集諦」、「滅諦」、「道諦」。這「四諦」是講人世間的各種苦難、造成苦難的原因、解脫苦難的途徑和佛教的無苦涅槃的理想。佛教的原始出發點，就是斷定人生一切都是苦，如生苦、老苦、病苦、死苦、愛別離苦、怨憎會苦、求不得苦、五取蘊苦等等，甚至「樂」也是苦的一種表現。人生的本質就是苦，人生面對的一切都是「苦」。「十二因緣」則是指人的生命的起源和過程所依賴的十二種彼此互為條件或因果鏈的環節：無明、行、識、名色、六入、觸、受、愛、取、有、生、老、死。「十二因緣」表述了與「四諦」相同的人生觀。通過順觀十二支生得出「苦諦」，逆觀十二支生得出「集諦」，順觀十二支滅得出「滅諦」，逆觀十二支滅得出「道諦」。「十二因緣」與「四諦」理論貫通起來，旨在說明人世苦難的原因及從生死輪回中解脫的途徑。

正是在這樣一種特殊的人生觀的基礎上，形成了佛教獨特的善惡觀。佛教認為，心性本淨，但卻被俗塵煩惱染污。「四諦」

之中，「苦諦」和「集諦」是「染」，另二諦是「淨」。執著於「染」即是惡，人生的欲望是萬惡的根源。佛教有一句勸誡世人的口頭禪：「苦海無邊，回頭是岸」，就是要人拋棄各種欲念，免除凡塵對清淨本心的污染，回到本淨。為了消除欲念，佛教要人消除有常、有我的欲望，認識塵世的虛幻與空無，達到無常、無我的境地。最典型的就是佛教僧人必須出家修行。這「出家」，就是要斷絕與塵世的「緣」，消除對現世生活的各種欲望。顯然這是與儒家重視家庭倫理的觀念相衝突的。所以，儒家經常菲薄佛教「脫略父母，遺蔑帝王，捐六親，舍禮義」，使得「父子之親隔，君臣之義乖，夫婦之和曠，友朋之信絕」（《廣弘明集》卷七、卷十五），並說佛教「入國而破國，入家而破家，入身而破身」（《弘明集》卷八）。同時，佛教的極端禁欲主義即令以苦行自勵的墨家也會瞠目的，他們摒棄了一切人生的正常欲望，把欲望歸為「惡」的範疇，也是與儒家大不相同的。儒家的善惡觀是建立在健康的人生態度上的，是以督導人的健康向上的人生活動為功用，以成就現實的人生境界為目的的。佛教的人生修養理論，肩負著解脫現實現世的人生苦難的重任；儒家的人生修養理論，只是防止人們由善墮落到惡，勸導人們棄惡揚善。儒家人生修養的理想境界是從容中道，從心所欲不逾矩；佛教人生修養的理想境界是「涅槃」，是對人生假相的最後否定。

儒家和佛教人生哲學的歧異之處，可以進行多方面的比較，但最根本的一點分歧，恐怕就是即世間和出世間的差別，我們稱之為「存在」與「虛無」之差別。儒家執著於現實人生的「存在」，教給人現實生活的中庸之道。佛教執著於對現實人生的否定，致力於虛無的彼岸世界，教給人走出塵世的方法。

當然，儒家和佛教還有許多相同之處。二者思想的內核都是

人，都是對人生在宇宙和社會中的價值作出某種判斷，主要內容都是人生哲學，都重視內向自律的修為方式。佛教的戒律大部分並不和儒家的仁禮學說衝突，特別是與先秦百家爭鳴、相互攻訐不同，佛教在中國化的過程中，為了自身的生存，主動向儒家靠近，大量地吸取了儒家的學說，形成了特殊的中國佛教。而佛教同時也對儒家人生哲學產生過積極的影響。宋明理學的心性理論就得益於佛教者不少。

五、中庸：東西方文化的風景線

儒家和道墨法釋（中國化的）之間的歧異，畢竟是自家兄弟之間的那種差別，如果相對於西方文化，它們之間的「同」還是要大得多，如倫理傾向、和諧觀念、整體觀念等等。雖然各家表述的角度和程度不同，但這些觀念是中國傳統文化共有的。儒家文化和西方文化差異，則是不同的民族心理、文化結構的反映。限於篇幅，我們只是以先秦儒家和古希臘羅馬哲學家的中庸思想為主，簡略地討論一下這一問題。

（一）迴異的文化生態

在談到儒家中庸之道的文化生態源時，我們強調了三點：第一，農業文明的智慧；第二，血緣宗法關係的產物；第三，中和情結的表現。這三點，古希臘文明是不具備的。

古希臘文明的誕生地處於巴爾幹半島，那裏山嶺多，土地貧瘠，夏長而炎熱，基本生活資料主要靠海洋貿易。所以，古希臘文明是商業經濟比較發達的海洋性文明。它強調人和自然的對立

與衝突，注重人對自然的征服，熱衷於尋找自然界背後的本質和邏輯根據，受古埃及、巴比倫、波斯、腓尼基文化的影響，長於精確的計算和精密的邏輯演繹。因此，最早的希臘哲學家同時也是自然科學家。同時，古希臘城邦奴隸制是在氏族制度充分解體的基礎上形成的，被恩格斯稱為「最純粹」、「最典型」的「雅典國家」形式。[36]它按照財產和職業集團而不是按血緣把人們分為不同的社會集團，並根據私有財產確定社會成員的權利和義務，國家機構完全取代了氏族機構，實行貴族民主政治。群體關係或個體關係都是建立在以金錢為仲介的財產關係和經濟關係的基礎上的。這樣的社會結構表明，古希臘的人際關係比較簡單。因此，古希臘文明較少倫理傾向，而偏重於研究工商業的發展問題。古希臘羅馬的哲學家大都有《論自然》之類的著作，卻很少有系統的倫理學著作。兩種根本不同的文化生態，涵育了兩種根本不同的哲學形態，也決定了各自哲學發展的方向。

（二）中庸和「西」庸的不同表現

雖然文化生態完全不同，有趣的是，古希臘哲人也提出了「中庸」這個範疇，而且把「中庸」看成是「美德的特性」。

但是，西方倫理學的努力在於把倫理學變為像自然科學一樣的知識性學問，追求道德與知識的統一。二者相比較的話，古希臘哲學家所講的「中庸」，與其說是講倫理精神，毋寧說講的是方法論。馮友蘭先生說「中庸」之「中」，很像亞里斯多德的「黃金中道」。但只能說是像，形似而神不似。說西方的「中庸」是

---

[36] 恩格斯《家庭、私有制和國家的起源》，《馬克思、恩格斯選集》卷四，人民出版社 1972 年版，頁 105~115。

方法論，是說它把西方人那種對自然的精確性的興趣帶到了對人類秩序的研究中，要求人的行為具有同樣的絲毫不爽的準確性。雅典城邦的執政官梭倫說：「我手執一個有力的盾牌，站在兩個階級的中間，不許他們任何一方不公平的占著優勢。」（普魯塔克《梭倫侍》）亞里斯多德也說：「中庸之道有助於政治安定」，「惟有以中產階級為基礎才能組成最好的政體」，因為「最魯莽的平民政治或最強項的寡頭政治」這兩種極端政體容易流變為「僭政」，至於「中產階級所執掌而行於中道或近乎中道的政權就很少發生這樣的演變」。[37]這就是說，「中庸」是使各種政治勢力都保持絕對公平的方法。亞里斯多德還認為，就中庸的性質來講，中庸必須在兩個極端之間存在，要成為一個善人，就必須行中庸。他說：「善德就在於行於中庸──則適宜於大多數人的最好的生活方式就應該是中庸。」（同上）德性的修成很困難，因為它要找到一個準確無誤的中點，這就像叫每個人在一個圓圈裏面找到他的中心點，是不容易做到的。為了幫助人們找到自己的中心點，亞里斯多德提出了幾條規則：第一，設法達到離更相反於中庸的那個極端，並選擇兩惡之中最小者；第二，考察我們最容易犯的錯誤，得出容易造成的偏激傾向，然後向相反的一面驅策我們自己；第三，快樂往往干擾人的判斷的準確性，故必須注意那些能給我們快樂的事情。亞氏給出了這一連串走中庸之道的方法，但到底什麼是「中」，卻未能給以說明。因之，他的中庸說流於經驗的層次上，是一種方法論。而儒家則站在倫理道德的層次上，對「中」的具體內容和要求即倫理道德規範作了說明。這種差別正好反映了一者的興趣在自然科學般的準確性上，注重

---

[37]　《政治學》，商務印書館，1996 年版，頁 205~207。

的是方法；一者的興趣在於人自身，注重的是人倫精神。儒家的「中庸」在這一點上是要比古希臘的「中庸」高一層次的。

從價值系統上分析，儒家的「中庸」與古希臘的「中庸」所要實現的價值目標是不同的。儒家是主張群體本位的，「中庸」是與實現社會群體的需要聯繫在一起的，是為了滿足社會的共同利益，是與「外王」聯繫在一起的。古希臘的「中庸」則是主張個體本位的，它與實現個體的需要聯繫在一起，為個體提供克服過與不及兩種傾向的情感、道德、行為準則，達到「中道」的適度狀態，從而為實現個人的幸福服務。由於西方哲學以個人為本位，過分強調了方法的一面，而對道德的價值重視不夠，所以一方面是物質文明的高度發達，另一方面卻是社會道德水準的不斷下降，造就了許多「道德侏儒」。這種畸形的發展傾向已給西方發達國家敲響了警鐘，婚姻不穩、人際冷漠、黨派紛爭、民族歧視、治安混亂，帶來的是精神上的困頓、孤寂、煩悶、頹廢。西方發達國家在飽嘗了精神家園失落的痛苦後，不得不把目光投射到東方社會，投射到儒家倫理上來。當然，中國哲學群體本位、倫理至上的價值取向也帶來了科技意識的相對薄弱的弊端，給中國歷史發展造成了消極影響。當今時代，隨著經濟，全球化和世界體化，各種文明形態既競相發展又相互融攝。東西方文化協同並進，已成為全球有識者的共識，也必將成為人類文明發展的新航向。從這裏，我們可以再次看到「執兩用中」的深遠意義。

中庸人生學的輻射效應

儒學之所以被認為是中國傳統文化的主幹，不僅因為其學說獨具特色，更在於它對中國社會的全方位的、深入骨髓的影響。在古人心目中，儒學不僅是安身立命之學，而且是經邦濟世之大略。這裏，我們以中庸之道為核心，摭其要者看看這一問題。

一、用中於民的中庸政治觀

在剖析中國和西方傳統社會的區別時，一般認為，西方文化導致了民主政治，中國文化導致了倫理型政治；西方社會是法治社會，中國社會是人治社會。從主導傾向來說，這種觀點是不錯的。關於中國倫理型政治的根源，我們在前面已經揭明，中國奴隸制社會直接脫胎於血緣氏族公社，形成了獨特的血緣宗法奴隸制。維持這種社會秩序的，主要是人與人之間的親情關係，是倫理道德準則；經濟形式則是以家庭為單位的小農經濟，由此決定了血緣宗法社會的倫理型政治的形成和發展。現在的問題是：這

種政治形態背後隱藏的又是怎樣一種政治觀念呢？

（一）仁禮機制：儒家政治觀的挈矩之道

「挈矩之道」是儒家提出的處理現實生活中各種關係的倫理原則。朱熹解釋說：「挈，度也；矩，所以為方也。」（《四書集注・大學》）意即「挈」是指約束、規範、法度，「矩」是指指導人們行為的原則，「挈矩」就是人們要遵循的規範準則。《大學》曰：

> 所謂平天下在治其國者：上老老而民興孝，上長長而民興
> 弟，上恤孤而民不倍，是以君子有挈矩之道也。所惡於上，
> 毋以使下；所惡於下，毋以事上；所惡於前，毋以先後；
> 所惡於後，毋以從前；所惡於右，毋以交於左；所惡於左，
> 毋以交於右：此之謂挈矩之道。

顯而易見，所謂挈矩之道，實質上就是治國平天下，實現大同理想所依據的倫理原則：在上者孝敬老人，則臣民人心向孝；在上者敬上，則臣民尊長；在上者體恤憐愛孤寡，則臣民與上同心同德。這是對政治行為的實施者而言的，也就是孟子要求統治者做到的：「老吾老以及人之老，幼吾幼以及人之幼。」（《孟子・梁惠王上》）擴大開來，對包括臣民在內的整個政治活動的主體而言，就是要以挈矩之道處理上下、前後、左右的關係，如果你不希望別人這樣對待你，那你先要做到別這樣對待別人。比如你對上級的貪暴苛毒深惡痛絕，那你對屬下就要寬厚仁義；你對自己兒女的忤逆不道大為惱火，就要想想你對自己的父母是否孝敬；你不願朋友對你不講信義，那就要對朋友坦誠相待。可以

說，從人我關係看，人我都得守「禮」，遵循禮的規範原則；另一方面，從我對他人的本心看，我首先要有仁愛之心。所以，「絜矩之道」實際上是「仁──禮」機制的表現形式，即內心的「仁」的自覺與外部「禮」的規範相統一，己所不欲，勿施於人，這正體現了「中庸」的精神。

　　儒家的政治學可以叫做「仁政」之學。孔子提倡禮制和德政，認為德政「譬如北辰，居其所而眾星共之」（《論語・為政》），像群星旋繞北極星一樣，具有強大的凝聚力。他還指出：「道之以政，齊之以刑，民免而無恥；道之以德，齊之以禮，有恥且格」（同上），意即僅靠刑法禁令行政，人民懾於淫威會暫時屈從，但只能苟免刑罰而內心不會樹立道德信念；靠道德行政，用禮來統一人的行為，則人民善於不善，從而樹立自覺的道德信念。所以，孔子在兩次回答季康子問政時都強調倫理政治的威力：

　　　　季康子問政於孔子。孔子對曰：「政者，正也。子帥以正，孰敢不正？」（《論語・顏淵》）

　　　　季康子問政於孔子，曰：「如殺無道，以就有道，何如？」孔子對曰：「子為政，焉用殺？子欲善，而民善矣。君子之德風，小人之德草。草上之風，必偃。」（同上）

　　孟子踵事增華，對「仁政」學說作了集中發揮。他強調以仁義道德原則作為施政的根據，認為仁政是王者的仁義之心推己及人的結果，「有不忍人之心，斯有不忍人之政矣」（《孟子・公孫丑上》）。王者行政是否「施仁」，關係到國家的廢興存亡，「天子不仁，不保四海；諸侯不仁，不保社稷」（《孟子・離婁上》），而「行仁政而王，莫之能禦也」（《孟子・公孫丑上》），仁德的政治力量是無敵於世的：

今王發政施仁，使天下仕者皆欲立於王之朝，耕者皆欲耕
於王之野，商賈皆欲藏於王之市，行旅皆欲出於王之塗，
天下之欲疾其君者皆欲赴愬於王，其若是，孰能禦之？
（《孟子·梁惠王上》）

仁政的推行除了為政者需懷有仁心外，還必須強調「禮」的
行為規範作用，「道德仁義，非禮不成；教訓正俗，非禮不備；
分爭辯訟，非禮不決；君臣上下，父子兄弟，非禮不定；宦學事
師，非禮不親；班朝治軍，涖官行法，非禮威嚴不行」（《禮記·
曲禮上》）。「禮」是政治行為的實際運作原則，在現實政治生
活中可以「經國家，定社稷，序民人」，是治國安邦的根本大法。
正因為「禮」在倫理政治中具有這樣大的作用，所以《荀子·君
道》中說：「請問為人君？曰：以禮分施，均遍而不偏。請問為
人臣？曰：以禮待君，忠順而不懈。」北宋李覯對「禮」作了全
面論述。他認為，「夫禮，人道之准，世教之主也。聖人之所以
治天下國家，修身正心，無他，一於禮而已」（《禮論第一》）。
李覯鞭撻了脫離「禮」的「仁」，認為「非禮之仁」是「此失其
本者也」（《禮論第四》）。朱熹則從另一個角度出發，反對非
仁之禮，認為「義、禮、智都是仁」（《朱子語類》卷六）。總
而言之，無論說「禮」包含了「仁」，還是說「仁」包含了「禮」，
儒家始終把「仁」與「禮」的協同運作看成是為政的挈矩之道，
認為「為國之道尚禮義不尚權謀，根本之圖在於人心，不在技藝」
（《同治朝籌辦夷務始末》卷47）。

（二）用中於民：儒家政治觀的立足點

社會本身是一個巨大的矛盾同一體，如何協調各種不同乃至

衝突的利益關係，維護社會的安定、國家的統一、天下的和平，是為政之道的反映。道家主張「無為而治」，墨家強調「尚賢」、「節用」，法家依靠嚴刑峻法，儒家則提倡寬猛適度、用中於民。

儒家政治學始終強調的宗旨就是「中」——無過無不及。儒家非棄強權政治，指責苛政猛於虎，同時也不主張非棄禮法，使人的行為毫無限制。他們主張為政仁禮並重，德刑並用，力求寬嚴相濟，用中於民。孔子說：「政寬則民慢，慢則糾之以猛，猛則民殘，殘則施之以寬」，所以他主張「寬以濟猛，猛以濟寬，政是以和」（《左傳・昭公二十年》）。寬嚴中和，這也正是「仁——禮」機制的運作所要達到的結果。如果你不能用中於民，你說你的仁心包攬四海，禮法完美無缺，那只能是主觀的臆想或騙人的鬼話。荀子說：「中和者，聽之繩也」（《荀子・王制》），寬猛「中和」是聽政的準繩，「凡聽，威嚴猛厲而不好假道人，則下畏恐而不親，周閉而不竭。若是則大事殆乎馳，小事殆乎遂。和解調通，好假道人。而無所凝止之，則奸言並立，嘗試之說鋒起。若是，則聽大事煩，是又傷之也。」（同上）這是荀子從正反兩方面就聽政中和對孔子觀點的發揮。可見尚中、執中、用中才是儒家治國的方略。

《中庸》一書，被義大利來華傳教士殷鋒澤（1629－1696）譯成法語，於 1672 年在巴黎出版，書名被譯作《中國人的政治道德學》，譯名反映了人們對儒家政治觀的一種基本認識。「中庸」的確可以被看作是中國人的政治道德學或道德政治學，這不僅表現在《中庸》之中，而且表現於儒家的全部政治觀中。儒家認為，「一張一弛，文武之道也」（《禮記・雜記下》），有張有弛是儒家心目中的聖人文王、武王的為政之道。「張」就是猛，就是肅，「於惡則猛」，但「猛不傷惠」（《李覯集》卷一八《安

民策第七》）；「弛」就是寬，就是惠，「於善則寬」（同上），
但「寬不縱惡」（《國朝諸臣奏議》卷八上官均《上哲宗論寬猛
二道》）。也就是說，猛不能超過「禮」的限制，不能傷害「仁」
的精神，寬也不能超越「禮」的限制，否則也同樣無助於「仁」
的精神，反而因濫施愛心而溺於柔弱。梁朝的開國皇帝武帝就是
一味施行寬柔政策，不用刑罰，以致國家綱紀破壞，惡勢力肆無
忌憚橫行。金世宗有鑒於此，認為「賞罰不濫，即是寬政」（《金
史》卷八《世宗紀》）。明代張寧也提出賞罰必須恰如其分，他
指出：「用法不可以太寬，太寬則犯之者可倖免而不知懼；施恩
不可過當，過當則得之者以為易得而不知感。」（《明經世文編》
卷五十《鄉試時劾疏》）賞在當賞之時，罰在應罰之際，寬猛相
互補充，這是執政的辯證法。

　　如果從政治學和倫理學兩方面的關係來剖判儒家的中庸之
道的話，我們認為，儒家的中庸政治學為其中庸倫理哲學作了注
腳，中庸倫理哲學又為中庸政治學提供了理論依據。因而，寬猛
相濟，用中於民，成為理性化的治世之道，成為有所作為的君主
和政治家的政治意識，成為傳統政治學的主旋律。

（三）和諧：儒家政治觀的價值目標

　　「仁—禮」機制或寬猛之道在政治行為中所要達到的目的是
什麼？或者說，其價值目標何在呢？回答這個問題，我們還得再
次掂量一下「和諧」的分量，因為「和諧」正是儒家理想政治追
求的價值目標。

　　表現在政治領域的「和諧」主要是社會和諧。「仁」的召喚
和「禮」的約束，其目的就在於達到個人與社會的和諧統一，整

個社會平和有序，人人安居樂業，一切各得其位，世界因此協調通泰，「致中和，天地位焉」（《中庸》）。寬猛相濟的為政之道同樣是指向無過無不及的社會中和。

應該看到的是，儒家強調的社會和諧是一種張弛寬猛有道、仁禮協同共振的內在和諧，它在本質上便與那種外在的、表面上的社會秩序的穩定區別開來。外在的社會穩定只是「同」，而不是「和」，「同」是依賴強力來壓制民心、桎梏人的行為，從而達到表面上、形式的上同一。如秦王朝滅掉六國後，焚書坑儒，天下車同軌、書同文，人民在嚴刑峻法的強權政治下敢怒而不敢言，表面看來，確實是摒棄了異端，實現了政治、經濟、文化各方面的大一統。然而，強制約束得到的「同」猶如一座沉默的火山，總有一天會爆發。而且，壓力越強，爆發力越大。秦朝的一統在暴力的支持下只維持了短短的十五年，便被揭竿而起的民眾捅了個底朝天。也許這可以作為儒家政治倫理學的一個反例。而這種情況早就被孟子點破天機：「域民不以封疆之界，固國不以山谿之險，威天下不以兵革之利。得道者多助，失道者寡助。寡助之至，親戚畔之；多助之至，天下順之。」（《孟子‧公孫丑下》）得道昌，失道亡，這是歷史發展的必然邏輯。「天時不如地利，地利不如人和」（同上），人心齊，泰山移，社會的和諧是極其巨大的政治力量。

儒家認為，社會的和諧不能憑藉暴力達到，只能靠「禮」的制約力和「仁」的向心力去實現。儒家的「禮」是包含了法的規定性的社會協調機制。如果說法家之「法」的精神是強力的話，儒家之「法」的精神則是和諧，強調「禮」的道德制衡機制，旨在防止「法」的制約機制走向極端的恃強暴凌。荀子便認為，「法者，治之端也」（《荀子‧君道》），主張把「隆禮貴義」作為

實行法治的保障:「隆禮尊賢而王,重法愛民而霸。」(《荀子‧強國》)可以說,「禮」是「法」的靈魂,「非禮,是無法也」(《荀子‧修身》),在「禮」的導引下推行法,把人的行為引向「居仁由義」的道德自律,從而使社會的和諧成為社會運行的自然機制,這正是儒家理想的「大同」盛世的政治秩序,是儒家政治觀所要達到的最後目的和最終目標。

最後,附帶提及一點,歷來學者大多都認為,漢以降的尊儒實質上是陽儒陰法。這種觀點貌似有理,實際上是值得進一步商榷的。我們不主張說「陰法」,理由一是儒家並不反對「法」,而是主張以「禮」制「法」;二是法家本出自儒家,是對儒家「法」論的極端化,尤其是對荀子觀點的發揮;三是由於法家對「法」的極端化,違背了中國宗法社會的實際,使自身走向了窮途末路,很快便消失了;四是陽也好,陰也好,陰陽兩方面作用的價值目標仍是儒家所追求的「和諧」。

(四)「協和萬邦」:儒家的民族關係論

中華民族是一個多民族的共同體,是在不斷的戰爭與和平的變換中,不斷地分化組合、發展壯大的。多民族共存的特殊性,決定了如何處理民族關係這一問題在政治生活和社會發展中的重要性。

縱觀歷史,雖然民族之間大大小小的戰爭不可勝數,但「和」仍然是民族之間處理相互關係的主旋律,是協調民族關係的準則,「中和情結」在民族關係中再次顯示了其威力。

在處理與其他民族的關係時,儒家同樣強調道德的作用。他們認為,武力不是解決問題的最好辦法,即使是對文化相對落後

的周邊民族，也應該以禮相待，用道德的力量去感召、教化他們。《尚書》開頭的一段話就說：

> 克明俊德，以親九族。九族既睦，平章百姓。百姓昭明，協和萬邦。（《尚書·堯典》）

儒家認為，道德的威力可施及四海。他們理想的「平天下」、「大同」，就是求得普天之下各民族的大團結、大和諧的太平盛世。「平天下」之偉大功勳的建樹，其本在於道德，在於把仁義禮智推廣到天涯海角，「聲名洋溢乎中國，施及蠻貊」（《中庸》）。傳說堯「光被四表……協和萬邦」（《尚書·堯典》），舜「四罪除而天下咸服」（《尚書·舜典》），禹「合諸侯於塗山，執玉帛者萬國」（《左傳·哀公七年》），文王「不遑暇食，用咸和萬民」（《尚書·無逸》），周公使「四方民大和會」（《尚書·康誥》）。這些都是儒家極端美化的政治理想。孔子對當時天下大亂、侵禮害義的狀況深為憂慮，歎息：「夷狄之有君，不如諸夏之亡也。」（《論語·八佾》）就是說，夷狄尚且禮敬君長，而華夏卻不把周王室放在眼裏，道德之淪喪豈不是太過火了嗎？所以，他力求重新喚起人們的道德意志，要求統治者能柔遠人、懷來者，恢復文武周公時期天下和平的德治局面：「遠人不服，則修文德以來之。」（《論語·季氏》）炫耀武力，大動干戈，只能使民族共同體的凝聚力減弱，「邦分崩離析而不能守」（《論語·季氏》）。

儒家也不是毫無原則地反對戰爭。他們認為，如果戰爭順乎民心合乎民意，是正義的，那麼戰爭就是必要的，非正義的戰爭則是應當反對的，孟子所謂「取之而燕民悅，則取之」，「取之而燕民不悅，則勿取」（《孟子·梁惠王下》）就是這個意思。

但有一點很明確,戰爭僅僅是手段,不是目的。發動戰爭,最終還是為了求得和平。班固著《漢書》,為漢武帝作傳「專贊武帝之文事,而武功則不置一詞」(趙翼《廿二史箚記》),正是儒家這一評判標準的表現。漢武帝一生武功卓絕,國威盛極一時,但一味地訴諸武力,消耗了大量的物力財力,破壞了社會生產力。班固為武帝作傳,閉口不提其征伐之事,事實上就是對他激烈的批評。前車之覆,後車之鑒,明太宗曾說:

> 漢武帝窮兵黷武,以事夷狄,漢家全盛之力,遂至凋耗,當時顯得善馬,豈足償中國萬一之費。朕今休息天下,唯望時和歲豐,百姓安寧。(《明大宗實錄》卷二三永樂元年十月戊辰)

應當說,明太宗的這種批評是公允的,見地是深刻的,他的這種反省代表了古代比較開明的封建君主的政治意識。

在和諧民族關係的所有舉措中,最值得一提的是「和親」政策。「和親」之舉,始於西漢孝文帝。孝文帝是歷史上一位有作為的皇帝,他繼位後,「施德惠,天下鎮撫,諸侯、四夷皆洽歡」(《史記‧孝文本紀》),開創了著名的「文景之治」。孝文帝十九年,苦於匈奴屢犯邊境,又不願「勤勞天下,憂苦萬民」(同上),便考慮用婚姻這根紐帶與單于「結兄弟之義」(同上)。自此以後,歷史上許多王朝都用「和親」的方式來解決民族矛盾,並取得了兵戈所不能及的良好效果,著名的如王昭君出嫁匈奴,文成公主、金成公主出嫁蕃藏等。據《貞觀政要》記載,唐太宗李世民執政後,想從根本上解決與北狄的敵對狀態,可是在採取什麼對策的問題上舉棋不定。於是他向群臣徵詢曰:「北狄世為寇亂,今延陀倔強,須早為之所。朕熟思之,惟有二策:選徒十

萬，擊而虜之，塗除凶醜，百年無患，此一策也；若遂其來請，與之為婚媾，朕為蒼生父母，苟可利之，豈惜一女！……舉此二策何者為先？」重臣房玄齡回答：「遭隋室大亂之後，戶口大半未複。兵凶戰危，聖人所慎，和親之策，實天下幸甚。」（《貞觀政要》卷九《征伐第三十五》上）於是唐太宗採取了和親之策。之後，匈奴數犯中原，有兩次甚至打到了家門口。唐太宗不願兵戈相見，便親領百騎迎之於城外，斥責其背叛和親之約，曉以利害，使匈奴倉皇而退。總結歷史，「和親」不失為解決民族衝突的明智之舉。

問題在於，為什麼要採取「和親」政策呢？我們認為，「和親」之舉的出臺，是儒家文化影響下的「親親」觀念的表現。「和親」就是要通過婚姻關係，在漢民族與其他民族之間建立一個親情通道，從而希望在婚姻關係的道德力的約束下，使他們忠於中央政權，保持與漢民族的和睦團結。周邊民族政權之所以求婚於漢王室，大多是懾於漢族政權的威力，希望通過結親的方式緩和衝突。所以，所謂「和親」，結親是手段，締和是目的，它表達了中華民族熱愛和平，反對戰爭的共同的心理傾向。

二、施取其厚，事舉得中的中庸經濟觀

「經濟」一詞，在古代是「經邦濟世」的意思，隋代王通《中說·禮樂論》中的「經濟之道」，指的就是治理國家的方略大計。近現代意義上的「經濟」一詞，是 19 世紀下半葉從日語中引進的。在中國古代文獻中，與經濟一詞對等的是「貨殖」、「食貨」、「國用」等。二十五史中，大多有《貨殖列傳》或《食貨志》，就是集中記述國家財政、社會經濟方面的事情的。

（一）德本財末

在道德與經濟的關係上，儒家是旗幟鮮明的：道德是本，經濟是末。《大學》說：「德者，本也：財者，末也。」

「德本財末」是儒家經濟觀的指導思想，它充分體現了儒家學說濃重的倫理色彩。儒家之所以主張「德本財末」，是有其獨特的理論依據的。《大學》說：

> 是故君子先慎乎德。有德此有人，有人此有土，有土此有財，有財此有用。德者，本也；財者，末也。外本內末，爭民施奪。是故財聚則民散，財散則民聚。

這段話的意思很清楚，只有有德之人才能得到人民的擁戴，然後才可以得國（有土），才可以不患財用。所以說，「德」是本，「財」是末。要是反過來，以財為本，以德為末，為了私利，人人為敵，爭鬥不休，那不僅無財可用，人民也將背棄，國土也將分崩離析。故曰：聚斂財貨於君，民心離散；均施財貨於民，民心凝聚。以「德」為本還是以「財」為本，直接關係到國家的安危存亡。可見，儒家主張「德本財末」是從國家政治大局來考慮的。

儒家主張「德本財末」，但這並不是說他們輕視經濟，因為德財關係只是表明了二者在治國平天下中的地位，本末輕重是相對而言的。事實上，儒家在強調道德的作用時，也絕不輕視經濟的作用。《論語‧堯曰》有「所重：民、食、喪、祭」之說，表明儒家對人民生活是十分關注的。孔子就是歷史上最早明確提出富民主張的思想家之一。他從其「君子懷德，小人懷土；君子懷刑，小人懷惠」、「君子喻於義，小人喻於利」（《論語‧里仁》）

的理論前提出發，認為要使人民的道德有所進步，就要對症施治，使人民先富起來，然後再教育他們，只有在人民富足、道德進步時，才有社會的物質文明和精神文明的整體進步。雖然其理論前提是帶有偏見的，但他確實把富民放到了一個相當重要的地位，這一點是應當予以肯定的。儒家的努力就是要在「德」與「財」之間尋找一條適合統治利益的中道來。以後的儒家正是沿著孔子的這一思路，把養民、惠民、富民看作是國家政治和經濟的重要問題，構建起獨具特色的中國古代經濟思想體系。下文，我們就儒家經濟思想中幾個比較突出的問題，作些初步的探索。

（二）藏富於民

民貴君輕的思想是儒家仁政學說的中心，「民為貴，社稷次之，君為輕」（《孟子・盡心下》）。所以儒家強調治國安邦從人民的利益出發，「保民而王」，國家要強盛，其前提是人民的富足。換言之，衡量一個國家是否富強，其標準就是看老百姓的經濟狀況。一次，魯哀公問孔子的弟子有若：「年成不好，國用不足，怎麼辦才好呢？」有若回答：「為什麼不實行十分抽一的稅率呢？」即要求減輕百姓的負擔。哀公說：「十分抽二，我的財用尚且窘迫，怎麼能減到十分抽一呢？」有若答道：「百姓富足了，國君您還愁不夠用嗎？百姓生活困頓，國君您又怎麼能夠富足呢？」（見《論語・顏淵》）

有若和哀公的問答，事實上表明了兩種截然對立的經濟觀，即國家的命脈是繫於民還是繫於君，是藏富於民還是積財於君。藏富於民，是把人民生活作為國家經濟政策的著眼點，體現在經濟制度上，就是不要加重人民的負擔，要使百姓生活富足，安居

樂業。所以，孔子要求統治者施取其厚，斂從其薄。類似的觀點，為孔子所推崇的管子也表述過：「省刑罰，薄賦斂，則民富矣。」（《管子・小匡》）儒家藏富於民的觀點是與其「得民心者得天下，失民心者失天下」的中庸政治觀相呼應的。

　　孟子的富民思想集中體現在他的「制民恆產」之論中。他曾屢屢勸諫統治者「制民恆產」，使「黎民不饑不寒」（《孟子・梁惠王上》）。否則，讓百姓整天為生計犯愁，民心離散，別說國家財政無源，恐怕連國家的安危也成問題。那麼孟子藏富於民的具體經濟措施是什麼呢？他提出了最基本的兩點：一是給民固定的資產，保障人民衣食住行之用：「五畝之宅，樹之以桑，五十者可以衣帛矣。雞豚狗彘之畜，無失其時，七十者可以食肉矣。百畝之田，勿奪其時，數口之家可以無饑矣。」（同上）二是「薄稅斂」（同上）：「春省耕而補不足，秋省斂而助不給。」（《孟子・梁惠王下》）

　　《荀子》有《富國》一篇，專論富國之路，其中提出了一些今天看來也相當深刻且有現實意義的富民強國舉措，主要是：第一，「節用裕民」：「足國之道，節用裕民，而善藏其餘」，反之，田瘠民貧，國庫自然空虛，「故知節用裕民，則必有仁義聖良之名，而且有富厚丘山之積矣」。第二，「上好功則國貧」：統治者窮兵黷武，生產力遭到破壞，人民不得安業，國家必然貧困。回顧歷史，看看現實，攻伐之事往往是民貧國貧的重要原因。第三，「上好利則國貧」：統治者為中飽私囊而橫徵暴斂，人民負擔過重，棄農拋桑，國家必然貧困，故減輕稅賦是強國的一個途徑。第四，「士大夫眾則國貧」：官僚機構龐大臃腫，國家財政支出隨之加大，人民負擔必然加重，故精簡機構是節用裕民的有效之策。用今天的眼光看，荀子仍不失為有遠見卓識的思想

家。第五，「工商眾則國貧」：即從事工商業的人數過多會使國家陷入貧困。這在今天看來固然是保守落後，不合時宜，但在勞動力有限而又以農為本、生產力尚不發達的戰國時期，農業勞動力的流失對經濟發展的確是個威脅，因此也就有許多思想家呼籲重農輕商、重本抑末了。第六，「無制數度量則國貧」：國家財政缺乏計劃性，積累消費比例失調，經濟秩序混亂，則國力匱乏。因此加強國家經濟生活的計劃性，協調積累消費的關係，是富民強國的又一途徑。

荀子提出的這六大經濟政策，核心是「節用裕民」，人民富裕被看成是國家富強的前提和保障。他說：

> 百姓時和，事業得敘者，貨之源也；等賦府庫者，貨之流也。故明主必謹養其和，節其流，開其源，而時斟酌焉。……如是，則上下俱富，交無所藏之，是知國計之極也。故禹十年水，湯七年旱，而天下無菜色者，……知本末源流之謂也。故田野荒而倉廩實，百姓虛而府庫滿，夫是之謂國蹶。（《荀子·富國》）

先秦儒家藏富於民的思想對後世經濟觀產生了重大影響，凡是開明的政治家都把人民生活視為治國的根本點。漢初陸賈認為：「夫欲建國強威，辟地服遠者，必得之於民。」（《新語·至德》）稍晚的賈誼也認為：「夫為人臣者，以富樂民為功，以貧苦民為罪。」（《新書·大政上》）東漢王符說：「夫國者，將民之以（與），民實瘠而君安得肥？」（《潛夫論·邊議》）清初唐甄說得更是直接了當：「立國之道無他，惟在於富，自古未有國貧而可以為國者」，自古沒有一個因貧窮而能立國的國家，然而，「夫富在編戶，不在府庫。若編戶空虛，雖府庫財積

如丘山，實為貧國，不可以為國矣。」（《潛書·存言》）所以，「為治者不以富民為功，而欲幸致太平，是適燕而馬首南指者也」（《潛書·考功》）。不必再列舉了，窺一斑而知全豹。縱觀中國經濟思想史，不難看出，藏富於民是儒家經濟學的核心內容，也是傳統經濟思想的核心內容。

（三）使民以時

我們說過，「時」的觀念深深地印在農業大國的民族文化心理結構中，同時也反映在從政治經濟到日用常行的一切社會生活中，「使民以時」正是「時」的觀念在經濟生活中的反映，是儒家發展經濟的基本國策。

表現在經濟觀念中的「時」，是以「農時」為核心，涉及到林牧工商各行各業的十分深廣的經濟範疇。從《史記·貨殖列傳》的記載中，我們可以看到，中國古代社會不僅農業發達，而且工商牧林各業也紅紅火火。而百業的興旺，無不與「時」相關。司馬遷在談到《史記·貨殖列傳》的立意時說：「布衣匹夫之人，不害於政，不妨百姓，取與有時而息財富，智者有采焉。」（《史記·太史公自序》）《荀子·王制》中的一段話更有說服力：

> 聖王之制也：草木榮華滋碩之時，則斧斤不入山林，不夭其生，不絕其長也；黿鼉魚鱉鰍鱔孕別之時，網罟毒藥不入澤，不夭其生，不絕其長也；春耕、夏耘、秋收、冬藏，四者不失時，故五穀不絕，而百姓有餘食也；污池淵沼川澤，謹其時禁，故魚鱉優多而百姓有餘用也；斬伐養長不失其時，故山林不童而百姓有餘財也。

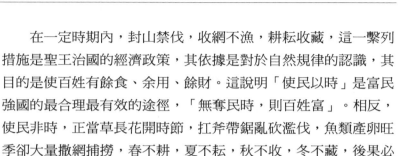

在一定時期內，封山禁伐，收網不漁，耕耘收藏，這一繫列措施是聖王治國的經濟政策，其依據是對於自然規律的認識，其目的是使百姓有餘食、余用、餘財。這說明「使民以時」是富民強國的最合理最有效的途徑，「無奪民時，則百姓富」。相反，使民非時，正當草長花開時節，扛斧帶鋸亂砍濫伐，魚類產卵旺季卻大量撒網捕撈，春不耕，夏不耘，秋不收，冬不藏，後果必然是生態破壞、饑荒遍野、民不聊生、政局動盪。因此，「上不失天時，下不失地利，中得人和，而百事不廢」（《荀子‧王制》），這一點應該成為執政者的明確意識。

賈誼通過對歷史的反思便得到這樣的結論：「是以君子為國，觀之上古，驗之當世，參之人事，察盛衰之理，審權勢之宜，去就有序，變化因時，故曠日長久，而社稷安矣。」（《過秦論》下）他認識到國家政治經濟措施因時而發、因時而變，才能達到長治久安的效果。《隋書》卷二四《食貨志》也認為，「王者量地以制邑，度地以居人，總土地所生，料山澤之利，式遵行令，敬授人時，……因其所欲而化之。不奪其時，不窮其力，……此五帝三皇不易之教也」。這就把「時」作為治國為政的理論和行動的核心觀念，並與三皇五帝的道德權威聯繫起來，從而把「使民以時」作為治國之道的意義權威化、神聖化，使當政者從心理上、情感上、理性上對「時」徹底認同並身體力行。同時，「時」的觀念也不是抽象的，而是具體地體現在國家的財稅政策、勞動制度等一繫列要素中，具有巨大的現實效能。

（四）理財之道

使民以時，財源是開闢出來了，但開源還應配之以「節流」，

否則金山銀山也總有消耗完的時候。針對國家財政的管理和使用，儒家又提出量入以為出的「節用」原則。

所謂「節用」，就是要處理好生產（積累）和消費之間的比例關係。儒家認為，積累大於消費，有利於國家的長治久安。國有餘財，民有餘用，即使偶遇天災人禍，府庫盈實，手中有糧，心中不慌，社會是不會出現大的動盪的。因此，儒家強調財政收支適度合理，量入為出：

> 人所以為人，足食也；國所以為國，足用也。然而，天不常生，其生有時；地不遍產，其產有宜；人不皆作，其作有能；國不盡得，其得有數。一穀之稅，一錢之賦，給公上者，各有定制。苟不量入以為出，節用而愛人，則衰。公云「二猶不足」，《公羊》謂「大桀小桀，誅求無己」，怨刺並興，亂世之政也。（《李覯集》卷六《國用第一》）

足食、足用是人類生存、國家發展的基本要求。但是，萬物的生長有時空限制，人的勞動能力有限，國家的財政收入也有制度性。如果不根據收入來計劃支出，節用愛人，入不敷出，那就像魯哀公那樣實行十抽二的稅率猶嫌不足，如《春秋公羊傳》所說的「大大小小的桀紂一樣的暴君的搜刮沒有盡頭」，人民不堪重負，怨恨之情與日俱增，這是政治凋弊、國家敗亡的先兆，當政者不可不慎之又慎啊！

宣導節用的最得力的措施還在於杜絕揮霍浪費，使消費保持在與積累（生產）比例適度的範圍內。賈誼在《論積貯疏》中說：

> 生之有時而用之亡度，故物力必屈，古之治天下，至纖密也，故其畜積足恃。今背本而趨末，食者甚眾，是天下之

> 大殘也；淫佚之俗，日月以長，是天下之大賊也。殘賊公
> 行，莫之或止，大命將泛，莫之振救。生之者甚少而靡之
> 者甚多，天下財產何得不蹶！……夫積貯者，天下之大命
> 也。苟粟多而財有餘，何為而不成？（《漢書・食貨志》）

　　過度的奢侈浪費，歷來被看成是禍國殃民的洪水猛獸，歷史
上多次的動亂，也大多與統治者窮奢極欲、大興土木有關。西晉
統治者就是歷史上一個臭名昭著的統治集團，他們巧取豪奪，搜
刮民脂民膏，肆意揮霍，造成巨大的社會危機。當時的一些有識
之士對此痛心疾首，上疏指出：「奢侈之費，甚於天災」（《晉
書・傅鹹傳》），呼籲改變奢華靡爛的社會風氣，提倡節儉。明
朝何瑭也認為，奢侈不僅吞噬了巨大的社會財富，而且敗壞風
氣，腐蝕人心，危害甚大。他說：

> 議者多謂奢僭之人，自費其材，無害於治，反譏禁者不達
> 人情，一齊眾楚，法豈能行。殊不知風俗奢僭，不止耗民
> 之財，且可亂民之志。蓋風俗既以奢僭相誇，則官吏俸祿
> 之所入，小民農商之所獲，各亦不多，豈能足用。故官吏
> 則務為貪饕，小民則務為欺奪。由是推之，則奢僭一事，
> 實生眾弊，蓋耗民財之根本也。（《明經世文編》卷一四
> 四，何瑭《民財空疏之弊疏》）

　　看來，反腐倡廉，勤儉節用應該是一種全民的社會公識。生
於憂患，死於安樂，恐怕到今天，憂患意識和勤儉觀念還是應當
提倡的。

　　把反腐、節用上升到政府意識，就應該從完善財政管理體系
入手。大改革家王安石就提出依法理財的重要思想：

> 夫合天下之眾者財，理天下之財者法，守天下之法者吏
> 也。吏不良則有法而莫守，法不善則有財而莫理。……今
> 理財之法有不善者，其勢皆得以議於上而改為之，非特當
> 守成法，吝出入，以從有司之事而已。（《王文成公文集》
> 卷三四）

財、法、吏，是財政體系的三要素，良好的財政管理體系應
當是財用豐富、法度嚴明、官吏恪盡職守這三方面。沒有一套完
備的財政法規，財政管理無法可依；沒有一支素質良好的財政管
理隊伍，財政管理有法不依。所以，法善、吏良是理財的必然要
求。

三、執兩用中的中庸管理觀

獨特的農業文明和血緣宗法制度這雙重的社會生態，造就了
獨具民族氣派和民族風格的儒家管理思想。儒家管理思想是一種
倫理型的管理思想，它以「仁──禮」機制為建構軸心，以中庸之
道為精神實質，形成一種以心治為主、術制為輔的管理文化，為
世界管理文明中的一朵奇葩。

「仁──禮」機制我們曾作過論述，這裏，我們再從管理學的
角度作進一步的闡釋。儒家把「仁」釋為「愛人」，這也─是一
個優秀的管理者應當具備的基本素質。「唯仁者能好人，能惡人」
（《論語·里仁》），只有仁愛之人方能是非分明，知人善任。
「仁」的本心來自對親人的愛──「孝悌」，「其為人也孝悌，而
好犯上者鮮矣；不好犯上，而好作亂者，未之有也」（《論語·
學而》）。所以，只要抓住了人們所共具的親親之愛這一大本，

「泛愛眾而親仁」（同上），把親親之情融人管理活動中，用親情凝聚人心，理想的管理秩序自然確立。儒家管理觀用親情來統攝管理活動，應合了中國古代社會的血緣宗法關係，因而得到了廣泛的認同。

　　從根本上講，「仁」乃是人生道德的大修養，所謂「成己，仁也」（《中庸》）。對管理者而言，「仁」既是必備的又是極為難得的。縱使對「千乘之國可使治其賦」（《論語·公治長》）的子路，「千室之邑，千乘之家，可使為之宰」（《論語·公治長》）的冉求等極具管理才能的得意門生，孔子也未曾輕許以「仁」。「仁」是管理者追求的內在精神價值，管理者具備了「仁」德，便涵養了最高的仁學管理精神，並在無形中具有了權威和感召力、凝聚力，從而達到靠行政命令無法達到的作用，「其身正，不令而行；其身不正，雖令不從」（《論語·子路》）。孔子認為，一個管理者要是能夠恭敬、寬厚、誠信、機敏、慈惠，就可以說是具備了「仁」德。在管理活動中，這是一筆豐厚無比的財富，因為「恭則不侮，寬則得眾，信則人任焉，敏則有功，惠則足以使人」（《論語·陽貨》）。敬人者人恒敬之，故「恭則不侮」；寬以待人則易贏得人心，故「寬則得眾」；講求信義，故可委以重任；機敏果敢，能抓住機遇當機立斷，就會取得相當的管理實績；能以愛心惠人，被管理者心悅誠服，樂於從命。對管理者的這五個方面的道德要求是比較全面的，其所能發揮的管理功效也是巨大的。

　　內在的「仁」德表現在現實的管理行為中，還需要借助外在的「禮」的規範和制約。「仁」強調的是管理精神的內在價值，關注的是人的行為的自覺性；「禮」強調的是管理精神的外在價值，關注的是外在的強制性。「禮」包括了從倫常行為到政治經

濟生活的幾乎所有成文和不成文的典章制度，管理行為的運作主要靠這些規範、準則和制度。行「禮」的第一步是「正名」，即明確處於管理秩序體系中的每一個成員的職位和職責，「不在其位，不謀其政」（《論語・泰伯》），使所有成員職責分明，各守其位，各盡其責，以保證整個管理體系運轉正常有序。反之，「名不正，則言不順；言不順，則事不成；事不成，則禮樂不興；禮樂不興，則刑罰不中；刑罰不中，則民無所措手足」（《論語・子路》），這就從反面說明了「正名」的必要性和重要性。「禮」的更重要的意義在於使道德信念轉化為管理制度，使管理行為、組織方式規範化，「道之以德，齊之以禮」（《論語・為政》），以強制性的形式讓人們遵守。《禮記・樂記》把「禮」和「樂」的作用作了對比，認為「樂」使人情感趨同即「相親」，「禮」則使人趨異即「相敬」，給社會確立一個分明秩序、判別是非的標準。

內外齊舉的「仁——禮」機制在主體自主性和外在強制力之間尋求一種管理體系的動態平衡，而不單單強調自主性或強制力。儒家主張，管理者要執兩（過與不及）用中，仁禮並用，寬嚴相濟，這正體現了儒家管理觀中蘊含的中庸精神的實質。具體說來，儒家管理思想之中庸精神主要表現在以下四個方面：

第一，「尚中和」的管理思維和價值追求。

「中和」是天下之「大本」和「達道」，「致中和，天地位焉，萬物育焉」（《中庸》），追求「中和」，可臻於理想之管理境界。這種理想的管理境界包括兩方面的含義：其一是「天人之和」。「天」指管理的客觀環境要素，「人」指管理的主體要素。天人合一就是指客觀環境要素和主體要素的配置達到完美和諧的最佳狀態。其二是人我之和。《周易・繫辭下》說：「何以

聚人曰財」，即凝聚人心就是財富。管理活動的最重要的職能就是對人才的配置。合理有效地配置人才資源，就是要協調和統帥一個利益共同體同心同德為同一宗旨服務和奮鬥。因此，如何贏得人心，這是一個管理者成功與否的關鍵。儒家管理思想在這一點上對人類管理文明作出了傑出貢獻。儒家從人的自然本性和社會良知人手，把喚醒人的道德自律性看得非常重要，希望借道德自律性和社會責任心的發省提升，形成一個道德情感利益共同體。為此，他們把「和」作為價值目標，力圖在「仁」的自覺和「禮」的強制的雙向制導下，使人們在仁、義、禮、智、信等道德信念的信奉和實踐中和諧一致，創建了獨具一格的東方管理模式。

第二，「因時制宜」的管理原則。

管理活動是整體性的運作行為，它要顧及到人、財、物等方方面面，要考慮到天時、地利、人和諸多因素，需要把各個方面的情況綜合考察後再進行決策。儒家認為，事物是在變易中存在和發展的，管理也必須根據管理要素所處的時間、地點、條件的變化而變化，「窮則變，變則通，通則久」（《周易‧繫辭下》），因此，「因時制宜」便成為儒家管理思想的重要原則。「敬授民時」、「使民以時」，是歷代儒家關注的永恆課題，其間蘊含的正是成功的管理者應有的機遇意識和倫理精神。「日月逝矣，歲不我與」（《論語‧陽貨》），機不可失，時不再來，管理者必須具有強烈的「時」的意識，順天應地，審時度勢，待機而動，與時偕行，隨時變易，始終保持主動，這樣才能在競爭中立於不敗之地。否則，或者對「時」麻木不敏，時過境遷仍按部就班，因循守舊；或者超越時機，急躁冒進，盲目翻新求異，事倍功半，都勢必在競爭中被淘汰。所以儒家強調要做到「先天而天弗違，

後天而奉天時」（《周易‧乾‧文言》）。

第三，遠慮近憂的發展意識。

人無遠慮，必有近憂。科學的管理精神要求管理者目光遠大，把握全局，從而運籌帷幄之中，決勝千里之外。而要保證決策的可行性和有效性，就必須有高屋建瓴、全面籌畫、觀瞻前途的能力，「凡事預則立，不預則廢。言前定則不跲，事前定則不困，行前定則不疚，道前定則不窮」（《中庸》）。優秀的管理者必須有一個良好的資訊網路和決策機制，眼觀六路，耳聽八方，絕不能只盯著眼前的局部利益，為謀小利而棄大局，而要時刻把未來的發展放在心頭，既考慮一時一事之成敗得失，更要考慮全局和前途的興衰成敗。只有具備了這樣的遠見卓識，方能做到在任何情況下都穩操勝券。

第四，張弛有道的管理方法。

儒家認為，管理要把握一個標準和尺度，即「中」，「過」和「不及」都是儒家所力避的。所以在具體的管理活動中，儒家既不主張管理過寬，也不主張管理過嚴。過寬容易喪失管理者的權威，放任自流，減弱管理效力；過嚴則容易挫傷被管理者的自尊心和情緒，背離人情，疏遠人心。如何在寬和嚴之間保持適度合理，執守中道，是儒家管理思想的一個重要議題。

儒家管理思想以愛人利人為出發點，在本質上反對把人視為機器的苛嚴管理方法。現代西方管理學的弊端是以物的管理為核心，把人只是作為經濟動物來使用和管理，企業缺乏凝聚力。儒家管理原則強調以人為中心，把凝聚人心看作是第一位的，在此基礎上再「齊之以禮」。所以他們主張行「忠恕之道」，使人與人之間精誠團結，休戚與共。對儒家而言，理想的管理者應該做到「溫而厲，威而不猛，恭而安」（《論語‧述而》）。寬嚴相

濟，張弛有道，這正是東方管理文明獨特的風格和獨具的魅力。

　　總起來講，中庸之道強調的是執中而行，力求尋找和達到一種既不過又無不及的理想管理狀態。當然，這種管理思想不免帶有理想主義色彩，真正要做到執守中道，完美無缺，事實上是很難的。但是，作為一種管理精神，儒家執兩用中的倫理型管理思想在現代管理中大放異彩，日本、新加坡、韓國及我國臺灣、香港等儒學文化圈的國家和地區經濟的騰飛，說明儒家管理思想在今天仍具有強大的生命力。

四、樂而不淫的道德藝術觀

　　儒家十分重視藝術對人的道德教化作用，在君子必修的六藝當中，《詩》與《樂》占兩項。孔子認為完備的人格應該「志於道，據於德，依於仁，游於藝」（《論語·述而》），即篤志中道，固守道德，不違仁義，從容於藝。在注釋孔子「興於詩，立於禮，成於樂」（《論語·泰伯》）這句話中的「成於樂」時，朱熹認為，「樂」可以「養人之性情，而蕩滌其邪穢，消融其渣滓。故學者之終，所以至於義精仁熟而自和順於道德者，必於此而得之。是學之成也。」（《四書集注·論語》）把藝術與道德緊密地融合在一起，視藝術為成就人格的重要因素，是與儒家對藝術的基本精神的把握分不開的。

　　儒家認為，藝術是人的內心世界情感和理性的再現。「凡音者，生於人心者也，情動於中，故形於聲。」（《樂記》）悲痛欲絕的人呼天搶地，歡天喜地的人笑顏逐開，怒火中燒者粗聲厲氣……這些都是情感的自然宣洩。這些情感如果不是通過哭叫喊笑而是借助於一定的載體來表達，便成藝術，「聲成文，謂之音」

（同上）。所以，藝術是以藝術表現為載體的情感的理性化，這就是儒家對藝術本質的基本認識。

《中庸》曰：「喜怒哀樂之未發，謂之中；發而皆中節，謂之和。」「中」是真情蘊於心中，無所偏倚的狀態；自然的情感表現出來，訴諸於藝術，上升到理性，合理中節，無所乖戾，則是「和」。譬之表現於繪畫，「中得心源」（《歷代名畫記》）是情之中，「外師造化」（同上）是發之「和」；譬之表現於詩歌，「詩言志歌詠言」（阮籍《樂論》），未發之際蘊藏在心，是「志」，發見於言，用一定的語言形式，配合和諧的韻律表現出來就是「詩歌」，未發之「志」是「中」，已發而中節之「詩歌」是「和」，「言悅之志，則和樂興而頌聲作，憂愁之志，則哀傷起而怨刺生」（孔穎達《毛詩正義》卷一）。總的說來，儒家是用「中和」來規定藝術的基本精神的。《樂記》講：「樂者，天地之和也」，「大樂與天地同和」，表達的就是儒家對藝術基本精神的認識。

既然把「中和」作為藝術的基本精神，那麼，儒家在鑒賞品評藝術作品時，自然就用「中和」去衡量藝術作品的優劣了。把「中和」奉為藝術的評價標準，始自孔子。我們說過，孔子的藝術鑒賞品位是相當高的，而高的原因之一，就在於他以「中和」為準繩，認為能夠達到這個標準的藝術作品才是值得肯定的。

關於音樂，從《論語》的記載看，得到孔子明確肯定和稱讚的，一是《韶》樂，一是《關雎》。肯定《韶》樂，是認為它「盡善盡美」；肯定《關雎》，是認為它「樂而不淫，哀而不傷」（《論語·八佾》），即達到了無過無不及，恰如其分的「中和」境界。「鄭聲」被認為是「樂而淫」而予以否定，《武》樂則是「盡美矣，未盡善也」（同上），形式美已綽綽有餘，但內在的精神氣

質尚嫌不足。也就是說，《武》樂不及，「鄭聲」卻太過了，都不符合「中和」的標準。

關於繪畫，孔子直接談論的只有一次。子夏問孔子：「巧笑倩兮，美目盼兮，素以為絢兮，這首詩是什麼意思呢？」孔子答道：「繪事後素。」（《論語・八佾》）朱熹注云：「謂先以粉地為質，而後施五采，猶人有美質，然後可加文飾。」（《四書集注・論語》）可見，「繪事後素」講的是繪畫的形式美與內容美相統一的問題，其標準仍然是「中和」。中國傳統畫論論繪畫的風格，也強調雅中藏老，俗中見雅，拙中寓巧等等，反對綺麗靡淫。

孔子論詩，也以中和為標準，如上面提到的《關雎》即是其例。儒家的這個藝術評價標準深深影響了中國古代藝術的發展，甚至影響到一些洞入佛門的藝術家，唐代詩僧皎然就是其一。如他在《詩式》卷一中提出了作詩的幾個原則：

> 詩之「二要」：
> 要力全而不苦澀，要氣足而不怒張。
> 詩之「四不」：
> 氣高而不怒，怒則失於風流；
> 力勁而不露，露則傷於斧斤；
> 情多而不暗，暗則蹶於拙鈍；
> 才贍而不疏，疏則損於筋脈。
> 詩之「四離」
> 雖有道情，而離深僻；
> 雖用經史，而離書生；
> 雖尚高逸，而離迂遠；

雖欲飛動，而離輕浮。

詩之「六至」：

至險而不僻；至奇而不差；

至麗而自然；至苦而無跡；

至近而意遠；至放而不迂。

除此之外，皎然還提出了詩之「二廢」、「四深」等作詩要遵循的規則，也都是本著「中和」這一基本原則的。

中國古代的建築藝術同樣體現了儒家的道德美學原則和中和情韻。建築的色彩濃重明麗卻絕不刺目，建築的格局齊整對稱卻絕不呆板。如四合院、方城是中心對稱式，故宮則是嚴格的中軸線對稱，一般民居也講究正房、廂房的規則性搭配。另外，白色的石基，紅色的立柱和門窗，黃色或綠色的琉璃瓦，天花板和簷下繽紛的畫卷，各種強烈對比的色彩凝聚一體，造成一種含蓄宏大的和諧美。宮廷建築更是處處以「和」為趣旨，名曰太和殿、中和殿等。同時，中國建築還十分講究與自然的協調統一，即把建築組織到自然環境中去，實現人工和自然的融合，做到「可望、可行、可游、可居」，借著山川的空靈秀美峻偉，增添建築的藝術魅力。這一切的背後，就是天人和諧的民族意識。

儒家強調文質相符，倡揚藝術的中和精神，是與他們把藝術道德化的基本傾向相關聯的。儒家在本質上把藝術和道德劃上了等號。「禮以道其志，樂以和其聲，政以一其行，刑以防其奸；禮樂刑政，其極一也，所以同民心而出治道也。」（《樂記》）禮樂刑政，是協和民心的不同途徑而已。在這四極中，儒家又特別強調樂與禮的相互補充、相反相承的作用。樂統性情，禮節行為，二者殊途而一致。所謂殊途：「樂者為同，禮者為異」，「樂

由中出，禮自外作」（同上）；所謂一致：「樂至而無怨，禮至則不爭。」「禮義立，則貴賤等矣；樂文同，則上下和矣。」（同上）禮樂一致的最終指向是政通人和，「是故先王之制禮樂也，非以極口腹耳目之欲也，將以教民平好惡而反人道之正也。」（同上）

正因如此，儒家從來也不提倡為藝術而藝術，而是提倡為道德而藝術，為人類而藝術。藝術只不過是人類精神的表現和寄託，它不是也不應是目的。目的只有一個，那就是回到人本身。從這一角度，我們可以更深刻地領會孔子關於《詩》的「興觀群怨」論。孔子教導他的弟子們說：

> 小子！何莫學夫《詩》？《詩》可以興，可以觀，可以群，可以怨。邇之事父，遠之事君，多識於鳥獸草木之名。（《論語·陽貨》）

「興」，朱熹注為「感發志意」；「觀」，鄭玄釋為「觀風俗之盛衰」（劉寶楠《論語集釋》引）；「群」，朱熹注作「和而不流」；「怨」，孔安國釋曰「怨刺上政」。也就是說，《詩》可以感發人的精神志氣，反映社會生活、國家政治的得失盛衰，和諧社會關係，對政治上的得失予以針砭。

興、觀、群、怨四者當中，「興」與「觀」是就藝術欣賞本身而言，「群」與「怨」是就藝術的社會功能而言。四者在本質上又是統一的，應當把它看成是藝術活動的完整過程。王夫之說：「於所興而可觀，其興也深；於所觀而可興，其觀也審。以其群者而怨，怨而不忘；以其怨者而群，群乃益摯。」（《薑齋詩話》卷一）藝術欣賞與藝術的社會功能只能被看作同一事物兩個緊密相聯的方面，藝術的社會性強化了，深化了藝術的感染力

和承載量,藝術的情感也影響著藝術的道德力量。因而,儒家突出強調藝術寄託情意、協和心志、移風易俗的作用。《樂記》論音樂的道德力量時說:「樂章德,禮報情」,「是故情見而義立,樂終而德尊,君子以好善,小人以聽過。故曰:生民之道,樂為大焉」。王夫之論詩教的社會道德作用時說:「聖人以詩教以蕩滌其濁心,震其暮氣,納之於豪傑而後期之以聖賢,此救人道於亂世之大權也。」(王夫之《俟解》)孔子有「仁者樂山,智者樂水」(《論語‧雍也》)之論,為後世山水畫的創意提供了指導思想。古人論畫,注重畫意,認為神似是主要的,形似次之,稱道形神兼備的作品。李贄說:「畫不徒寫形,而要形神在。」(《焚書》卷五《讀史‧詩畫》)文章合為時而著,文學創作的社會功能自不待言。就是建築,也時時刺激你的道德意志,特別是規模壯觀的宮廷建築,佈局規整,像故宮,嚴格的中軸線對稱,從宮門到宮殿的命名建制,都有明顯的道德教化含義。樂、詩、畫、文、建築,藝術的社會作用,總括起來,可以概括為四個字:藝以載道。藝以載道,藝以明道,這是中國古代藝術的精神實質和根深蒂固的傳統。

五、天人和諧的生態倫理觀

生態倫理學是一門生態學與倫理學交叉的新興學科,它研究的是如何對待生態的價值,如何調節人與生態的關係問題,並運用生態學和倫理學的綜合知識,探討人類同自然之間關係的道德本質及規律,揭示人們對待自然環境的行為準則和規範。它以生物知識和人類價值的綜合為目標,提醒人們思考:為了保護環境、節約資源、改善生態,不僅要改善人類的生產方式和生活方

式，而且要轉換價值觀念；不僅要改變對待環境的行為，而且要改變產生此類行為的基本思想準則。簡略地說，生態倫理學就是把人類及其生存環境的關係置於倫理學的視界來考察，以探求人類與生態的最佳關係為目的的跨學科科學。從它的創立來看，其歷史，尚不足半個世紀，但是，如果我們把眼光放得遠一點，以整個人類文化為背景，我們將會發現，在古老的中華文明中，早就孕藏著生態倫理學的種子。

（一）人是自然之子

哲學是人學。哲學的最初產生，來自人類對自身的審視：我是誰？我從哪里來？這種反省引發了人的自我意識，促進了人類理性的成長發達。

人類最初對這一問題的解決，都毫無二致地把問題的答案交給了神秘的外在力量。基督教神話把人類的誕生看作是上帝對人類的懲罰，人類來到這個世界上天生地附著了一種贖不清的「原罪」。因此，西方的人類起源神話帶著一股與自然為敵的情緒。中國人則相反，從一開始就對自然有一種親近感。《詩經》說：「天生烝民，有物有則」，人類是天地氤氳化生的赤子，在這一點上，人與自然萬物沒有差別，甚至還有天然的血緣關係。《詩經·商頌·玄鳥》云：「天命玄鳥，降而生商」，傳說中也有帝嚳的次妃簡狄吞食了玄鳥卵生下了契的神話。《詩經·大雅·生民》中說，周族是姜嫄踩上了天帝腳印的大腳指而生的，生下來後又受到了牛羊飛鳥的照顧。這種天真的尋根神話，表達的正是「民胞物與」（張載《正蒙·西銘》）的自然情懷。《周易·序卦》則以理性的審視對此作了哲理的表述：

「有天地然後有萬物，有萬物然後有男女，有男女然後有
夫婦，有夫婦然後有父子。」

有天地萬物才有人類，人類是自然界進化序列中的產物。這
種看法是合理的，它超越了神話的幼稚和粗糙，上升到比較抽象
的理論思維。

《周易》對人是自然之子的這一論述，代表了先秦思想家反
省人類之根的思想成果，深刻地影響了中國傳統文化的天人觀。
「夫聖人之心，以天地萬物為一體。」（《王文成公全書》卷二）
所以，在對待自然的問題上，人只能把自己看作是自然界的一部
分，看作是自然系統中不可缺少的一個環節。董仲舒說：

天地人，萬物之本也。天生之，地養之，人成之。天生之
以孝悌，地養之以衣食，人成之以禮樂。三者之相為手足，
合以成體不可一無也。（《春秋繁露‧立元神》）

天地人構成宇宙的整體框架，缺少了任何一個，這個框架就
會破缺，宇宙井然的秩序就會被阻滯，因而這個整體的統一和諧
就至關重要。

當代生態倫理學對待人與生態的關係，有三種主要傾向：一
是人類中心說，視人類為世界的絕對主宰，自然為附庸，這種傾
向易導致對生態的肆意掠奪和破壞，其缺陷是顯而易見的。二是
生態中心說，這種傾向出自人類遭受自然的報復之後對人類行為
的反思，它視生態為絕對中心，人成為自然的婢女，只能對自然
百依百順，這顯然又完全抹煞了人的能動性。三是生態和諧說。
既然人類中心說太過，生態中心說又不及，那麼，人與自然的和
諧自然是最好不過的。確實，生態和諧說匡正了人類中心說和生

態中心說的偏弊過失，相對來說是一種比較科學的生態倫理觀。但是，它所主張的「和諧」其實是呆板的人與自然的絕對平行，忽略了人類在宇宙中的地位，是「同」而不是「和」。

儒家的生態倫理觀正好可以給生態和諧說注入生命活力。儒家雖然認為人與自然是同胞兄弟，但並不把二者的地位完全對等平列。在儒家看來，「天地之性，人為貴」（《孝經》），人是宇宙序列中的最高階段，是天地之間「得其秀而最靈」者（周敦頤《太極圖說》）。荀子說：

> 水火有氣而無生，草木有生而無知，禽獸有知而無義，人有氣有生有知亦且有義，故最為天下貴也。（《荀子·王制》）

這就是說，人兼乎萬物之所長，棄乎萬物之所短，人的最高價值體現在有道德、有智慧。孟子把人的道德意志稱為「天爵」，「仁義忠信，樂善不倦，此天爵也；公卿大夫，此人爵也」（《孟子·告子上》），人爵是可以拋棄的，天爵卻是作為萬物之靈的人所不可缺少的。

肯定了人在宇宙中最有價值這一地位，同時也就確定了對待生態的態度。儒家強調人與自然的融洽、和諧、一體，同時又主張「制天命而用之」（《荀子·天論》），「天地之用皆我之用」（《二程遺書》卷二上），即鼓勵人積極主動地利用自然。這樣，人與自然的平衡和諧就由僵硬呆板而變為一種動態的、有機的平衡與和諧，特別是一種倫理意義上的平衡與和諧。

（二）自然為人立法

在人與自然的動態和諧整體中，人是萬物之靈，又是自然之子，所以當然要遵循自然的法則。儒家認為，「天行有常」（《荀子·天論》），「天下物皆可以理照，有物必有則」（《二程遺書》卷十八），天地萬物的存在和運動都有不以人的意志為轉移的規律，即「道」。在天為天道，在地為地道，在人為人道，合稱「三才之道」。「天地人只一道也，才通其一，則餘皆通」（《二程遺書》卷十八），天道、地道、人道在本質上是同一的。人雖然不能改變自然規律，但可以認識它，並自覺地依照客觀規律行事。《周易》經傳是儒家表達其對宇宙根本規律認識的光輝結晶，《繫辭》在談到《周易》的創作時說：

> 古者包犧氏之王天下也，仰則觀象於天，俯則取法於地，觀鳥獸之文與地之宜，近取諸身，遠取諸物，於是始作八卦，以通神明之德，以類萬物之情。

這段話透露給我們的資訊是十分有意義的：神秘的八卦並非魔力法術變出來的，而是「聖人」艱苦卓絕地「仰觀俯察」的結果，是對天地之道的認識。而且，「聖人」還把宇宙間的普遍規律濃縮為一句不朽的哲言：「一陰一陽之謂道。」（《周易·繫辭上》）即陰陽的相互作用、相互變易的對立統一規律是天地萬物人類的總規律，陰陽相互推移達成的動態中的穩衡是事物存在和發展的最佳狀態，「陰陽合德而剛柔有體，以體天地之撰，以類萬物之情」（同上）。

正因如此，儒家力求體認天道，自覺地以人道應天道，主張通過博學審問和道德修養達到與天地萬物同節律：「範圍天地之

化而不過，曲成萬物而不遺。」（《周易‧繫辭上》）天人和諧被奉為人生最高的理想境界。應和天道是一種充分發揮人生智慧的積極主動的過程，參天地，贊化育，「裁成天地之道，輔助天地之宜」（《周易‧繫辭下》），這表現了在尊重、遵循自然規律的基礎上改造利用自然的全面的觀點。這對於重新認識人與自然的關係、尋找人類正在失落的家園具有巨大的現實意義。

近現代工業文明為人類帶來了豐厚的利益，同時也為人類自己掘了個大陷井。反省人類活動造成的一繫列令人髮指的生態災難，究其根源，就在於人類的自私和狂妄自信，只知攫取眼前利益，無節制地向自然索取，濫伐森林、掠奪式超負荷地使用土地和牧場、過度地開採礦藏、不負責任地施放污染物、人口的過速膨脹等等超越限當的行為。儘管人類因破壞生態平衡已多次受到大自然的懲罰，但仍執迷不悟，一步步走向自掘的陷井。

現在，該是人類醒悟和懺悔的時候了。二十世紀七十年代，英國的經濟學家舒馬赫寫了一本轟動一時的書《小的是美好的》，成為聲討現代工業文明弊病的經典著作。舒馬赫認為，如果我們無節制地使用自然資源，肆意踐踏自然環境，將會危及人類文明，威脅到人類的生存。於是他為人類發展開了一劑良方：在農業方面，主張合理地利用土地；在技術發展方面，主張使用介於「先進技術」和「傳統技術」之間的「中間技術」；在經濟發展方面，主張尋求一種介於實利主義的輕率和傳統主義的靜止兩者之間的「中道」。

西方發達國家的有識之士的這些見解，不正契合於中華文明所提倡的中庸之道嗎？如果我們對儒家提倡「中庸」的生態觀進行現代的詮釋，不正是可以匡正現代工業文朋的過失嗎？有學者說，二十一世紀是中華文明再放異彩的世紀，至少從生態倫理這

個角度講，這種說法是有一定依據的。

國家圖書館出版品預行編目資料

中庸人生學／朱嵐著. -- 初版. --
臺北市：蘭臺, 2010[民 99]面； 公分. --

ISBN 978-986-6231-04-9（平裝）

1. 中庸 2. 研究考訂 3. 儒家 4. 人生哲學

121.2537   99010127

中國文化叢書 5

中庸人生學

作　　　者：朱嵐
出　版　者：蘭臺出版社
地　　　址：台北市中正區開封街一段 20 號 4 樓
電　　　話：(02)2331-1675　傳真：(02)2382-6225
總　經　銷：蘭臺網路出版商務股份有限公司　劃撥帳號：18995335
網 路 書 店：http://www.5w.com.tw　E-Mail：lt5w.lu@msa.hinet.net
　　　　　　　　　　　　　　　　　　　　books5w@gmail.com
網 路 書 店：博客來網路書店　http://www.books.com.tw
網 路 書 店：中美書街　http://chung-mei.biz
香港總代理：香港聯合零售有限公司
地　　　址：香港新界大蒲汀麗路 36 號中華商務印刷大樓
　　　　　　C&C　Building, 36, Ting　Lai　Road, Tai Po, New Territories
電　　　話：(852)2150-2100　　傳真：(852)2356-0735
出 版 日 期：2010 年 7 月初版
定　　　價：新台幣 350 元

ISBN　978-986-6231-04-9